外商直接投资与内外生
经济增长

刘颖男　钟昌标　著

经济科学出版社

图书在版编目（CIP）数据

外商直接投资与内外生经济增长/刘颖男，钟昌标著.
—北京：经济科学出版社，2014.10
ISBN 978 - 7 - 5141 - 5128 - 2

Ⅰ.①外…　Ⅱ.①刘…②钟…　Ⅲ.①外商直接投资 -
影响 - 中国经济 - 经济增长 - 研究　Ⅳ.①F124

中国版本图书馆 CIP 数据核字（2014）第 249855 号

责任编辑：黄双蓉　黎子民
责任校对：杨　海
责任印制：邱　天

外商直接投资与内外生经济增长

刘颖男　钟昌标　著
经济科学出版社出版、发行　新华书店经销
社址：北京市海淀区阜成路甲 28 号　邮编：100142
总编部电话：010 - 88191217　发行部电话：010 - 88191522
网址：www. esp. com. cn
电子邮件：esp@ esp. com. cn
天猫网店：经济科学出版社旗舰店
网址：http: //jjkxcbs. tmall. com
北京万友印刷有限公司印装
710 × 1000　16 开　16 印张　270000 字
2014 年 10 月第 1 版　2014 年 10 月第 1 次印刷
ISBN 978 - 7 - 5141 - 5128 - 2　定价：50. 00 元
（图书出现印装问题，本社负责调换。电话：010 - 88191502）
（版权所有　侵权必究　举报电话：010 - 88191586
电子邮箱：dbts@ esp. com. cn）

前　言

历史的车轮已经进入 21 世纪，全球经济正在经历着深刻且不可阻挡的全球化变革。经济全球化的本质是对世界经济资源的重新分配，FDI 是重要推手和载体。FDI 通过跨国公司深层次地嵌入到东道国的经济活动中，对当地的经济增长、技术进步产生了深刻的影响。我国在改革开放之后迅速融入世界经济体系，采取优惠政策大量引进外资，一方面解决了经济发展中资本不足的问题，另一方面通过技术溢出效应带动了国内企业的创新和研发活动。因此，深入研究 FDI 对东道国的经济增长的影响机制和效应，对提高我国外资利用效率，推动技术创新和经济腾飞具有重要意义。

本书以西方经济学的内生和外生增长理论为基础，构建数理模型，从不同角度研究了 FDI 对东道国经济增长的影响以及优惠政策的作用。同时，利用我国经济发展的数据进行了实证分析。

关于我国 FDI 的研究正处在蓬勃的发展过程中，本书在内容和编写形式上难免存在一定的不足之处，欢迎各位读者不吝赐教，以便在修订时改正。

目　录

2

外商直接投资与内外生经济增长

第一章

关于外商直接投资和经济
增长的文献综述

第一节 引 言

第二次世界大战之后，众多企业跨出国门，进行绿地式的直接投资。长期以来，外商直接投资的成长速度一直超过经济和贸易的成长速度，跨国企业的直接投资表现为资金、技术、人才以及经营方法合理流动，改变了国际贸易的流向和构造，促进了经济增长。联合国发表的《1992 年世界投资报告》指出：作为创造财富的经济活动的一部分，跨国企业正在成为经济增长的发动机。国际贸易对经济增长的重要作用被 20 世纪 50 ~ 70 年代的世界经济发展证明之后，20 世纪 80 年代开始，跨国企业的对外直接投资给世界经济增长带来的作用也日益引人注目。

20 世纪 90 年代以来，世界经济大幅向全球化迈进，跨国企业日渐担当大任。联合国《2002 年世界投资报告》指出：全世界的跨国企业总部约 6.5 万家，共有约 85 万家外国分公司。2001 年全世界跨国企业的外国根公司共雇用 5400 万人，销售额达到约 19 兆美元。外国子公司的产出已经占世界 GDP 的 1/10，源于它们的贸易已占世界贸易总额的 2/3。20 世纪的最后 10 年间，全世界 GDP 只增长了 40%，但 FDI 的流入量却增长了 5.3 倍。来自于跨国企业 FDI 已成为当今世界经济发展的主要特点、全球化的重要表现。

一、外商直接投资（Foreign Direct Investment）是什么

外商直接投资（FDI）是国际资本移动的一种，是为了获得企业的支配权，购入一定比例以上的外国企业股票，或者在外国投资设立子公司的长期投资。投资者谋求公司的所有权和支配权，通过上述活动进行投资，所以 FDI 的重要特征之一就是生产活动投入资本的所有者的国籍与其投资目的地的所属国不一致。对东道国来说，这些资本的使用地是本国，所有者却是外国人。也就是说，资本的所属地和使用地在地理上是分离的。来自外国的资本作为东道国实体经济的一部分，参与生产、分配、交换和消费等基本经济活动的各个环节。

关于 FDI 的含义，各国际经济机构从各自的角度出发提出了不同的定义。WTO 的定义是：某国的投资者为了获得在外国的某些资产的经营权而进行的投资。① 联合国贸易和发展会议的定义是：某国公民（国际投资者或者总部）为了获得长期的收益和支配权，投资在外国的某企业（外国子公司）。② 国际货币基金组织把 FDI 分为三种，一种是股票投资，获得上市公司的 10% 或者更多的流通股以及非上市公司的一部分股权，即企业资产的支配权的最低额，并购或绿地投资均可。另外一种是用已获得的收益再投资，美英等发达国家的对外投资大部分是这种。还有就是其他资本，比如跨国企业的总部和子公司之间的借款。外商直接投资的主要表现形式是跨国企业，很多现有研究把 FDI 放在等同于跨国企业的位置上。在股市，跨国企业购入一定比例以上的外国企业股票，使其成为自己的附属企业，或者在国外投资设立工厂或者子公司，参加生产活动。

在很多国际经济学教科书中，所谓的外商直接投资（Foreign Direct Investment，FDI）是指在国际间的资本移动中，意图参加管理，为保有外国企业的股票而进行的投资。

在国际货币基金组织（International Monetary Fund，IMF）的定义中，以是否保有外国企业的股票的 10% 以上来区别于证券投资（Foreign portfo-

---

① WTO Annual Report 1996：46.

② UNCTAD. Series on Issues in International Investment Agreement：Foreign Direct Investment and Development Geneva：United Nations Publications，1999.

lio investment)。[1] 证券投资是国际间接投资，是指为获得投资收益的中期或者短期投资。其理由是："外商直接投资与其说是作为生产要素的资本输出，不如说是具有取得海外经营权的经济意义。具体解释一下，就是通过直接投资获得海外经营权的企业，为了进行生产投资，有时也从海外资本市场调集资金。这种在附属国家进行生产活动的企业，被称为跨国企业"。[2]

　　总结一下，"外商直接投资不是单纯的资本移动，它作为包含外国企业股票的获得和有效管理的国际性企业内活动，被广泛认识"（de Mello，1997）。企业设立海外子公司，跨越国境开展生产和流通活动时，技术以及经营诀窍等企业的特殊资产（firm-specific assets）也同时移动。从微观经济学的视角来看，外商直接投资的实质是企业生产指向的国际化进出，将经营活动的受力点转移到国外。投资目的国生产的产品销售到当地或者世界市场，或者以本公司自己利用资源为目标在外国取得资源开发权。

二、外商直接投资的种类

　　"直接投资大致可以分为垂直型（vertical）和水平型（horizontal）两种。垂直型直接投资是指将在总部生产的某种产品在别国进行生产，此产品向总部所在国出口或者在生产国销售。"[3] 从进出动机来看，总部为了低价入手生产需要的原材料或中间产品而在外国设立子公司。在资源丰富的发展中国家，这种直接投资较多。另外，这种投资也能控制销售网络。现实中，大型汽车公司为了支配自家产品的销售，经常在当地设立子公司。除此之外，为了跨越关税的壁垒，地域的接近性成为直接投资动因的情况也不少。这种类型的 FDI 主要是从发达国家流向发展中国家，基本上是资源指向型和生产条件指向型。

　　（1）资源指向型：发达国家的第一产业或资源企业为了获得在优良地产生的剩余利润，对具有丰富矿产资源或优良的农作物栽培地的发展中国家进行直接投资。在全球经济活动中，第一产业的比重日益缩小，再加上

---

[1]　木村福成（2000）：国际经济学入门，日本评论社，第262页。
[2]　竹森俊平（1995）：国际经济学，东洋经济新报社，第328页。
[3]　戸堂康之（2008）：技术传播和经济增长——全球化时代的发展中国家经济分析，劲草书房。

发展中国家自己的资源开发日益增多，这种类型的 FDI 正在逐渐减少。

（2）生产条件指向型：发达国家的制造业转移到劳动力丰富的发展中国家，因为劳动力成本占很大比重的劳动密集型产业更加追求低工资。这样的产业在发达国家早已不具备比较优势，转移到低工资的国家，就恢复了竞争力。也有很多时候只转移技术密集型产业中的劳动密集生产工序。

"与此相反，水平型直接投资是指在总部所在国进行面向国内的产品生产，在别国进行面向当地市场的产品生产。"[①] 从进出动机来看，资本所有者不仅仅是寻求东道国的廉价劳动力、税收优惠和风险分散等好处，以获得外国市场和原材料为目标，专程去外国投资的情况也不少。在垄断竞争市场中，很多大型公司为了保密独特的生产技术和经营诀窍，不出售特许权，在外国设立子公司生产和国内总部几乎相同的产品，达到支配生产，占领当地市场的目的。这种类型的 FDI 主要是在发达国家之间进行，大致分为市场指向型和贸易摩擦回避型两种。

（3）市场指向型：金融业、房地产业等服务业的企业不满足于国内市场，向国外扩展业务，提高收益。这种类型的 FDI 跟当地企业相比，为了克服语言、文化、法律等不利因素，必须有企业独特的优势，退一步讲，其实几乎所有的 FDI 都要具备这个条件。通信和交通手段的发达减少了不确定性，特别是 20 世纪 80 年代以后，发展中国家对 FDI 的流入限制有所缓和，服务业的 FDI 总额以及占全部 FDI 的比例都显著上升。

（4）贸易摩擦回避型：关税和配额限制商品出口时，或者避免贸易摩擦激化时，把生产工厂转移到对方国家，达到在当地市场销售的目的。在这种类型的投资中，如果是向生产要素价格高的国家投资，拥有高水平的技术等优势就成为投资的必要条件。

从上述直接投资的各种类型来看，直接投资这种企业决策的决定因素和产生贸易的决定因素相比，似乎没有太大的区别。直接投资本身并不像间接投资那样只产生金钱的收益，而是跨越国境的企业活动。在某种意义上直接投资可以看作是贸易的替代，因为企业能获得比贸易更多的收益。另外，由于直接投资还具有所得分配效应，会对福利产生影响，因此，直接投资容易被认为仅仅是国际经济一体化的一种形式。

国际贸易理论、产业组织理论、经济增长理论、管理学等很多学科的研究都涉及直接投资理论。一部分研究围绕 FDI 的投资动机，也就是明确

---

① 戸堂康之（2008）：技术传播和经济增长——全球化时代的发展中国家经济分析，劲草书房。

企业选择 FDI 这一行动的理由以及决策过程。简单地说，与证券投资相同，直接投资的动机就是获得高额收益。作为公司经营战略的一种，关于其动机的研究主要是在产业组织理论和公司经营管理方面。

另一部分是 FDI 实施之后，在经济增长、贸易和劳动力等方面，对母国以及东道国的影响。实施 FDI 的主体是公司，其影响波及经济体的各个部门，关于 FDI 影响的研究主要与经济增长理论和贸易理论相关。

第二节　关于 FDI 的理论研究综述

一、以公司管理理论为基础的 FDI 理论

产业组织理论和管理学认为 FDI 的动机主要是管理资源，立地条件以及内部化利益等。20 世纪 60 年代以来，伴随垄断优势理论的创立，FDI 理论逐渐有从国际经济学中独立的倾向。

金德勒贝格尔（Kindleberger，1969）和海默（Hymer，1976）作为 FDI 理论的先行者，指出外部经济性、信息成本和贸易壁垒等市场不完全性是 FDI 发生的主要原因，公司为把自己的优势发挥到最大而决定实施 FDI 战略。

（一）产品生命周期理论

弗农（Vernon，1966）[①] 的产品生命周期理论分析了在产品的各个阶段，技术进步、规模经济和不确定性给公司进行贸易还是对外投资的决策带来的影响。他假定发达国家的技术比发展中国家发达，认为在产品的初级阶段，其技术在国际市场处于领先阶段，此时在国内生产，向国外市场出口。随着生产技术的成熟和标准化，公司进行 FDI，从国外进口该产品。该理论认为，产品成熟后，FDI 创造了来自投资国的进口，增加了东道国的出口。但是，由技术来判断产品生命周期本身就是不明确的（Ver-

---

① Vernon Raymond（1966）: International investment and international trade in the product cycle. *Quarterly Journal of Economics* 80（5）.

non，1979），产品的各个阶段的贸易收益也无法明确定义。很遗憾，这一理论没有涉及拥有先进技术的寡头垄断公司在发达国家之间进行 FDI 和贸易。

（二）垄断优势理论

从 1980 年左右开始，FDI 主要是由美国的大公司实施的，围绕跨国企业国际战略的研究渐渐兴盛起来。其先驱是海默（1960）从产业组织理论视角进行的研究，他认为美国和欧洲的相互投资是为了争夺市场占有率而引发的。跨国企业拥有特殊的垄断优势，可以克服海外经营的不利因素。这种优势主要是在技术、规模经济和销售网络等方面，既可以转移到海外，竞争对手又难以用不正当手段获取。这一理论被他的导师补充发展，认为 FDI 本质上的目的就是获取垄断利润。因此被称为垄断优势理论（Monopolistic Advantage Theory），它的形成标志着国际直接投资理论的起源。

（三）国际生产折中理论

英国的巴克利和卡松（Buckley and Casson，1976）[1] 和加拿大的鲁格南（Rugnan，1981）[2] 以微观经济学中的厂商理论为基础，解释企业国际化的生产活动，形成了内部化理论。这一理论认为，中间产品（特别是 R&D 产品）交易市场的非效率化决定了跨国企业的内部化行动，成为 FDI 产生的重要因素。在不完备的市场中，企业为了削减中间产品或者和其他公司的交易成本，进行内部化行动。这种内部化行动跨越国境的时候，企业就成为跨国企业，通过 FDI，将重要的中间产品和产成品的市场内部化。这一内部化理论有助于企业在国际化经营中，决定选择出口还是 FDI。

企业比较出口的销售成本（运费、关税等）和 FDI 的生产和经营成本高低之后再决定选择出口还是 FDI，即全球化方式的选择是比较两者的成本之后决定的。

邓宁（Dunning，1980，1988，1993）整合了当时已有的 FDI 理论，

---

① Buckley Peter J. and Casson Mark（1976）：The future of the multinational enterprise.
② Rugman, A. M.（1981）：Inside the Multinational*Croom Held Ltd.*

提出了分析直接投资决定因素的折中理论（Ownership，Location，Internal-ization，OLG）。企业决定进行高风险的直接投资，必须全部具备以下三种优势。

（1）所有权的特殊优势（Ownership Specific Advantage）：在市场竞争中投资国比东道国有优势。这种优势主要是产品开发、生产管理、人力资本的积累以及市场诀窍等方面的财产权或者无形资产。这种优势被认为是海外进出的必要条件。

（2）立地的特殊优势（Location Specific Advantage）：从传统的国际贸易理论来看，各国不同的技术和要素禀赋等产生了立地条件的不同。例如，东道国是某种生产要素的丰富国，其价格在国内相对低廉，此种生产要素密集的产品的生产成本会很低。也可以算做是立地特殊优势东道国在税收和金融等方面对外国企业采取优惠政策。还有在消费方面，在市场附近设立销售据点等市场指向型 FDI 也是来源于立地特殊优势。近年来，强调规模经济性或者集群效果的立地论研究比较盛行。

（3）内部化激励：在不完备的市场里，为了减轻寻找交易对象以及伴随交易对象行动的信息不完全性等发生的费用和风险，在企业内部进行这些活动时就产生了内部化激励优势。另外、投资者进行技术转移和价格差别化的时候，许可、品牌和营业技术等某种程度上具有公共产品特征的企业特殊资产仍然可以维持自己公司垄断的状态。因此，与依赖当地企业的战略相比，内部化带来的便利非常大。

企业的所有权特殊优势比当地企业越高，内部化的诱因就越大、内部化的可能性也就越大。以上三种优势组合的不同不仅决定了母公司对外国市场的进入方式，也决定了跨国企业的类型。这一理论从垄断优势理论、比较优势理论等前人的研究成果出发，把外商直接投资的因素归纳为三个解释变量，分析了母公司的投资决策因素。

此理论进一步进化，国际贸易理论原有的立地论和企业内部化选择相结合的尝试之一就是 R. W. 琼斯和 A. V. 蒂尔道夫等研究者的研究，把某种同质的最终产品的生产过程划分成复数的步骤，在不同的国家立地（Deardorff，1998），企业的生产过程分为上流的零部件或中间产品、下游的组装或者批发零售两部分，分别在有利的地点（国家）立地生产。此理论认为一家企业的地点是复数的，这一点跟以前的理论相比，比内部化和立地选择理论更加深入，但是并没有充分探讨内部化选择的具体行动及其影响。从企业决策的角度来看，会同时考虑立地选择和企业内部化。

（四）直接投资战略理论

此理论从企业战略和市场竞争的角度分析了企业进行 FDI 的动机。所指的企业战略就是在不完备的市场，如果有 FDI 参入，与已有的垄断竞争企业成为竞争对手，投资企业的战略性行为。说起市场竞争，在市场不完备的条件下，技术进步带来了产品差别化，产品差别化带来了发达国家间的投资和出口。用这一理论更容易分析 FDI 和国际贸易的关系。

此理论认为跨国企业进行 FDI 的动机大致分为三种类型。与前文所述 FDI 的分类相似，按动机不同分为资源指向型、市场指向型和生产条件指向型。资源指向型 FDI 就是为了解决本国资源不足的问题，以东道国的自然资源为目标的 FDI，这种 FDI 增加了本国最终产品的出口和东道国的原材料出口。市场指向型 FDI 在东道国开设工厂，产品直接供应东道国市场，减少了东道国向投资国的出口。生产条件指向型 FDI 与市场指向型相同，在东道国开设工厂，产品在国际市场销售的情况较多，共同增加了两国的贸易量。直接投资战略理论是把 FDI 的动机及其对贸易的影响相结合。在不完备的市场中，企业用贸易和投资增加了自身的竞争优势，它们也是保持市场份额的手段之一。

二、以经济增长理论为基础的 FDI

从 20 世纪 80~90 年代开始，发展中国家逐渐认识到，发达国家对发展中国家的 FDI 技术外溢以及对国内上游产业的需求增加起到了正向作用，因此，关于 FDI 的接受者——发展中的东道国，以经济增长理论为视角的研究汗牛充栋。很多现有研究认为，由于 FDI 被转移到东道国的企业特殊资产（知识、技术、经营诀窍）某种程度上具有公共产品的性质，通过其外部性，对东道国的经济增长起到了作用。高技术水平的 FDI 对东道国有外溢作用（spillover），被称为技术的外部性（technological externality）。设立在东道国的子公司从当地企业购入生产用原材料或者中间产品，雇用东道国的劳动力，增加了东道国的国内需要求，被称为金钱的外部性（pecuniary externality）。另外，其增长效果的程度因东道国的吸收能力而异。

（一）基于 Solow（1956）的外生经济增长理论和 FDI

FDI 作为具有技术优势的外国资本，引起技术转移是其最重要的长处，也被很多研究所重视。从索洛（Solow，1956）[①] 开始的新古典派经济增长理论认为外生的技术进步和资本积累是经济增长的重要因素。在规模收益不变的柯布—道格拉斯生产函数下，如果没有技术进步，资本的边际收益递减，在稳态，长期单位劳动力的产出就无法增长。在这种情况下，外生的技术进步就被认为是支撑持续增长的重要因素。因此，如果把 FDI 看做是单纯的资本注入，对经济增长的影响就仅仅局限在短期，在长期，因为经济向稳态收敛，FDI 的影响就看不到了。可是，从 FDI 作为技术转移渠道的视角来看，对东道国来说如果达成了外生的技术进步，就实现了长期的经济增长。由于先进的技术依附于 FDI 被转移到东道国，FDI——技术转移——经济增长这样的理论思路 20 世纪 90 年代之前被广泛认同。转移的机理就是外溢效果，FDI 由于向东道国流入而转移了技术，提高了东道国的资本边际生产率。另外，FDI 不仅补充了经济发展必需的资本，而且由于跨国公司的进出，也带来了扩大就业的效果。

（二）基于罗默（Romer，1990）的内生的经济增长理论和 FDI

罗默（1990）[②] 为首的内生的经济增长理论给 FDI 的研究带来了新的框架。内生的经济增长理论认为技术进步及其外部性是经济增长的重要因素。它克服了由资本积累造成的边际收益递减，达成了长期的经济增长。技术进步的原动力主要是 R&D、人力资本的积累和创新等，资本和经营诀窍以及生产技术的复合体 FDI 与东道国的资本相比，具有优势。技术和知识与公共产品一样具有外部性，能自动地传播到东道国，FDI 作为技术转移的渠道，成为经济增长的引擎。也就是说，其外部性被认为是达成技术外溢的原动力。

[①]　Solow Robert M.（1956）：A Contribution to the Theory of Economic Growth *Quarterly Journal of Economics* Vol. 47（3）.

[②]　Romer Paul（1990）：Endogenous Technological Change *Journal of Political Economy* Vol. 98（5）.

现实中，具体的"这种外溢，例如，由当地企业参观外资企业的工厂，和外资企业的管理者和技术人员相互交流引起，更直接地，外资企业的员工转职到其他公司，外资企业对国内交易客户企业进行的技术指导也会引起的。"① 很多理论的既有研究认为，外溢效果带来中间产品的种类增加，或者人力资本质量的提高，单位劳动的生产效率上升等效果，从而达成经济增长。

王（Wang，1990）② 和 Walz（1997）③ 建立了发达国家和发展中国家的两国动态模型，假定直接投资自动引起了技术外溢。因此得到结论：发展中国家对直接投资采取优惠政策是为了提高人均收入增长率。得出这一结论的前提是来自跨国企业的技术外溢效果完全不需要任何成本，是自动产生的，而且假定外国技术的进入手段只有直接投资。正因为有这样的强假定，才会得到 FDI 的优惠政策对经济增长必有效果的结论。

从现实的妥当性来看，我们有必要探讨一下。金和马（Kim and Ma，1997）④ 和拉尔（Lall，2000）⑤ 做了东南亚各国的案例研究，认为为了更好地接受来自外资企业的技术外溢，努力引入技术是必要的。王和布洛斯特朗（Wang and Blomstrom，1992）⑥ 认为原因是一方面应用先进技术的外资企业引入母公司的技术，生产高品质的产品，另一方面当地企业通过学习活动，提高了本公司产品的品质。虽然这种技术外溢是由学习活动达成的，却假定其效果随两企业的技术差距和当地企业的学习程度而增大。在这些研究中，外国企业的先进技术是竞争优势的重要因素，东道国的优惠政策外生地增强了外国企业的优势，外国企业从母公司引入技术的动力就减少了，结果导致外资在东道国的技术外溢减少的可能性很大。提高吸

① 戸堂康之（2008）：技术传播和经济增长——全球化时代的发展中国家经济分析，劲草书房。

② Wang jian-ye（1990）：Growth，Technology Transfer and Long-Run Theory of International Capital Movements *Journal of international Economics*，Vol. 29（3 - 4）.

③ Walz Uwe（1997）：Innovation，Foreign Direct Investment and Growth *Economica* Vol. 64（253）.

④ Kim，Hyung-Ki and Jun Ma（1997）："The Role of Government in Acquiring Technological Capability：The Case of Petrochemical Industry in East Asia," in Masahiro Aoki，Hyung-Ki Kim and Masahiro Okuno-Fujiwara eds，*The Role of Government in East Asian Economic Development*，Oxford University Press.

⑤ Lall，sanjaya："Technology Change and Industrialization in the Asian Newly Industrializing Economies：Achievements and Challenges," in Linsu Kim and Richard R. Nelson eds，*Technology Learning，Innovation：Experiences of Newly Industrializing Economies*，Cambridge：Cambridge University Press.（2000）.

⑥ Wang，Jian-Ye and Magnus Blomstrom："Foreign Investment Technology Transfer：A Simple Model," *European Economic Review*. Vol. 36（1992）.

收技术外溢能力的学习活动如果更加努力，也就是说，增加接受成本激化了两国企业的竞争，又能促进外国企业的技术引入。在这种情况下，优惠政策不仅没有效果，反而可能会阻碍经济增长。另外，优惠政策如果吸引了技术水平低的外资企业，就会给增长带来负效果。

格拉斯和萨基（Glass and Saggi, 1998）[1] 认为对 FDI 的优惠政策有必要进行鉴别。其原因就是只有给具有高技术的 FDI 施行优惠政策才能促进增长。格拉斯和萨基（1999）[2] 的模型假定有外生的 FDI 产生的技术外溢和发展中国家企业自身的模仿两种技术进步的渠道。如果发展中国家自身能够模仿，吸引 FDI 就挤出了发展中国家的模仿，因此，经济增长的效果就没有了。

格拉斯和萨基（1998）的内生 FDI 模型，假定在内生的增长模型中，发展中国家用来自于技术外溢或者本国企业模仿达成了产品质量的提高。在发展中国家有质量不同的 2 种产品，假定优质产品由外资企业生产，劣质产品由本国企业生产。发展中国家技术提高，生产的产品质量也会提高，发达国家企业为了生产更高质量的产品，从母公司引入的技术水平也更高。

也就是说，外资企业和当地企业之间存在质量竞争的情况下，发展中国家的技术吸收能力决定了引入的技术水准。

"格拉斯和萨基（1998），萨基（1999）和托多（Todo, 2005）的研究表明，依赖直接投资的经济发展方式未必是最优成长路径，根据发展阶段的不同，应该选择性地实行对直接投资的优惠政策以及把来自直接投资的技术导入作为催化剂，奖励本国的技术开发的政策才是当务之急。"[3]

鲍伦斯赞等（Borenszain et al. , 1998）[4] 用实证研究表明，直接投资对经济增长的效果依赖于东道国的人力资本。东道国只有具有吸收直接投资附着的先进技术的能力时，其直接投资才能对经济增长有所贡献。另外，阿瑞娜（Arena, 2004）分析了直接投资对 GDP 增长的影响路径，认为人力资本与直接投资对增长的正影响是互补的关系。

[1]　Glass, Amy J. and Kamal Saggi："International Technology Transfer and the Technology Gap," *Journal of Development Economics*, Vol. 55（1998）.

[2]　Glass, Amy J. and Kamal Saggi："Foreign Direct Investment and the Nature of R&D," *Canadian Journal of Economics*, Vol. 55（1999）.

[3]　戸堂康之（2008）：技术传播和经济增长——全球化时代的发展中国家经济分析，劲草书房。

[4]　Borensztein, E. , J. De Gregorio and J. W. Lee："How Does Foreign Direct Investment Affect Economic Growth?" *Journal of International Economics*, Vol. 45（1998）.

三、基于贸易理论的 FDI

20 世纪 50 年代，FDI 理论还没有从国际贸易理论和国际资本移动理论中独立出来。当时的学者们用要素禀赋理论或者国际收益差距理论，解释了 FDI 的动机及其决定因素。

蒙代尔（Mundel，1957）是 FDI 和国际贸易相关研究的起点。他的论文在全部依照 H—O 模型的假定的基础上，分析了如果资本这种生产要素能够移动的话，给贸易带来的影响。生产要素的国际间移动与商品的自由贸易相同，达成了商品价格和生产要素价格的均等化。根据这个结论，生产要素的移动和国际贸易达成了相同的均衡，所以两者间的替代关系很明显。还有，贸易壁垒促进了生产要素的移动，投资壁垒又促进了贸易。这一结论可以解释一部分 FDI 的动机。为了抵抗东道国的关税壁垒以及其他进口限制政策而进行 FDI。这样的投资被称为跨关税壁垒投资（Tariff-Jumping Investment）。

小岛（1973，1978a，1978b）在对日本企业的外商直接投资的基础上，提出了"比较优势理论（Comparative Advantage Theory）"。这个理论分析了国际贸易和 FDI 的关系。直接投资和一般的资本移动不同，是资本和技术以及管理诀窍的综合移动。它分为"顺贸易指向型"和"逆贸易指向型"。"顺贸易指向型"是指投资国把本国比较劣势的某产业转移到东道国比较劣势的同产业，达到贸易扩大和福利增加的效果。这种转移扩大了两国相对的成本差异，能促进国际贸易，改善两国的产业结构。另外，由于在这样的产业中两国的技术差异较小，也扩大了外溢效果。相反，"逆贸易指向型"是投资国把本国比较优势的某产业转移到东道国比较劣势的同产业，扩大了贸易，所以 FDI 和贸易的关系是互补的，不是代替的。小岛利用这个理论，分析了美国和日本之间的 FDI。在此之前，关于 FDI 的理论研究全部都是以来自美国的 FDI 为研究对象，他认为用企业的垄断优势虽然可以解释 FDI 的动机，不过并不是很适合解释日本企业的 FDI（Kozima，1978a）[①]。他比较了来自日本和美国的 FDI，明显的差异

① Kozima K.（1978a）：Direct Foreign Investment：Japanese Model versus American Model. In Kozima（ed.）Direct Foreign Investment：A Japanese Model of Multinational business operations. *New York：Praeger Publishers* pp. 83 – 102.

如表1-1所示。

表1-1

	日本	美国
投资目的	开发海外资源的同时，转移本国产业到国外	投往欧洲和加拿大的FDI是为了占领市场
投资包含的技术	投资者主要是中小企业提供东道国适用的技术。东道国也容易吸收	利用垄断的技术优势，打倒竞争对手，抢夺东道国的市场
管理方式	合资公司较多	独立经营的子公司较多，总公司有子公司的所有权
投资的特征和作用	将在本国失去比较优势的产业转移到此产业具有潜在比较优势的国家，促进贸易	将本国比较优势的产业转移到发达国家，减少双方的成本差异，FDI代替了贸易

最初小岛不是从国家的角度，而是从产业的角度分析了美国和日本两国FDI的特殊性，也分析了不同类型的FDI对国际贸易的影响。如果投资国向东道国的非比较优势产业投资，就可以代替此产业投资国的出口。如果投资国向东道国的比较优势产业投资，就会扩大东道国此产业的出口，促进贸易。日本企业基本上是向东道国的比较优势产业投资，因为这些产业在日本大多已失去比较优势。这种类型的FDI更好地利用了两国的比较优势差异，促进了贸易。

在理论模型中研究国际资本移动的时候，直接投资与其他投资方式是有区别的。产品的贸易和生产要素的移动有代替性和互补性。根据标准的H—O模型，产品的贸易和国家间生产要素移动是代替的，但是从20世纪80年代发展起来的"新"贸易理论导入了不完全竞争和规模经济，给产品的贸易和生产要素的移动带来了互补的理由。

在直接投资中，认为企业特殊的（firm-specific）生产要素（技术、管理诀窍）与资本同时移动，因此产生了企业内贸易和企业内交易，贸易和生产要素的移动就会互补。由于直接投资的增加，各生产工序的立地国际化而产生的产业内贸易也逐渐变得重要。直接投资和产品贸易的正相关与跨国企业的行动有很深的关系。

新贸易理论下的 FDI

新贸易理论是 20 世纪 80 年代初开始发展的，以传统的贸易理论为基础，用理论模型揭示了不完全竞争和规模经济是贸易收益的源泉之一。赫尔普曼和克鲁格曼（Helpman and Krugman，1985）建立了垄断竞争下关于产品差别化和产业内贸易的理论模型。所谓的产业内贸易，就是一国同时进口和出口属于同一商品分类的产品。

1. 关于垂直型 FDI 的理论研究

此方向的理论模型主要有赫尔普曼（1984）的模型[①]和柯南（Konan，2000）的模型[②]。应用新贸易理论，研究要素禀赋不同的国家间的垂直型 FDI 有了更新的进展。跨国企业在要素禀赋不同国家的 FDI 减少了生产成本，生产条件指向型 FDI 比较多，带来了产业间贸易和产业内贸易的同时增长。

（1）Helpman 模型。

Helpman（1984）是以 H—O 模型为基础，加上产品差异化和规模经济以及垄断竞争等新贸易理论假定的静态模型。主要的结论是：要素禀赋的差距是产生 FDI 和决定其数量的主要原因。使用两国（A 国和 B 国）、两种产品（差别化产品和同质产品）、两种生产要素（资本和劳动力）这种国际贸易理论模型常用的 2 * 2 * 2 假定，两国消费者偏好是一致的，要素禀赋是不同的。同质产品规模收益不变，市场完全竞争；差异化产品的市场状况是垄断竞争，各厂商是规模收益递增。假定生产过程分为总部和生产线（不如总部资本密集的工厂）这两部分。这两部分全部属于同一家公司，具体的地点可能在不同的国家立地。

在两国要素禀赋差异很大的情况下，如果通常的企业总部和生产线在同一国家立地，要素价格均等化的均衡是达不到的。例如，在图 1－1 中，要素禀赋点是 E 的时候，A 国是资本丰富国。此时资本的相对价格比 B 国低，这就产生了转移生产线的激励因素。对 B 国来说，转移过来的 A 国企业的生产线部分就是跨国企业，它的国籍是 A 国，立地却在 B 国，全部的生产要素也都在 B 国调配。可是，A 国投资什么呢？就是留在 A 国，与那些生产线相对应的总部，在图 1－1 中用 MH 表示的。这部分的总部

① Helpman Elhanan（1984）: A simple theory of International trade with multinational corporation. *Journal of Political Economy* Vol. 92（3）.

② Konan D. E.（2000）: The vertical multinational enterprise and international trade. *Review of International Economies* Vol. 8（1）.

就放在 A 国，被在 B 国的生产线使用，实际上可以看作是向 B 国投资。对 B 国来说，并没接受实物资本形式的 FDI，在这里总部的使用权就是 FDI 的表现形式。也就是说，在这个模型中，FDI 不是资本自身地理位置的移动，是总部无形的使用权的移动。它作为生产要素的一种，具有市场价值，可以看作是资本。这样，生产要素价格均等化的范围就扩大了，全世界福利水平也可能会提高。

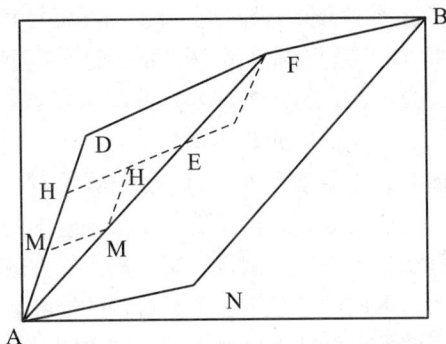

图 1 - 1　Helpman 模型

FDI 产生的过程就是差异化产品的生产过程中的总部和生产线分别在不同的国家立地，达到生产要素价格均等化的均衡。这个模型考虑到各国的要素禀赋。两国要素禀赋的差异越大，FDI 的数量就越大，产业间贸易和产业内贸易都增加。克鲁格曼、格罗斯曼和赫尔普曼（Krugman，Grossman and Helpman）之后关于 FDI 的研究一直都沿用这个框架。

（2）格罗斯曼和赫尔普曼的模型。

格罗斯曼和赫尔普曼（1989）[①] 的研究是把赫尔普曼（1984）的模型动态化的一般均衡模型。人力资本丰富国向 R&D 投入大量人力资本，跨国企业从初期开始出口差别化产品。虽然生产要素的数量是一定的，但是对各部门的分配是随时间变化的。生产要素对 R&D 和同质产品的投入逐渐减少，慢慢转移到了差别化产品部门。在稳态，R&D 减少到 0，全部的生产要素被用于消费的差别化产品和同质产品使用。消费者终生效用最大化决定了经济从初期到稳态的移行路径，在这个路径上，并不是在所有的时点两国的贸

---

① Gene M. Grossman and Elhanan Helpman（1989）：Product Development and international trade. *Journal of political Economy* Vol. 67（6）.

易都达到均衡。从贸易类型来看，H—O 理论依然成立。人力资本丰富国出口相对人力资本密集的差别化产品，进口非劳动密集的同质产品。

如果两国的要素禀赋差距过大，即使达到了稳态，如果只有贸易无法达成生产要素价格均等化的时候，进行生产线移动的 FDI，就能达成要素价格均等化。这个设想虽然和赫尔普曼（1984）相同，不过此模型是动态的，在某时间点 FDI 产生，随时间逐渐增加，稳态时 FDI 的数量最大。

（3）Konan 模型。

这个模型分析了在要素禀赋差异存在时，国际贸易和 FDI 的关系，认为它取决于要素禀赋差异和跨国企业的市场份额。这个模型仍然是两国、两种产品、两种生产要素类型的，假定本国是熟练劳动力丰富的国家。中间产品是本国和外国的垄断竞争企业雇佣非熟练劳动力生产的同质产品，最终产品是本国的垄断企业雇佣熟练劳动力生产的。如果本国对中间产品的需求不太大，那么本国的垄断企业就成为价格接受者，如果外国的工资低而且来自中间产品生产的超额利润越大，在外国设立工厂的可能性就越大。如果本国对中间产品的需求很大，本国的垄断企业不是价格的接受者，两国的工资差距也会变大，对外国投资的可能性也会变大，企业内贸易和产业内贸易的规模也会变大，因此，FDI 促进了贸易（产业内贸易和企业内贸易）。

以上各个垂直型 FDI 模型认为，如果两国的要素禀赋差异过大，企业为了削减成本，就会进行 FDI。FDI 促进了总部和中间产品的出口，扩大了产业内贸易和企业内贸易。进一步讲，因为产品差别化的存在，产业间贸易也有所增加，FDI 带来了各种类型的贸易的共同增长。

2. 关于水平 FDI 的理论研究

以新贸易理论为基础的 FDI 研究分为垂直型 FDI（Helpman 模型、Grossman and Helpman 模型、Konan 模型）和水平型 FDI（Horsemann and Markusen 模型、Ethier 模型、Brainard 模型）。关于水平型 FDI 的分析认为要素禀赋相似的国家间 FDI 的动机是利用总部的竞争优势，生产差别化产品，能够削减贸易成本。这种类型的 FDI 促进了两国间的产业内贸易，代替了产业间贸易。

（1）Horstmann 和 Markusen 模型。

霍斯特曼和马库森（Horstmann and Markusen，1987）[①] 的研究仍然是

---

① Horstmann. L. , James Markusen (1987): Licensing versus Direct investment: A model of internalization by the multinational enterprise. *Canadian Journal of Economics.*

2国、2要素、2产品的2 * 2 * 2型模型，两国的规模、要素禀赋、技术水平完全相同，2产品都是同质产品。在这种情况下，R&D等固定成本越高，企业在他国设立工厂比向他国市场出口就更有利，水平型FDI就会增多。因此，产业内贸易虽然增加，产业间贸易就会减少。

另外，在这个模型里跨国企业的总部（例如管理诀窍、R&D、产品宣传等）具有公共产品的性质，这些重要的生产要素通过FDI向世界各地的子公司扩散，对企业来说，具有规模收益递增的性质。跨国企业总部所在的投资国是总部服务和中间产品的出口国，最终产品进口国的FDI代替了投资国最终产品的出口。

（2）Ethier模型。

爱泽尔（Ethier, 1986）[①] 以邓宁的理论为基础，分析了要素禀赋相似的国家间FDI的出现及其增长以及对贸易的增长效果。这个模型仍然是2国、2种产品、2种生产要素的2 * 2 * 2型模型，假定两国消费者的需求相同。2种产品分为初级品和制成品，制成品的加工过程分为研究开发、上游加工、下游加工三个阶段。两国的要素禀赋不同的时候，资本丰富国是唯一的进行研究开发活动的国家，是制成品的出口国和初级品的进口国。两国的要素禀赋类似的时候，产品差别化和研究开发活动的内部化是国际贸易和FDI同时进行的主要原因。跨国企业把制成品生产的一部分转移到外国，两国分别向对方投资，带来了产业内贸易和FDI的同时增加，也减少了产业间贸易。这个模型在分析要素禀赋相似的国家间的two-way FDI的同时，证明了FDI和产业间贸易的替代关系。

（3）Barainard模型。

巴雷纳（Barainard, 1993）[②] 揭示了"接近消费者"和"集中生产"面临的权衡取舍，被称为跨国企业的接近—集中模型（Proximity and Concentration Model）。"接近消费者"有利于运输成本的削减，"集中生产"有利于工厂的规模经济。这个模型解释了贸易成本和规模经济给贸易还是FDI的决策带来的影响。这个模型仍然是2国、2种生产要素、2种产品的2 * 2 * 2型模型，假定两国的规模、要素禀赋和技术完全相同，生产过程是多阶段而且规模收益递增的。这个模型有三个均衡点。一个是两国各自生产一种产品，两国间只有产品贸易。另一个是两国各自实行FDI，总部服务代替了产品贸易。还

①　Ethier W. J.（1986）：The multinational firm. *Quarterly Journal of Economics* Vol. 100.

②　Brainard S. L.（1993）：A Simple theory of multinational cooperation and trade with a trade-off between proximity and concentration.

有一个是两国同时生产 2 种产品，同时通过 FDI 在对方国家进行生产，既有 FDI，又有产品贸易。均衡的决定因素是贸易成本、总部服务的规模经济性以及工厂的规模经济性的比较。如果贸易成本很低，就一定是通过出口渗入国际市场。如果贸易成本高，就只进行 FDI。如果贸易成本适当，本国生产成本和贸易成本的总和与 FDI 在外国生产的成本相比较，选择成本低的战略。它也取决于工厂产品生产的规模经济性。规模经济性大的情况下，选择国内生产，小的时候，选择去他国实行 FDI，分散生产的政策。

以上各水平型 FDI 模型解释了要素禀赋相似的国家间实行 FDI 的主要原因，同时说明了 FDI 对贸易的影响。主要的结论是：要素禀赋和技术完全相同的国家之间，实行 FDI 的主要原因是 R&D 的固定成本高、贸易成本高、产品差别化、外国生产成本低、工厂的规模经济性小、跨国企业总部服务的公共产品的特征和规模经济性，此外，还表明了 FDI 虽然促进了产业内贸易，却减少了产业间贸易。

新新贸易理论

所谓的"新新贸易理论"着眼于即使是相同产业的企业也不能无视其异质性这一特征，把企业间的生产要素差异模型化了。古典贸易理论和新贸易理论以"产业"为分析单位这一点是共同的，梅里兹和安特拉斯等（Melitz and Antràs et al.）的"新新贸易理论"是着眼于个别企业进行分析的。即使是在同一产业内部，出口的、在海外生产的和离岸外包的企业只限于一部分，与不直接参与全球化活动的企业之间，把生产能力有差异却共存的状态模型化了。

第三节　国际贸易和外生的经济增长理论相结合的 FDI

一、国际贸易理论和经济增长理论相结合的现有研究

迄今为止，国际贸易对经济增长和 GDP 的影响已经被诸多理论和实证研究分析过了。根据李嘉图的技术决定比较优势的理论，各国专门生产自己比较优势的产品并出口，进口比较劣势的产品。通过贸易达成了有效

率的生产，提高了福利。赫克歇尔—俄林模型也认为：生产要素禀赋的不同决定了比较优势，即使没有达到特化，也会产生贸易利益。但这些贸易收益只是静态的，并没有显示出贸易长期动态地对经济增长的促进。

关于贸易和增长的关系，罗默（1986）[①] 扩张成两国模型的 Rivera-Batiz and Romer（1991）[②]，Grossman and Helpman（1994）[③] 等理论模型得到两国的贸易自由化提高了人均收入的成长率这样的结论。他们认为世界由于贸易成为了统一的经济体，知识和技术革新在国家间转移，贸易促进了经济增长。可是这些模型最终还是把成长的引擎归结为技术和知识，并不是贸易活动本身。20 世纪 80 年代以来，学者们注意到了贸易开放度对经济增长的效果，关于贸易对经济增长的作用，根据各种各样的假定条件，结果也是不同的。此外，不少研究还假定产品生产是规模收益递增的，得出了贸易有可能会阻碍经济增长的结论。扬（Young，1991）[④] 使用干中学（learning by doing）的两国内生的增长模型，揭示出贸易自由化有可能并没有提高发展中国家的经济增长率。

鲍尔温等（Baldwin et al.，2001）[⑤] 用 2 国、3 部门（同质产品的传统部门、异质产品的工业部门、研究开发部门）模型，分析了贸易和经济增长的关系。假定有贸易成本、国家间的技术转移是不完全的，分析结果认为随着贸易成本的减少、两国间开始贸易，研究开发部门被移到某国，扩大了两国的收入差距。

二、国际贸易理论和经济增长理论结合的 FDI

巴腊苏巴曼扬等（Balasubramannyam et al.，1996）[⑥] 认为采用出口政

① Romer, Paull M.（1994）："Increasing Returns and Long-Run Growth," *Journal of Political Economy*, Vol. 94.

② Rivera-Batiz Luis A. and Paul M. Romer（1991）：Economic Integration and Endogenous Growth *Quarterly Journal of Economics*, Vol. 106（2）.

③ Grossman, Gene M. and Elhanan Helpman（1994）："Endogenous Innovation in the Theory of Growth," *Journal of Economic Prespectives*, Vol. 8.

④ Young, Alwyn（1991）："Learning by Doing and the Dynamic Effects of International Trade." *Quarterly Journal of Economics*, Vol. 106.

⑤ Baldwin, Richard E., Philippe Martin, and Gianmarco I. P. Ottaviano（2001）："Global Income Divergence, Trade, and Industrialization: The Geography of Growth Take-Offs," *Journal of Economic Growth*, Vol. 6.

⑥ Balasubyamanyam, V. N., M. A. Salisu and D. Sapsford（1996）："Foreign Direct Investment and Growth in EP and IS countries." *Economic Journal*, Vol. 106.

策的国家会吸引更多的直接投资，能够实现高速增长。进一步说，直接投资对 GDP 的影响比国内投资更大。

芬德利（Findlay，1974）[1] 尝试把国际贸易和经济增长理论结合，做出了 H—O 模型的长期版。在时间偏好率外生的情况下，长期均衡时两国的要素赋存趋同，H—O 模型存在的条件消失了。在时间偏好率内生的情况下，如果时间偏好率作为消费者效用的函数，长期贸易均衡的要素禀赋差异比无贸易均衡的时候增大，扩大了贸易量，也产生了生产要素指向型 FDI 的可能性。

本书的下一章把时间偏好率内生化，构筑了经济增长理论和新贸易理论相结合的动态模型，分析了生产要素指向型 FDI。

---

[1] Ronald Findlay（1995）：*Factor Proportions，Trade，and Growth*，The MIT Press.

第二章

外商直接投资和外生的
经济增长理论

本章参考芬德利（1974）和赫尔普曼（1984）的研究，构建了分析生产要素指向型 FDI（Foreign Direct Investment）的经济增长理论和新贸易理论相结合的动态模型。分析了自给自足的封闭经济均衡到自由贸易的开放经济转变的情况下，生产要素指向型 FDI 的发生、数量及其决定因素。

静态的赫尔普曼（1984）模型认为 FDI 的决定因素是两国的生产要素差异，在动态的情况下，不仅是两国的要素禀赋差异，外生的人口数量差异、消费者偏好的变化、生产技术也会影响稳态的要素禀赋差异。两国的时间偏好率函数的差异也决定了稳态的要素禀赋差异，成为生产要素指向性 FDI 的动态决定因素。

第一节 引 言

近年来，世界经济的全球化飞速进展，跨越国境的跨国企业在世界各地非常兴盛。《2005 年世界投资报告》指出，20 世纪 90 年代以后，FDI 成为发展中国家利用外国资本的主要形式。2004 年流入发展中国家的外国资本中，大约 51% 是 FDI，这个数量已经超过了证券投资（Foreign portfolio investment）、银行贷款和政府援助的总额，FDI 已经成为发展中国家获得国际资本的主要来源。《2010 年世界投资报告》指出，全世界 FDI 的流入量将会到 1.2 兆美元，预计 2012 年将会达到 1.6 兆美元。特别是发达国家的制造业，以低工资为目标，把劳动力成本占很大比重的劳动密集型产业转移到劳动力丰富的发展中国家。这种类型是发达国家和发展中国家之间 FDI 的主要形式，被称为生产要素指向型 FDI。另一方面，FDI 作为国家间资本流动的渠道，给各国经济活动都带来了很大影响。

本章以 1995 年出版的 *Factor proportions，Trade，and Growth*[1] 一书第 2 章第 2 节 ［芬德利（1970）[2] 和宇泽（Uzawa，1968）］[3] 为基础，尝试结合贸易理论和经济增长理论，构建了 H—O 模型的长期版。

与宇泽（1968）相同，如果时间偏好率依赖于消费者效用，由内生决定的话，长期贸易均衡时的要素禀赋差距比独立均衡时更大，贸易量也会扩大，不过他完全没有涉及 FDI。赫尔普曼（1984）[4] 以 H—O 模型为基础，假定两国的要素禀赋差异非常大，即使生产专门化，也无法达到要素价格均等化的情况下，资本丰富国将资本密集产品的生产线部分转移到劳动力丰富的国家去，从而影响两国国内的要素需求，就可以达成要素价格均等化。被转移的生产线所使用的总部服务被看作是 FDI，赫尔普曼（1984）研究的只是静态的 FDI，并没有分析到伴随经济增长的长期的 FDI。本章主要以上述研究为基础，以生产要素指向型 FDI 为研究对象，构建了国际贸易和经济增长相结合的动态理论模型。

本章构成如下：第二节是基本模型以及贸易前的独立均衡。第三节分别分析贸易均衡的短期和长期 FDI 的情况。最后的第四节是结论和今后的课题。

第二节 模 型

仍然考虑国际贸易理论研究常用的 2 国 2 生产要素模型，世界由 A 国和 B 国构成。生产要素资本 K 和劳动力 L 是同质的，而且可以在各部门

---

① Findlay，R.（1995）：*Factor Proportions，Trade，and Growth*，The MIT Press.

② Findlay，R.（1970）：Factor proportions and comparative advantage in the long run. *Journal of Political Economy* Vol. 78（1）.

③ Uzawa，H.（1968）：Time preference，the consumption function and optimum asset holdings. In J. N. Wolfe（ed.），*Value，Capital and Growth* Aldine，Chicago.

④ Elhanan Helpman（1984）：A Simple Theory of International Trade with Multinational Corporations. *Journal of Political Economy* Vol. 92（3）.

间自由流动。两国的技术水平相同，消费者的效用函数是相同的。假定 A
国的人口数量比 B 国少，而且都是外生的常数，没有增长。伴随生产活
动，资本以外生的折旧率 m 消耗，通过资本积累和资本品的生产调整资本
数量。

产品有可以贸易的消费品和非贸易的资本品。消费品有 2 种，一种是
资本密集产品 X，另一种是劳动密集产品 Y。X 产品是差别化的，生产函
数是规模收益递增的，一共有 n（内生）种。X 产品的生产过程分为总部
服务和生产线两部分。总部服务是最资本密集的，类似于 R&D 这样的指
导核心。生产线的资本密集度在总部服务和 Y 产品之间。这两个生产步骤
必须在本企业内进行，但可以在不同国家立地。Y 产品是同质的，生产函
数规模收益不变。此外，还生产一种资本品 Z，不能贸易和消费，只用于
调整资本数量。Y 产品是基本品，X 产品的相对价格是 p_x，Z 产品的相对
价格是 p_z。

初期是自给自足的封闭经济的两国，在某一时点经济开放，然后分析
进行自由贸易时的 FDI。

一、消费者的家计

家计为各产品的生产活动提供劳动力的同时，作为资本的所有者，向
各产品的生产者借出资本。资本的利息收益归家计所有。寿命无限的同质
消费者谋求终生效用最大化。代表的消费者的异时点间的效用函数是：

$$\max U = \int_0^\infty \log u(c_t) \exp\{-\theta t\} d_t$$

这里 $u(c_t)$ 是瞬时效用函数、θ 是时间偏好率。假定它是内生的，参
考宇泽（1968），设定：

$$\theta = \theta[u(c_t)], \theta'(u_t) > 0 \qquad (2.1)$$

两国内生的时间偏好率不同，也就是说，在人均的效用水平相同时，
A 国的时间偏好率就比 B 国小；在时间偏好率相等时，A 国人均的效用就
比 B 国大。图 2-1 分别表示两国的 (2.2) 式，很明显，A 国的时间偏好
率曲线在 B 国的下方。

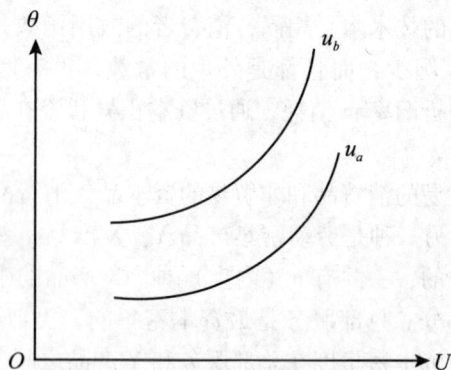

图 2 - 1　两国内生的时间偏好率

（一）消费者各时点效用最大化

代表的消费者各时点的效用函数 $u(c_t)$ 参考格罗斯曼和赫尔普曼 (1989)[①]，设定为

$$u(c_t) = \left[\int_0^n c_x(i)^\alpha d_i\right]^{\frac{s_x}{\alpha}} c_y^{1-s_x} \quad \alpha, s_x \in (0, 1) \tag{2.2}$$

代表的消费者各时点效用最大化问题，任意时点的总支出 $e(t)$、各种差别化 X 产品的价格 $p(i)$、X 产品的种类数 n 是已知的，就能得到各种 X 产品的消费量 $c_x(i)$。外生的 s_x 是 X 产品在总支出中所占的比例，有 $s_x e = \int_0^n p(i) c_x(i) d_i$。

$$\max_{c_x(i), c_y} u(c_t) = \left[\int_0^n c_x(i)_t^\alpha d_i\right]^{\frac{s_x}{\alpha}} c_y^{1-s_x} \quad \alpha, s_x \in (0, 1)$$

$$\text{s.t } e(t) = \int_0^n p(i) c_x(i) d_i + c_y$$

用拉格朗日乘数法，

$$L = \left[\int_0^n c_x(i)_t^\alpha di\right]^{\frac{s_x}{\alpha}} c_{yt}^{1-s_x} - \lambda\left[\int_0^n p(i) c(i) d_i + c_y - e\right]$$

$$\text{F. O. C. } \frac{s_x}{\alpha}\left[\int_0^n c_x(i)_t^\alpha di\right]^{\frac{s_x}{\alpha}-1} \alpha c_x(i)^{\alpha-1} c_{yt}^{1-s_x} - \lambda p(i) = 0$$

①　Gene M. Grossman and Elhanan Helpman (1989): Product Development and International Trade. *Journal of Political Economy* Vol. 97 (6).

$$\frac{s_x}{\alpha}\Big[\int_0^n c_x(i)_t^\alpha di\Big]^{\frac{s_x}{\alpha}-1}\alpha c_x(j)^{\alpha-1}c_{yt}^{1-s_x}-\lambda p(j)=0$$

于是得到$\dfrac{c_x(j)}{c_x(i)}=\Big[\dfrac{p(j)}{p(i)}\Big]^{-\sigma}$

在这里，$\sigma=\dfrac{1}{1-\alpha}$（外生的常数）表示各种 X 产品之间的代替弹性。

于是得到$\dfrac{\int_0^n p(j)c_x(j)dj}{c_x(i)}=\dfrac{\int_0^n p(i)^{1-\sigma}d_i}{p(i)^{1-\sigma}}$

代表的消费者各时点效用最大化下的各种 X 产品和 Y 产品的需求是：

$$c_x(i)_t=s_x e_t\frac{p(i)_t^{-\sigma}}{\int_0^n p(j)_t^{1-\sigma}d_j}\qquad(2.3)$$

$$c_y=(1-s_x)e_t\qquad(2.4)$$

假定消费者偏好是 S – D – S（Spence-Dixit-Stiglitz）型，对代表的消费者来说，从各种 X 产品得到的边际效用是相同的，所以均衡时各种 X 产品的消费量和相对价格都相同。因此（2.3）式变成：

$$c_x(i)=s_x\frac{e}{p_x n}\qquad(2.3')$$

此式的右侧并没有表示 X 产品种类的标识 i，如果各种 X 产品的价格 p_x 相同，消费量一定相等。将此式代入各时间点效用函数（2.3），整理后得到：

$$u(c_t)=\Big(\frac{n^{\frac{1}{\alpha}}s_x}{p_x n}\Big)(1-s_x)^{1-s_x}e_t\qquad(2.2')$$

另外，X 产品和 Y 产品的需求关系是：

$$\frac{X}{Y}=\frac{nc_x(i)}{c_y}=\frac{s_x\dfrac{E}{p_x}}{(1-s_x)E}=\frac{s_x}{(1-s_x)p_x}\qquad(2.5)$$

（二）消费者终生效用最大化

消费者在 X 产品的价格已知的条件下，追求终生效用最大化。$B\equiv\Big(\dfrac{n^{\frac{1}{\alpha}}s_x}{p_x n}\Big)(1-s_x)^{1-s_x}$可以看做是外生的常数，终生效用函数就只是各时间点支出的函数。因此，消费者终生效用最大化问题是：

$$\max \int_0^\infty \log Be_t \exp\left\{-\int_0^t \theta(\log Be_t)dv\right\}d_t$$

消费者在各时间点的利率 $r(t)$ 之下，假定可以从外生的资本市场自由借贷，预算制约式是：

$$\frac{da_t}{dt} = i_t + ra_t - e_t \tag{2.6}$$

在 t 时点，i_t 是来自生产要素的收入，A_t 是蓄积的资产，E_t 是消费支出。为了计算方便，设定 $D_t \equiv \exp\left\{-\int_0^t \theta(\log Be_t)d_v\right\}$，则有：$\dfrac{\frac{dD_t}{dt}}{D_t} = \dfrac{d\ln D_t}{D_t} = -\theta(\log Be_t)$。

因此目标函数变成：

$$\int_{t=0}^{t=\infty} \log Be_t \exp\left\{-\int_0^t \theta(\log Be_v)d_v\right\}d_t = \int_{D_t=1}^{D_t=0} \log Be_t D_t \frac{dt}{dD_t}dD_t$$

$$= \int_{D_t=0}^{D_t=1} \frac{\log Be_t}{\theta(\log Be_t)}dD_t$$

预算制约式变成：

$$\frac{da_t}{dD_t} = \frac{da_t}{dt} \times \frac{dt}{dD_t} = \frac{i_t + ra_t - e_t}{-\theta(\log Be_t)D_t}$$

终生效用现值的汉密尔顿函数是：

$$H_t \equiv \frac{\log Be_t}{\theta(\log Be_t)} + D_t\lambda_t \frac{i_t + ra_t - e_t}{-D_t\theta(\log Be_t)}$$

这里 $D_t\lambda_t$ 是状态变量。整理上式得到：

$$H_t = \frac{1}{\theta(\log Be_t)}\left[\log Be_t - \lambda_t(i_t + ra_t - e_t)\right]$$

一阶最大化条件是：

$$\frac{\partial H_t}{\partial E_t} = \frac{\left(\frac{1}{E_t} - \lambda_t\right)\theta(\log Be_t) - \left[\log Be_t - \lambda_t(i_t + ra_t - e_t)\right]\theta'(\log Be_t)\frac{1}{e_t}}{\theta^2(\log Be_t)} = 0$$

$$-\frac{d(D_t\lambda_t)}{dD_t} = \frac{\partial H_t}{\partial a_t} = -\frac{\lambda_t r}{\theta(\log Be_t)}$$

$$\Rightarrow -\frac{d(D_t\lambda_t)}{dD_t} = \frac{dt}{dD_t}\frac{d(D_t\lambda_t)}{dt} = \frac{1}{-\theta(\log Be_t)D_t}\frac{d(D_t\lambda_t)}{dt} = \frac{-\lambda_t r}{\theta(\log Be_t)}$$

$$\Rightarrow \frac{1}{\lambda_t}\frac{d\lambda_t}{dt} = -\frac{\frac{dD_t}{dt}}{D_t} - r_t = \theta(\log Be_t) - r_t \tag{2.7}$$

二、各种产品的生产

在两国间没有贸易，自给自足的封闭经济的情况下，资本品 Z 以及消费品 X 和 Y 全部由本国生产，产出的消费品全部在本国内消费。

（一）资本形成和利率

假定非贸易的资本品 Z 是 3 种产品中最劳动密集的产品，能够自动地转变成资本品 K。Z 产品用于贬值消耗的资本补充以及资本积累。Z 产品的生产也是使用资本和劳动力，生产函数规模收益不变。资本 K 的形成过程参考萨缪尔森（Samuelson，1965）和芬德利（1995），设定为：

$$Z_t = \frac{dK}{dt} + mK_t \tag{2.8}$$

在长期的独立均衡，人均拥有的资本不变，资本 K 的总量就是一定的，资本积累就是为了补充贬值消耗的资本。

资本品 Z 的生产函数是规模收益不变的，有：

$$Z = Z(K_z, L_Z) = z(k_z)L_Z \tag{2.9}$$

这里 k_z 是 Z 产品生产部门的资本—劳动比率。假定资本品 Z 能自动转换为资本 K，参考萨缪尔森（1965），定义利息如下：

$$r_t = \frac{\rho_t - mp_z}{p_z} = \frac{\rho_t}{p_z} - m \tag{2.10}$$

它表示借出单位资本的收益（从单位资本的租金 ρ 中减去补充贬值消耗的资本价值）和资本品的价格比。

（二）同质产品 Y 的生产

假定 Y 产品的生产函数是齐次的，没有固定成本，全部的投入（K_Y，L_Y）必须在同一立地雇佣。$c_Y(r, \omega)$ 是 Y 产品的单位成本，这是生产要素价格已知的时候，生产单位 Y 产品的最小成本。设定 Y 产品为基准品，完全竞争时，设定 $p_Y = 1$。则有：

$$p_Y = AC = MC = c_Y(\rho, \omega) = a_{ly}(\rho, \omega)\omega + a_{ky}(\rho, \omega)\rho = 1^① \quad (2.11)$$

r 是单位资本的租金，ω 表示单位劳动力价格（工资）。Y 产品的生产函数规模收益不变。

$$Y = Y(K_Y, L_Y) = y(k_y)L_Y \quad (2.12)$$

在上式中，k_y 是生产 Y 产品时的资本—劳动力比率。

（三）差别化的 X 产品的生产和市场均衡

X 产品由 n 种不同的差异化产品组成。它们的生产函数相同，规模收益递增，因此均衡时 X 产品的市场结构是垄断竞争。X 产品有 n（外生）种，各种 X 产品由各公司垄断生产，各公司生产的产品不同，每家生产一种。各家公司都知道其他家选择的产品种类和价格政策，均衡时，$x(i)$ 是各种 X 产品的生产数量，h 是为了生产它们所使用的总部服务数量，设定 $p_x(i)$ 是各种 X 产品的价格。因为各种 X 产品消费的效用相等，均衡时各家公司的 x，h，p_x 相等。

代表的规模收益递增的 X 产品的总成本函数参考赫尔普曼和克鲁格曼（1985，Chapter12）[②]

$$C(r, \omega, x) = \min\left[C^p(r, \omega, h, x) + C^H(r, \omega, h) \right]$$

其中，$C^H(r, \omega, h)$ 是总部服务的最小成本，认为它是规模收益非递减的。$C^p(r, \omega, h, x)$ 是生产线的成本，认为其构造是 $C^P = f(r, \omega) + g(r, \omega, x)$。$f(\ )$ 是生产线的固定成本，$g(\ )$ 是生产线的可变成本。

两国的技术水平相同，每单位的总部服务 H 使用的生产要素数量为：

$$a_{lh}(r, \omega, h) = \frac{\partial C^H(r, \omega, h)/h}{\partial l} \quad l = K, L \quad (2.13)\ (2.14)$$

每单位 X 产品的生产线使用的生产要素数量为[③]

$$a_{lp}(r, \omega, h, x) = \frac{\partial C^P(r, \omega, h, x)/x}{\partial l} \quad l = K, L$$

$$(2.15)\ (2.16)$$

---

① Y 产品的单位成本是指生产要素价格已知时，生产 1 单位 Y 产品所需的最小成本，它是 $\min\limits_{K,L} rK + \omega L$ s. t. Y(K, L) = 1 的解。

② Elhanan Helpman and Paul R. Krugman (1985)：Marker Structure and Foreign Trade *The MIT Press*.

③ 这是根据 Shephard 补论。生产函数和生产要素的关系：生产量一定的情况下，最小化的成本为 $C(r, \omega) = \min\limits_{K,L}(rK + \omega L) = rK_X^*(r, \omega) + \omega L_X^*(r, \omega) = \{ra_{KX}(r, \omega) + \omega a_{LX}(r, \omega)\}x$。

每单位 X 产品的总生产要素使用量为

$$a_{lx}(r, \omega, h, x) = a_{lp}(r, \omega, h, x) + a_{lH}(r, \omega, h)\frac{h}{x} \quad l = K, L$$

（2.17）（2.18）

假定消费者偏好是 S－D－S（Spence-Dixit-Stiglitz）型、X 产品的市场是垄断竞争，一家公司只生产一种产品，各家生产相同数量的 X 产品，获得相同的收益。于是有：

$$X = nx \tag{2.19}$$

代表的 X 产品生产商的利润最大化问题是：

$$\max \pi = p_x(x)x - C(r, \omega, x)$$

根据利润最大化条件，得到：

$$MR = p_x(x)\left(1 - \frac{1}{\sigma}\right) = \frac{\partial C(r, \omega, x)}{\partial x} = MC$$

这里 $\sigma = \dfrac{1}{1-\alpha}$（外生的常数）是对 X 产品的需求弹性。

另外，在 X 产品市场，垄断度 $R = \dfrac{p_x}{MR} = \left(1 - \dfrac{1}{\sigma}\right)^{-1}$ 也是外生的常数。

规模收益程度为：$\varphi(\rho, \omega, x) = \dfrac{AC}{MC} = \dfrac{\dfrac{C(\rho, \omega, x)}{x}}{\dfrac{\partial C(\rho, \omega, x)}{\partial x}}$

根据利润最大化一阶条件，得到 $MR = MC\dfrac{R}{\varphi(\rho, \omega, x)} = \dfrac{p_x}{AC}$

X 产品生产的进入自由导致了零利润，相对价格等于平均成本。

$$p_x = AC = \frac{C(\rho, \omega, x)}{x} = \frac{C^H(\rho, \omega, h) + C^p(\rho, \omega, h, x)}{x} \tag{2.20}$$

因此得到：

$$R = \varphi(\rho, \omega, x) \tag{2.21}$$

三、各国独立的稳态均衡

消费者终生效用最大化时，在稳态有 $\dfrac{d\lambda_t}{dt} = 0$ 成立。在寻求消费者终生效用最大化的时候，X 产品的价格 p_x 作为已知，但是在整个经济系统中 X

产品的价格 p_x 和 Z 产品的种类数 n 都是内生变数，即有：

$$B \equiv \left(\frac{n^{\frac{1}{\alpha}} s_x}{p_x n} \right)(1 - s_x)^{1-s_x} = B(p_x, n)$$

因此（2.7）式变为：

$$\theta[\log B(p_x^*, n)e^*] = r^* \tag{2.7'}$$

消费者瞬时效用最大化条件是：

$$Y^* = c_y = (1 - s_x)e^*L \tag{2.4}$$

$$x^* = c_x(i) = s_x \frac{e^*L}{p_x^* n} \tag{2.3'}$$

在长期独立均衡状态下，人均资本数量是不变的，资本 K 的总量是一定的，资本积累只是为了补充贬值消耗的资本。把 $\frac{dK}{dt} = 0$ 代入到（2.8）式，得到 Z 产品的需求量：

$$Z^* = mK^* \tag{2.22}$$

Z 产品的生产函数是规模收益不变的，其生产量为：

$$Z^* = z(k_z^*)L_z \tag{2.9'}$$

对于规模收益不变的 X 产品和 Z 产品，稳态的资本租金根据公司利润最大化一阶条件可得：

$$y'(k_y^*) = \rho^* \tag{2.24}$$

$$p_z z'(k_z^*) = \rho^* \tag{2.25}$$

人均工资为：

$$[y(k_y^*) - y'(k_y^*)k_y^*] = \omega^* \tag{2.26}$$

$$p_z^*[z(k_z^*) - z'(k_z^*)k_z^*] = \omega^* \tag{2.27}$$

Y 产品作为基本品，则有：

$$c_Y(\rho^*, \omega^*) \equiv a_{ly}(\rho^*, \omega^*)\omega^* + a_{ky}(\rho^*, \omega^*)\rho^* = 1 \tag{2.11}$$

独立均衡的利息是：

$$r^* = \frac{\rho^*}{p_z^*} - m \tag{2.10}$$

X 产品的市场均衡条件是：

$$p_x^* = \frac{C^H(\rho^*, \omega^*, h^*) + C^p(\rho^*, \omega^*, h^*, x^*)}{x^*} \tag{2.20'}$$

$$R = \varphi(\rho^*, \omega^*, x^*) \tag{2.21}$$

$$X^* = nx^* \tag{2.18'}$$

劳动力市场的均衡条件是：

$$\overline{L} = a_{lx}(\rho^*, \omega^*, h^*)X^* + a_{ly}(\rho^*, \omega^*)Y^* + L_z^* \qquad (2.28)$$

资本市场的均衡条件是：

$$K^* = a_{kx}(\rho^*, \omega^*, h^*)X^* + a_{ky}(\rho^*, \omega^*)Y^* + k_z^*L_z^* \qquad (2.29)$$

从以上的 16 个方程式（2.7′），（2.4），（2.3′），（2.9′），（2.24），（2.25），（2.26），（2.27），（2.11），（2.10），（2.20′），（2.21），（2.18′），（2.28），（2.29）可以得到一般均衡系统的 16 个内生变量：

$$\rho^*, \omega^*, k_y^*, k_z^*, p_z^*, r^*, p_x^*, x^*, X^*,$$
$$E^*, Y^*, h^*, Z^*, L_z^*, K^*, n^*$$

两国各产品的生产技术相同，消费者效用函数也相同，因此两国的经济构造完全相同。以上为了方便，省略了表示国家的标识。两国相比除了外生而且不变的人口数量，只有时间偏好率，也就是现在和将来之间选择消费的态度不同。

命题 1：在两国的独立均衡，状态下有 $U_a^* > U_b^*$、$\theta_a^* < \theta_b^*$、$r_a^* < r_b^*$、$k_z^{a*} > k_z^{b*}$、$k_y^{a*} > k_y^{b*}$、$\rho_a^* < \rho_b^*$、$p_z^{a*} > p_z^{b*}$、$\omega_a^* > \omega_b^*$、$k_a^* > k_b^*$ 成立。

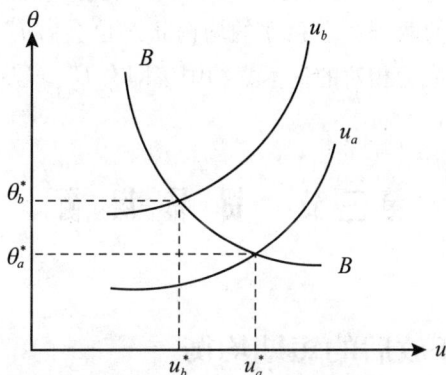

图 2-2 两国独立均衡时的时间偏好率和消费者效用

（命题 1 的证明）

在图 2-2 中，向右下倾斜的 BB 曲线表示消费者效用水平是利率 r 的瞬时函数。根据前文独立均衡的各内生变量的解法，在任意已知的利率下，只要生产要素和商品价格确定，就能得到各种产品的生产量，消费者的效用水平，资本 K 的数量也会确定。如果资本 K 少许增加，Z 产品的生产量也必须少许增加。因为 Z 产品是最劳动密集型的产品，X 产品是资本最密集的产品，所以消费品雇佣的资本数量会增加。因此，Y 产品的生产量会减少，X 产品的生产量增加，利率下降。这样，利率的下降增加了消费中的资本用量，提高了消费者的效用。因此表示这些关系的 BB 曲线在图 2 – 1 是右下倾斜的形状。这条曲线的函数只依赖于技术水平和瞬时效用函数，所以两国是相同的，其对应的函数形式可以表示为：

$$r = G(u) \qquad G'(u) < 0$$

实际上，上式和（2.7′）一起，相当于前文的独立均衡系统。达到均衡点的话，在各国有：

$$G(u_a^*) = r_a^* = \theta^A(u_a^*)$$

$$G(u_b) = r_b^* = \theta^B(u_b^*)$$

成立。根据图 2 – 1，各国的独立均衡由两根曲线的交叉点决定，可以得到 $u_a^* > u_b^*$、$\theta_a^* < \theta_b^*$。根据 $\theta^{a*} < \theta^{b*}$ 和（2.7′）式，可以得到 $r_a^* < r_b^*$。根据它与（2.10）式以及（2.25）式，可以得到 $k_z^{a*} > k_z^{b*}$。根据（2.24）～（2.27）式，可以得到 $\left(\dfrac{\rho^*}{\omega^*}\right)_a < \left(\dfrac{\rho^*}{\omega^*}\right)_b$、$k_y^{a*} > k_y^{b*}$、$\rho_a^* < \rho_b^*$、$p_z^{a*} > p_z^{b*}$、$\omega_a^* > \omega_b^*$。

在封闭经济中，A 国的时间偏好率低，重视将来的消费，因此即使是经济构造完全相同的两国，在独立的均衡状态也会有 $r_a^* < r_b^*$，$\omega_a^* > \omega_b^*$。A 国和 B 国相比，成为相对的资本集约国，即有 $k_a^* > k_b^*$。

第三节　贸易均衡

一、贸易开放后的短期均衡

现在，已经在封闭经济下达到稳态的两国间要开展贸易。带有下划线的各内生变数表示开展贸易后短期均衡的数量。

此时，各种产品的生产函数和成本函数以及各国的劳动力数量与独立均衡时相同，各国的资本数量也不变。也就是说，在贸易开放后的短期均衡系统中，各国的资本数量 $\overline{K}_a(=K_a^*)$，$\overline{K}_b(=K_b^*)$ 已成为外生的。从贸易长期均衡的角度来看，如果把贸易短期均衡作为出发点，初期的资本量就是已知的。

与芬德利（1974）相同，在贸易开始后的瞬时，各国的资本数量不变，不过要立刻调整生产。首先，各种产品的价格、生产要素和利率由于自由贸易，立刻相等。各种 X 产品都由一国生产。由于消费也变化了，在消费变化率为零的条件下独立均衡时的欧拉方程式（2.7）就不成立了。在这里，与拉姆齐模型相同，为了能沿着均衡增长路径行进，必须选择满足横断条件支出的初期值。

$$\lim_t i u'(Be_t) \exp\left[-\int_0^t \theta(\log Be_t) dv \right] dt = 0 \qquad (2.30)$$

瞬时资本 K 的时间变化率不为零，$\dfrac{dK}{dt}$ 成为内生变量。（2.22）式就不成立了，资本品 Z 的需求函数回到（2.8）式。

$$Z_t = \frac{dK}{dt} + mK_t \qquad (2.8)$$

Z 产品的生产量为：

$$\overline{Z} = z(\overline{k_z})\overline{L_z} \qquad (2.9'')$$

代表的消费者瞬时效用最大化条件是：

$$\overline{x} = c_x(i) = s_x \frac{E_W}{p_x n} \qquad (2.23')$$

$$\overline{Y} = c_y = (1 - s_x)\overline{E_W} \qquad (2.24')$$

假定两国的消费者偏好相同，人均支出也相同。$\overline{E_W}$ 是短期贸易均衡时全世界的消费者支出。Y 产品和 Z 产品的生产函数规模收益不变，根据企业利润最大化的一阶条件，稳态的资本租金为：

$$y'(\overline{k_y}) = \overline{\rho} \qquad (2.24')$$

$$\overline{p_z}z'(\overline{k_z}) = \overline{\rho} \qquad (2.25')$$

人均工资为：

$$\left[y(\overline{k_y}) - y'(\overline{k_y})\overline{k_y} \right] = \overline{\omega} \qquad (2.26')$$

$$\overline{p_z}\left[z(\overline{k_z}) - z'(\overline{k_z})\overline{k_z} \right] = \overline{\omega} \qquad (2.27')$$

Y 产品仍然作为基本品，则有：

$$c_Y(\overline{\rho}, \overline{\omega}) = a_{ly}(\overline{\rho}, \overline{\omega})\overline{\omega} + a_{ky}(\overline{\rho}, \overline{\omega})\overline{\rho} = 1 \qquad (2.11')$$

短期均衡的利率为：

$$\overline{r} = \frac{\overline{\rho}}{\overline{p_z}} - m \qquad (2.10')$$

X 产品的市场均衡条件下，X 产品生产的自由加入导致了零利润，相对价格和平均成本相等。

$$\overline{p_x} = \frac{C^H(\overline{\rho}, \ \overline{\omega}, \ \overline{h}) + C^p(\overline{\rho}, \ \overline{\omega}, \ \overline{h}, \ \overline{x})}{\overline{x}} \qquad (2.20')$$

$$R = \varphi(\overline{\rho}, \ \overline{\omega}, \ \overline{x}) \qquad (2.21')$$

$$\overline{X} = n\,\overline{x} \qquad (2.18')$$

世界生产要素市场的均衡条件为:

$$L = a_{lx}(\overline{\rho}, \ \overline{\omega})\overline{X} + a_{ly}(\overline{\rho}, \ \overline{\omega})\overline{Y} + \overline{L_z} \qquad (2.28')$$

$$\overline{K} = K_a^* + K_b^* = a_{kx}(\overline{\rho}, \ \overline{\omega})\overline{X} + a_{ky}(\overline{\rho}, \ \overline{\omega})\overline{Y} + \overline{k_z L_z} \qquad (2.29')$$

以上的 (2.30) (2.8) (2.9″) (2.3′)、(2.4′)、(2.24′)、(2.25′)、(2.26′)、(2.27′)、(2.11′) (2.10′)、(2.20′)、(2.21′)、(2.18′)、(2.28′)、(2.29′) 这 16 个方程组构成的短期一般均衡系统, 可以得到 16 个内生变量:

$\overline{\rho}$, $\overline{\omega}$, $\overline{k_y}$, $\overline{k_z}$, $\overline{p_z}$, $\overline{r}$, $\overline{p_x}$, $\overline{x}$, $\overline{X}$, $\overline{Y}$, $\overline{E_W}$, $\overline{h}$, $\overline{L_z}$, $\overline{Z}$, $\frac{dK}{dt}$, $\overline{n}$。

在独立均衡时, 能得到 $p_x^{a*} < p_x^{b*}$、$B_a > B_b$、$\omega_a^* > \omega_b^*$、$k_z^{a*} > k_z^{b*}$、$k_y^{a*} > k_y^{b*}$、$p_z^{b*} < p_z^{a*}$ 贸易开始之后, 在资本数量不变的短期均衡时, X 产品的价格、工资和利率都是两国独立均衡价格的中间值。也就是说, 在短期均衡, 各生产要素和产品的均衡价格有: $p_x^{a*} < \overline{p_x} < p_x^{b*}$、$\omega_b^* < \overline{\omega} < \omega_a^*$、$r_a^* < \overline{r} < r_b^*$、$p_z^{b*} < \overline{p_z} < p_z^{a*}$ 成立。

以上分析说明了贸易开放后经济短期均衡系统, 世界经济成为统一体, 两国的要素价格达到了均等化。这一均衡的成立根据两国独立均衡的生产要素差异, 分为两种情况: 一种是两国的要素禀赋差异不太大, 仅有商品贸易就能达到要素价格均等化的统一体。另一种是两国的要素禀赋差异很大, 只有贸易无法达到要素价格均等化。和 A 国相比, B 国劳动力的相对价格较低, 于是采取的解决策略是将可分离而且相对劳动密集的生产线部分转移到 B 国。转移之后, 资本密集的 A 国生产更多种类的总部服务, 劳动密集的 B 国则立地更多种类的生产线工厂。实际上, 以上两种情况的经济系统与本节分析的相同, 只是各国国内的生产要素市场供需状况不同而已。

(一) 不存在 FDI, 要素价格均等化成立的情况

前一节的均衡系统把世界经济作为统一体经济来考虑, 本节在统一体经济之下, 着眼于各国生产要素的分配状况, 来分析 FDI。根据前一节的统一体的世界经济系统, 能得到各内生变量的均衡值, 即假定各国的 Z 产品、X 产品和 Y 产品全部在国内生产。

全世界消费品的生产量为：

$$\overline{X_a} + \overline{X_b} = \overline{X}$$
$$\overline{Y_a} + \overline{Y_b} = \overline{Y}$$

A 国的生产要素市场均衡为：

$$\overline{K_a} = K_a^* = \overline{a_{kx}}\,\overline{X_a} + \overline{a_{ky}}\,\overline{Y_a} + \overline{k_z}\overline{L_z^a}$$
$$L_a = \overline{a_{lx}}\,\overline{X_a} + \overline{a_{ly}}\,\overline{Y_a} + \overline{L_z^a}$$
$$\overline{Z_a} = z(\overline{k_z})\overline{L_z^a}$$

同样地，B 国的生产要素市场均衡为：

$$K_b^* = \overline{a_{kx}}\,\overline{X_b} + \overline{a_{ky}}\,\overline{Y_b} + \overline{k_z}\overline{L_z^b}$$
$$L_b = \overline{a_{lx}}\,\overline{X_b} + \overline{a_{ly}}\,\overline{Y_b} + \overline{L_z^b}$$
$$\overline{Z_b} = z(\overline{k_z})\overline{L_z^b}$$

全世界 Z 产品的均衡为：

$$\overline{Z_a} + \overline{Z_b} = \overline{Z} = z(\overline{k_z})\overline{L_z}$$
$$\overline{L_z^a} + \overline{L_z^b} = \overline{L_z}$$

从以上各式可以得到：$\overline{X_a}$，$\overline{Y_a}$，$\overline{X_b}$，$\overline{Y_b}$，$\overline{L_z^a}$，$\overline{L_z^b}$，$\overline{Z_a}$，$\overline{Z_b}$ 的值。

如果两国的生产要素差异很大，就有可能会特化。这是在贸易短期均衡时，FDI 发生与否的临界状况。也就是说，在上述经济系统中，表示 Y 产品生产的式子 $\overline{Y_a} + \overline{Y_b} = \overline{Y}$ 中有 $\overline{Y_a} = 0$，则有 $\overline{Y_b} = \overline{Y}$。在这种情况下，两国的要素禀赋关系为 $\left(\dfrac{K_a^*}{K_b^*}\right)_*$，因为两国的人口数量相同，在 $\left(\dfrac{K_a^*}{K_b^*}\right) > \left(\dfrac{K_a^*}{K_b^*}\right)_*$ 的情况下，为了维持要素价格均等化这一均衡，A 国的 X 产品生产线转移到 B 国，这样一来，FDI 就出现了。$\left(\dfrac{K_a^*}{K_b^*}\right) < \left(\dfrac{K_a^*}{K_b^*}\right)_*$ 的情况下，两国的要素禀赋差距不太大，即使没有 FDI，仅有贸易就能达到要素价格均等化的均衡。

（二）必须存在 FDI 才能达成要素价格均等化的情况

如果两国的要素禀赋差异比特化的时候还大，即 $\left(\dfrac{K_a^*}{K_b^*}\right) > \left(\dfrac{K_a^*}{K_b^*}\right)_*$ 的情况下，FDI 在短期贸易均衡的时候就会产生。A 国生产 X 产品和 Z 产品，B 国生产 X 产品、Z 产品以及全世界的 Y 产品。一部分 X 产品（假定 μ 种）的总部服务立地在 A 国，生产线却在 B 国立地。在这种情况下，在统一体经济下，着眼于各国的生产要素分配状况来分析 FDI，根据前一节统一体的世界经济系统，就可以得到各内生变量的均衡值。

A 国的生产要素市场均衡为：

$$K_a^* = a_{kh}\bar{h}n_a + a_{kp}(n_a - \mu)\bar{x} + \overline{k_z L_z^a}$$

$$L_a = a_{lh}\bar{h}n_a + a_{lp}(n_a - \mu)\bar{x} + \overline{L_z^a}$$

以上两式联立，消去 n_a：

$$\mu = \frac{(K_a^* - \Lambda L_a) - (\Lambda - \overline{k_z L_z^a})}{a_{lp}\left(\Lambda - \dfrac{a_{kp}}{a_{lp}}\right)\bar{x}}$$

$$\frac{\partial \mu}{\partial K_a^*} = \frac{1}{a_{lp}\left(\Lambda - \dfrac{a_{kp}}{a_{lp}}\right)\bar{x}} > 0$$

这里：

$$\Lambda = \frac{a_{kh}\bar{h} + a_{kp}\bar{x}}{a_{lh}\bar{h} + a_{lp}\bar{x}}$$

在贸易短期均衡时，FDI 的数量和 A 国的资本数量是正相关的。在图 2-3 中，斜率为 $\dfrac{\partial \mu}{\partial K_a^*}$ 的直线 CD 表示这个关系。B 国的生产要素市场均衡为：

$$K_b^* = a_{kh}\bar{h}n_b + a_{kp}(n_b + \mu)\bar{x} + a_{ky}\bar{Y} + \overline{k_z L_z^b}$$

$$L_b = a_{lh}\bar{h}n_b + a_{lp}(n_b + \mu)\bar{x} + a_{ly}\bar{Y} + \overline{L_z^b}$$

以上两式联立，消去 n_b：

$$\mu = \frac{(K_b^* - \Lambda L_b) - (\Lambda - \overline{k_z L_z^b}) - a_{ly}\left(\dfrac{a_{ky}}{a_{ly}} - \Lambda\right)\bar{Y}}{-a_{lp}\left(\Lambda - \dfrac{a_{kp}}{a_{lp}}\right)\bar{x}}$$

$$\frac{\partial \mu}{\partial K_b^*} = \frac{1}{-a_{lp}\left(\Lambda - \dfrac{a_{kp}}{a_{lp}}\right)\bar{x}} < 0$$

这里也有：

$$\Lambda = \frac{a_{kh}\bar{h} + a_{kp}\bar{x}}{a_{lh}\bar{h} + a_{lp}\bar{x}}$$

在贸易短期均衡，FDI 的数量与 B 国的资本数量是负相关的。在图 2-3 中，斜率为 $\dfrac{\partial \mu}{\partial K_b^*}$ 的直线 EF 表示这一关系。因为有 $\dfrac{\partial \mu}{\partial K_a^*} = -\dfrac{\partial \mu}{\partial K_b^*}$，所以直线 CD 和 EF 是平行的。在两者与横轴的交点，有 $\mu = 0$，这是 FDI 是否存在的临界点。A 国只生产资本品 Z 和 X 产品，B 国生产资本品 Z 和 X 产品以及全世界的 Y 产品。两国的资本数量分别是 $K_a^* \big|_{\mu=0}$，$K_b^* \big|_{\mu=0}$，满

足 FDI 产生的边界条件 $\dfrac{K_a^*\big|_{\mu=0}}{K_b^*\big|_{\mu=0}} = \left(\dfrac{K_a^*}{K_b^*}\right)_*$。

两国的资本数量分别为 K_{a1}^*，K_{b1}^*（$K_{a1}^* < K_a^*\big|_{\mu=0}$，$K_{b1}^* > K_b^*\big|_{\mu=0}$），根据图 2 - 3 有 $\mu_1 < 0$。在现实中，FDI 的数量为负是不可能的，因此从要素分配的角度来分析，对 A 国来说，在没有 FDI（$\mu = 0$）时，也会给 Y 产品的生产分配生产要素。在这种情况下，即使没有 FDI，只有贸易也能达到要素价格均等化的均衡。如果两国的资本数量分别是 K_{a2}^*，K_{b2}^*（$K_{a2}^* > K_a^*\big|_{\mu=0}$，$K_{b2}^* < K_b^*\big|_{\mu=0}$）的话，根据图 2 - 3，有 $\mu_2 > 0$。这是有 FDI 存在才能达到要素价格均等化的情况。

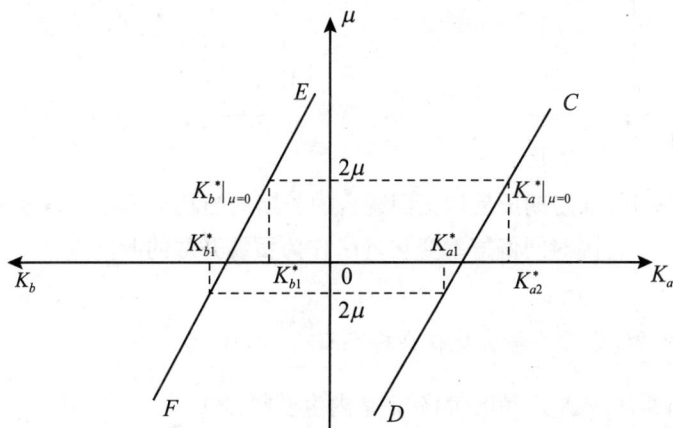

图 2 - 3　贸易短期均衡的 FDI 和两国的要素禀赋

二、贸易长期均衡

在长期，追求终生效用最大化的消费者根据利率的变化，调整内生的时间偏好率，调整资本的数量。也就是说，要让短期均衡不成立的（7）式达到成立。

图 2 - 4 中，对 A 国来说，贸易开放后 X 产品的价格上升，利率也瞬时上升。来自贸易的收益提高了消费者效用，时间偏好率也会上升。利率是瞬时上升，内生的时间偏好率是逐渐缓慢上升，在长期，利率高于时间偏好率的期间，A 国进行资本积累。

相反，对 B 国来说，在贸易开放后的短期均衡之下，X 产品的价格和利率都瞬时下降。来自贸易的收益也慢慢使时间偏好率上升，在长期 B 国时间偏好率高于利率的期间，将会进行资本减少的处理。因此两国的要素禀赋差异日益扩大。

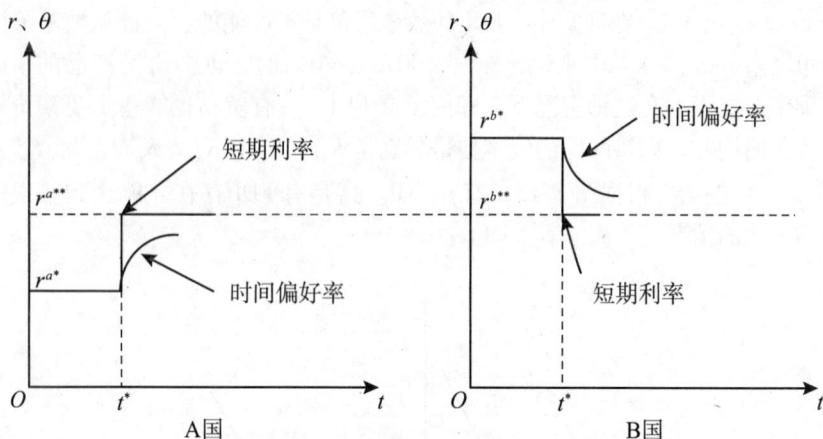

图 2-4 从短期贸易均衡到统合的长期均衡状态的移动路径上的各国时间偏好率变化（t^* 作为贸易开放的时间点）

消费者终生效用最大化，在稳态有 $\dfrac{d\lambda_t}{dt}=0$ 成立。

经济系统中 X 产品的价格 p_x 是内生变量：

$$\theta^A\left[\log B(p_x^{**},\ n)e_a^{**}\right]=\theta^B\left[\log B(p_x^{**},\ n)e_b^{**}\right]=r^{**} \tag{2.7'}$$

消费品的需求量为：

$$x^{**}=c_x(i)=s_x\frac{E^{**}}{p_x^{**}n}=s_x\frac{(e_a^{**}L_a+e_b^{**}L_b)}{p_x^{**}n} \tag{2.3''}$$

$$Y^{**}=c_y=(1-s_x)E^{**}=(1-s_x)(e_a^{**}L_a+e_b^{**}L_b) \tag{2.4''}$$

在长期的独立均衡时，人均资本数量不变，资本 K 的总量是维持不变的，资本积累只是为了补充折旧。把 $\dfrac{dK}{dt}=0$ 带入到 (2.8) 式，Z 产品的需求量是：

$$Z^{**}=mK^{**} \tag{2.22'}$$

Z 产品的生产量为：

$$Z^{**}=z\ (k_z^{**})\ L_z^{**} \tag{2.9''}$$

长期均衡的利率为：

$$r^{**} = \frac{\rho^{**}}{p_z^{**}} - m \qquad\qquad (2.16'')$$

表 2 - 1 中，Y 产品和 Z 产品的生产函数规模收益不变，稳态的资本租金由公司利润最大化一阶条件得到：

$$y'\ (k_y^{**})\ = \rho^{**} \qquad\qquad (2.23'')$$

$$p_z^{**} z'\ (k_z^{**})\ = \rho^{**} \qquad\qquad (2.24'')$$

人均工资是：

$$[\,y(k_y^{**}) - y'(k_y^{**})k_y^{**}\,] = \omega^{**} \qquad\qquad (2.25'')$$

$$p_z^{**}[\,z(k_z^{**}) - z'(k_z^{**})k_z^{**}\,] = \omega^{**} \qquad\qquad (2.26'')$$

Y 产品作为基本品：

$$c_Y(\rho^*,\ \omega^{**}) = a_{ly}(\rho^{**},\ \omega^{**})\omega^{**} + a_{ky}(\rho^{**},\ \omega^{**})\rho^{**} = 1 \qquad (11)$$

产品的市场均衡为：

$$p_x^{**} = \frac{C^H(\rho^{**},\ \omega^{**},\ h^{**}) + C^p(\rho^{**},\ \omega^{**},\ h^{**},\ x^{**})}{x^{**}} \qquad (2.20')$$

$$R = \varphi(\rho^{**},\ \omega^{**},\ x^{**}) \qquad\qquad (2.21)$$

$$X^{**} = nx^{**} \qquad\qquad (2.18')$$

世界劳动力市场均衡为：

$$L = a_{lx}(\rho^{**},\ \omega^{**},\ h)X^{**} + a_{ly}(\rho^{**},\ \omega^{**})Y^{**} + L_z^{**} \qquad (2.28')$$

世界资本市场均衡为：

$$K^{**} = a_{kx}(\rho^{**},\ \omega^{**},\ h^{**})X^* + a_{ky}(\rho^{**},\ \omega^{**})Y^{**} + k_z^{**}L_z^{**} \qquad (2.29'')$$

以上的方程式（2.7''）由 2 个方程式构成，（2.3''），（2.4''），（2.22'），（2.9''），（2.16''），（2.23''），（2.24''），（2.25''），（2.26''），（2.11），（2.20'），（2.21），（2.18'），（2.28'），（2.29''）这 17 个方程式构成的贸易长期均衡系统可以得到 17 个内生变数 ρ^{**}，ω^{**}，k_y^{**}，k_z^{**}，L_z^{**}，p_z^{**}，r^{**}，p_x^{**}，x^{**}，e_a^{**}，e_b^{**}，X^{**}，Y^{**}，h^{**}，Z^{**}，n^{**}，K^{**}。

贸易长期均衡和短期均衡系统相比，内涵稍微有点不同，在贸易短期均衡时的外生变数——全世界的资本总量在长期均衡时就成了内生变数，短期均衡时的内生变数——资本变化 $\frac{dK}{dt}$ 在长期均衡时为零。另外，两国的消费者支出在短期均衡相同，在长期均衡就不同，因此长期均衡的系统的内生变数就多了一个。在方程式的数量上，消费者效用最大化条件，贸易短期均衡的欧拉方程就不成立了，但是加入了横断条件，贸易长期均衡时两国的欧拉方程各自成立，所以方程式也增加一个。

表 2 -1　　　　　贸易短期均衡系统和长期均衡系统比较

	贸易短期均衡	贸易长期均衡
消费者效用最大化	$\lim i_t u'(Be_t)\exp\left[-\int_0^t \theta(\log Be_t)dv\right]dt$ $= 0$	$\theta^A\left[\log B\ (p_x^{**},\ n)\ e_a^{**}\right]$ $= \theta^B\left[\log B\ (p_x^{**},\ n)\ e_b^{**}\right]$ $= r^{**}$
	$\overline{Y} = c_y = (1-s_x)\overline{E_W}$	$Y^{**} = c_y = (1-s_x)E^{**}$ $= (1-s_x)(e_a^{**}L_a + e_b^{**}L_b)$
	$\overline{x} = c_x(i) = s_x\dfrac{\overline{E_W}}{p_x n}$	$x^{**} = c_x(i) = s_x\dfrac{E^{**}}{p_x^{**}n}$ $= s_x\dfrac{(e_a^{**}L_a + e_b^{**}L_b)}{p_x^{**}\ n}$
Z 产品的需求和生产	$Z_t = \dfrac{dK}{dt} + mK_t$	$Z^{**} = mK^{**}$
	$\overline{Z} = z(\overline{k_z})\overline{L_z}$	$Z^{**} = z(k_z^{**})L_z^{**}$
	$\overline{p_z}z'(\overline{k_z}) = \overline{\rho}$	$p_z^{**}z'(k_z^{**}) = \rho^{**}$
	$\overline{p_z}[z(\overline{k_z}) - z'(\overline{k_z})\overline{k_z}] = \overline{\omega}$	$p_z^{**}[z(k_z^{**}) - z'(k_z^{**})k_z^{**}] = \omega^{**}$
Y 产品的生产	$y'(\overline{k_y}) = \overline{\rho}$	$y'(k_y^{**}) = \rho^{**}$
	$[y(\overline{k_y}) - y'(\overline{k_y})\overline{k_y}] = \overline{\omega}$	$[y(k_y^{**}) - y'(k_y^{**})k_y^{**}] = \omega^{**}$
基准财	$c_Y(\overline{\rho},\ \overline{\omega}) = a_{ly}(\overline{\rho},\ \overline{\omega})\overline{\omega} + a_{ky}(\overline{\rho},\ \overline{\omega})\overline{\rho}$ $= 1$	$c_Y(\rho^*,\ \omega^{**}) = a_{ly}(\rho^{**},\ \omega^{**})\omega^{**}$ $+ a_{ky}(\rho^{**},\ \omega^{**})\rho^{**}$ $= 1$
利率	$\overline{r} = \dfrac{\overline{\rho}}{p_z} - m$	$r^{**} = \dfrac{\rho^{**}}{p_z^{**}} - m$

续表

	贸易短期均衡	贸易长期均衡
X 产品生产	$\bar{p}_x = \dfrac{C^H(\bar{\rho}, \bar{w}, \bar{h}) + C^p(\bar{\rho}, \bar{w}, \bar{h}, \bar{x})}{\bar{x}}$	$p_x^{**} = \dfrac{C^H(\rho^{**}, \omega^{**}, h^{**}) + C^p(\rho^{**}, \omega^{**}, h^{**}, x^{**})}{x^{**}}$
	$R = \varphi(\bar{\rho}, \bar{\omega}, \bar{x})$	$R = \varphi(\rho^{**}, \omega^{**}, x^{**})$
	$\bar{X} = n\bar{x}$	$X^{**} = nx^{**}$
要素市场均衡	$L = a_{lx}(\bar{\rho}, \bar{\omega})\bar{X} + a_{ly}(\bar{\rho}, \bar{\omega})\bar{Y} + \bar{L}_z$	$L = a_{lx}(\rho^{**}, \omega^{**}, h)X^{**} + a_{ly}(\rho^{**}, \omega^{**})Y^{**} + L_z^{**}$
	$K_a^* + K_b^* = a_{kx}(\bar{\rho}, \bar{\omega}, \bar{h})\bar{X} + a_{ky}(\bar{\rho}, \bar{\omega}) + \bar{k}_z \bar{L}_z$	$K^{**} = a_{kx}(\rho^{**}, \omega^{**}, h)X^{**} + a_{ky}(\rho^{**}, \omega^{**})Y^{**} + k_z^{**}L_z^{**}$

与短期均衡相同，在长期的统一体经济均衡下，其中一种情况就是两国的要素禀赋差异不太大，仅凭商品贸易就能达到要素价格均等化的统一体经济均衡。另一种情况就是两国的要素禀赋差异很大，仅有贸易无法达到要素价格均等化均衡，所以转移生产线到别国，使要素价格均等化成立。下面分别分析两种情况。

（一）不存在 FDI，要素价格均等化也成立的情况

在芬德利的模型中，丝毫没有涉及 FDI，只是分析了只存在贸易的情况。在贸易开放后的长期，两国的生产要素差异比贸易刚刚开放后扩大了，所以贸易量也扩大了。这种情况发生的时候，短期均衡时一定不存在 FDI。根据前文的分析，从短期均衡到长期均衡移行的途中，两国的要素禀赋差距会进一步扩大，如果贸易短期均衡时不存在 FDI 就无法达到要素价格均等化，那么在长期均衡，FDI 的数量就应该比短期均衡多，因此，此时即使不存在 FDI，要素价格均等化也不可能成立。

与短期均衡时相同，根据上一节的统一体世界经济系统，可以得到各个内生变数的均衡值。在第二节的统一体经济之下，着眼于各国的生产要素分配状况，分析 FDI。

A 国的生产要素市场均衡条件为：

$$K_a^{**} = a_{kx}X_a^{**} + a_{ky}Y_a^{**} + k_z^{**}L_z^{a**} \qquad (2.31)$$

$$L_a = a_{lx}X_a^{**} + a_{ly}Y_b^{**} + L_z^{a**} \qquad (2.32)$$

A 国的 Z 产品需求量为：

$$Z_a^{**} = mK_a^{**} \qquad (2.33)$$

A 国的 Z 产品的生产量为：

$$Z_a^{**} = z\ (k_z^{**})\ L_z^{a**} \qquad (2.34)$$

B 国的生产要素市场均衡条件为：

$$K_b^{**} = a_{kx}X_b^{**} + a_{ky}Y_b^{**} + k_z^{**}L_z^{b**} \qquad (2.35)$$

$$L_b = a_{lx}X_b^{**} + a_{ly}Y_b^{**} + L_z^{a**} \qquad (2.36)$$

B 国的 Z 产品需求量为：

$$Z_b^{**} = mK_b^{**} \qquad (2.37)$$

B 国的 Z 产品需求量为：

$$Z_b^{**} = z(k_z^{**})L_z^{b**} \qquad (2.38)$$

世界市场的 Z 产品和资本的均衡为：

$$Z^{**} = Z_a^{**} + Z_b^{**} \qquad (2.39)$$

$$K^{**} = K_a^{**} + K_b^{**} \qquad (2.40)$$

把前节得到的长期贸易均衡时的 k_z^{**}，K^{**}，Z^{**} 代入到（2.31）~（2.40）式，可以得到 10 个内生变数 Z_a^{**}，K_a^{**}，L_z^{a**}，X_a^{**}，Y_a^{**}，Z_b^{**}，K_b^{**}，L_z^{b**}，X_b^{**}，Y_b^{**}。

（二）不存在 FDI 要素价格均等化不成立，存在 FDI 才成立的情况

贸易开放之后，进入长期，各国分别在新的均衡成长路径上，在即使特化也没有达到稳态的情况下，即 A 国资本积累和 B 国资本处理继续进行时，为了维持要素价格均等化，FDI 出现的可能性就产生了。也就是说，两国沿着均衡成长路径向稳态移行的途中达到特化的时候，在两国国内，利率和时间偏好率的差异依然存在，所以资本积累和处理的行动仍然有必要进行。因此，两国的要素差距会进一步扩大，即使贸易量达到最大，两国也没有达到要素价格均等化，这就产生了 FDI 的诱因。此时，与 A 国相比，B 国的劳动力价格相对较低，家庭作为 X 产品的生产公司的所有者，为了追求利润，采取把可以分离且相对劳动密集的生产线部分转移到 B 国的解决策略。转移后，资本密集的 A 国可以生产更多种类的总部

服务，提高了国内资本的需要，所以提升了 A 国的资本价格。同样地，在 B 国，由于劳动力的需要增加了，工资也提高了。在达到稳态且要素价格均等的统一体经济之前，A 国把一部分 X 产品的总部服务留在自己国家，把生产线转移到他国。这些 X 产品的公司就变成跨国企业，对 B 国来说，其转移的生产线就成为来自于 A 国的 FDI。这里假定这一转移没有成本。

如果沿着均衡增长路径发展的两国要素禀赋差距一直扩大下去，被转移的 X 产品的工厂数（FDI 的数量）也逐渐增加。在稳态和世界经济系统均衡状态同时达到时，两国达到了统一的经济均衡，FDI 的数量也是最大的。

在贸易均衡的短期，即使 FDI 不存在，到了长期，随着两国生产要素差异的扩大，为了维持要素价格均等化的存在，FDI 就产生了。设定转移的数量（FDI 的数量）为内生变量 μ，如果短期贸易均衡时，FDI 已经存在，在长期均衡时，FDI 将会进一步扩大，有 $\mu^{**} > \mu$。

在稳态 A 国的生产要素市场均衡条件为：

$$K_a^{**} = a_{kh} h^{**} n_a^{**} + a_{kp}(n_b^{**} - \mu^{**})x^{**} + k_z^{**} L_z^{a**}$$

$$L_a = a_{lh} h^{**} n_a^{**} + a_{lp}(n_a^{**} - \mu^{**})x^{**} + L_z^{a**}$$

将以上两式联立，消去 n_a，得到：

$$\mu = \frac{(K_a^{**} - \Lambda L_a) - (\Lambda - k_z^{**} L_z^{a**})}{a_{lp}\left(\Lambda - \dfrac{a_{kp}}{a_{lp}}\right)x^{**}}$$

$$\frac{\partial \mu}{\partial K_a^{**}} = \frac{1}{a_{lp}\left(\Lambda - \dfrac{a_{kp}}{a_{lp}}\right)x^{**}} > 0$$

这里有：

$$\Lambda = \frac{a_{kh} h^{**} + a_{kp} x^{**}}{a_{lh} h^{**} + a_{lp} x^{**}}$$

B 国的生产要素市场均衡条件为：

$$K_b^{**} = a_{kh} h^{**} n_b^{**} + a_{kp}(n_b^{**} + \mu^{**})x^{**} + a_{ky} Y^{**} + k_z^{**} L_z^{b**}$$

$$L_b = a_{lh} h^{**} n_b^{**} + a_{lp}(n_b^{**} + \mu^{**})x^{**} + a_{ly} Y^{**} + L_z^{b**}$$

联立以上两式，消去 n_b，得到：

$$\mu = \frac{(K_b^{**} - \Lambda L_b) - (\Lambda - k_z^{**} L_z^{b**}) - a_{ly}\left(\dfrac{a_{ky}}{a_{ly}} - \Lambda\right)Y^{**}}{-a_{lp}\left(\Lambda - \dfrac{a_{kp}}{a_{lp}}\right)x^{**}}$$

$$\frac{\partial \mu}{\partial K_b^{**}} = \frac{1}{-a_{lp}\left(\Lambda - \dfrac{a_{kp}}{a_{lp}}\right)x^{**}} < 0$$

这里也有：
$$\Lambda = \frac{a_{kh}h^{**} + a_{kp}x^{**}}{a_{lh}h^{**} + a_{lp}x^{**}}$$

$\mu = 0$ 时是 FDI 发生的临界状态，根据各国的要素市场均衡条件，A 国只生产资本品 Z 和 X 产品，B 国生产资本品 Z，X 产品以及全世界的 Y 产品。可以得到两国的资本数量，分别是 $K_a^{**}|_{\mu=0}$，$K_b^{**}|_{\mu=0}$。短期贸易均衡和长期均衡相比，因为各内生变量变化了，有 $K_a^{**}|_{\mu=0} \neq K_a^{*}|_{\mu=0}$，$K_b^{**}|_{\mu=0} \neq K_b^{*}|_{\mu=0}$，$\frac{\partial\mu}{\partial K_a^{*}} = -\frac{\partial\mu}{\partial K_b^{*}}$ 仍然成立，不过两者的数值（CD、EF 直线的斜率）会变化。与贸易短期均衡时相同，要素禀赋与 FDI 的关系如图 2-5 所示。

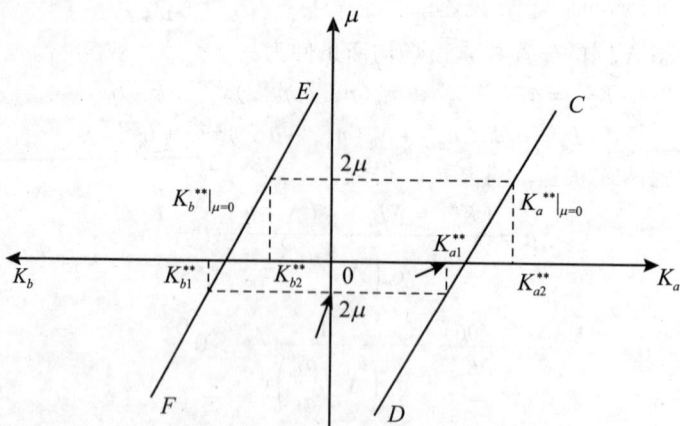

图 2-5　贸易长期均衡的 FDI 和两国的要素禀赋

三、从贸易短期均衡到长期均衡的 FDI 动态变化

根据上节的分析，世界经济从短期贸易均衡到长期均衡的移行途中，资本密集国 A 国进行资本积累，劳动密集国 B 国进行资本处理，因此两国的要素禀赋差异随着时间的推移继续扩大。因此，FDI 发生的可能性变大了，如果在贸易短期均衡时已经存在 FDI 的情况下，FDI 的数量会进一步增大。

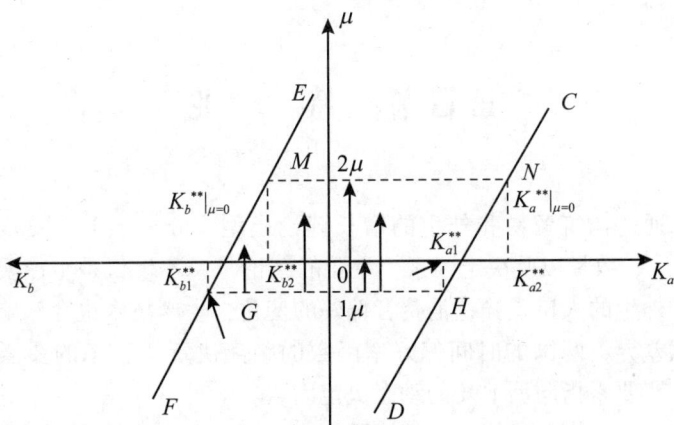

图 2 - 6　动态的 FDI

　　如果世界经济从 FDI 不存在的贸易短期均衡出发，处于新的均衡增长路径上时，两国的资本数量分别从 K_{a1}^*，K_{b1}^*（$K_{a1}^* < K_a^*\big|_{\mu=0}$，$K_{b1}^* > K_b^*\big|_{\mu=0}$）开始变化，表示两国的资本数量和 FDI 关系的 GH 线向上方移动，FDI 的数量 μ 增加。到了长期均衡时，没有达到 $K_a^{**}\big|_{\mu=0}$，$K_b^{**}\big|_{\mu=0}$ 的时候，只有贸易、没有 FDI，要素价格均等化也成立。这就是芬德利（1974）研究的情况。如果在途中，超过了 FDI 发生的境界条件 $K_a^{**}\big|_{\mu=0}$，$K_b^{**}\big|_{\mu=0}$，为了维持要素价格均等化，FDI 就发生了。随着时间的变化，A 国的资本数量进一步增加，B 国的资本数量进一步减少，因此，FDI 的数量也增加。在稳态，如果两国的资本数量分别为 K_{a2}^*，K_{b2}^*（$K_{a2}^* > K_a^*\big|_{\mu=0}$，$K_{b2}^* < K_b^*\big|_{\mu=0}$）的话，根据图 2 - 6，表示两国的资本数量和 FDI 关系的 GH 线移动到 MN 线的位置，就有 $\mu_2 > 0$。这就是 FDI 存在，要素价格均等化成立的情况。在贸易长期均衡，FDI 是否发生以及 FDI 的数量 μ 从表面上看是由两国长期的生产要素差异决定的。在图 2 - 2 中，虽然 BB 曲线是内生的，时间偏好率函数是外生的。在两国的时间偏好率曲线距离较远的情况下，独立均衡的时候，两国的消费者效用以及时间偏好率的差距较大，根据欧拉方程式，独立均衡的资本存量的差距也大，要素禀赋的差距也大。在这种情况下，贸易短期均衡时，FDI 也容易产生。长期贸易均衡时，内生的生产要素差异由两国的独立均衡的要素差异以及从贸易短期均衡到长期均衡移行途中的资本变化速度决定的。其决定因素是函数形式的两国时间偏好率的差异，即图 2 - 2 中展现出的两国时间偏好率函数的距离。

第四节　结　　论

　　本章通过构筑贸易和外生的增长理论模型，分析了生产要素指向型 FDI 的发生、数量以及决定因素。主要的结论是：不仅仅是生产要素禀赋的差异，外生的人口差异，消费者偏好的变化，生产技术也会影响稳态的要素禀赋差异，两国的时间偏好率函数的距离决定了稳态的要素禀赋差异，是生产要素指向型 FDI 的动态决定因素。

　　但是，这个模型没能解决的问题还有很多。很多实证研究着眼于 FDI 在东道国的技术外溢效果的影响，应用考虑技术差异的内生的经济增长理论是更加现实的。此外，也没有进行 FDI 决定因素影响力的定量分析，这些都是今后研究的课题。

第三章

外商直接投资和内生的
经济增长理论

第一节 引 言

伴随着内生经济增长理论的发展，关于 FDI 的接受者——发展中的东道国的研究不胜枚举。可是，关于发达国家之间 FDI 的研究主要注目于 M&A，在不存在技术外溢的情况下，内生的经济增长理论和要素指向型 FDI 相结合的研究很少涉及。本章以格罗斯曼和赫尔普曼（1989）[①] 为基础，在技术外溢不存在的情况下，认为能够达成要素价格均等化的要素禀赋的范围是由总部服务和 R&D 部门的人力资本密集度的关系决定的。在格罗斯曼和赫尔普曼（1989）的研究中，假定 X 产品的总部服务只有人力资本，生产线只雇佣人力资本，因此总部服务的资本密集程度高于 R&D 部门。这里有必要探讨其现实性，把总部服务的人力资本密集度外生化，是主要的创新点。

本章主要的研究结论为：在总部服务的人力资本密集度比 R&D 部门高的情况下，能达到要素价格均等化的可能性随时间扩大，也就是说，部分要素禀赋点，即使在经济的出发点有 FDI，要素价格均等化也不成立，随时间变化，在往稳态行进的途中会达到要素价格均等化。相反，在总部服务的人力资本密集度比 R&D 部门低的情况下，能达到要素价格均等化

[①] Gene M. Grossman and Elhanan Helpman（1989）: Product Development and International Trade. *Journal of Political Economy* Vol. 97（6）.

的可能性随时间缩小。也就是说，在某个要素禀赋点下的经济，在出发点FDI不存在，要素价格均等化也成立的情况下，沿着均衡增长路径向稳态移行的途中，即使存在FDI，要素价格均等化也会变得不成立。

第二节 模 型

仍然考虑在国际贸易理论中常用的2国2要素模型，世界由A国和B国构成。生产要素是人力资本H和非熟练劳动L，它们是同质的而且能够在各部门之间自由流动。假定两国的各生产要素数量都是外生的常数，且没有增长。拥有人力资本的熟练劳动力和非熟练劳动力，作为消费者都是同质的，效用函数也是一致的。消费品有两种，一种是人力资本密集的X产品，另一种是劳动密集的Y产品。X产品是差别化的，其生产函数是规模收益递增的。其生产过程可以分为总部服务和生产线两部分。这两步生产过程必须在同一企业内部进行，但可以在不同的国家立地。Y产品是同质的，其生产函数规模收益不变。

两国有研究开发部门（R&D），雇佣人力资本和劳动力，开发X产品的新品种。假定经济从初期开始在均衡增长路径上，在各时点世界经济都保持要素价格均等化的统合的均衡，某国开发的新品种的X产品也可以在他国生产。

一、消费者的家庭行动

家庭为各产品的生产活动提供劳动力的同时，作为资本的所有者，将其租借给生产企业，得到资本出租的收益。寿命无限的同质消费者谋求终生效用最大化。全体消费者的异时点间的效用函数是：

$$\max U = \int_0^\infty \log u(c_t) \exp\{-\rho t\} d_t \tag{3.1}$$

这里 $u(c_t)$ 是瞬时效用函数、ρ 是时间偏好率，两国相同。

（一）消费者各时点效用最大化

各时点效用函数 $u(c_t)$ 设定为：

$$u(c_t) = \left[\int_0^n c_x(i)^\alpha d_i\right]^{\frac{s_x}{\alpha}} c_y^{1-s_x} \quad \alpha, s_x \in (0, 1) \tag{3.2}$$

任意时点的总支出为 $E(t)$，各种差别化 X 产品的相对价格为 $p(i)$，Y 产品的相对价格为 p_y，X 产品的种类数 n 是已知的，消费者各时间点效用最大化问题可以得到各种 X 产品的消费 $c_x(i)$。外生的 s_x 是 X 产品占总支出的比重，有：$s_x E = \int_0^n p(i) c_x(i) d_i$。

$$\max_{c_x(i), c_y} u(c_t) = \left[\int_0^n c_x(i)_t^\alpha d_i\right]^{\frac{s_x}{\alpha}} c_y^{1-s_x} \quad \alpha, s_x \in (0, 1)$$

$$\text{s. t. } E(t) = \int_0^n p(i) c_x(i) d_i + c_y$$

应用拉格朗日乘数法：

$$L = \left[\int_0^n c_x(i)_t^\alpha di\right]^{\frac{s_x}{\alpha}} c_{yt}^{1-s_x} - \lambda\left[\int_0^n p(i) c(i) d_i + c_y - E\right]$$

$$\text{F. O. C. } \frac{s_x}{\alpha}\left[\int_0^n c_x(i)_t^\alpha di\right]^{\frac{s_x}{\alpha}-1} \alpha c_x(i)^{\alpha-1} c_{yt}^{1-s_x} - \lambda p(i) = 0$$

$$\frac{s_x}{\alpha}\left[\int_0^n c_x(i)_t^\alpha di\right]^{\frac{s_x}{\alpha}-1} \alpha c_x(j)^{\alpha-1} c_{yt}^{1-s_x} - \lambda p(j) = 0$$

因此可以得到 $\dfrac{c_x(j)}{c_x(i)} = \left[\dfrac{p(j)}{p(i)}\right]^{-\sigma}$，这里 $\sigma = \dfrac{1}{1-\alpha}$（外生的常数）表示各种 X 产品之间的代替弹性。

这里 $\dfrac{\int_0^n p(j) c_x(j) dj}{c_x(i)} = \dfrac{\int_0^n p(i)^{1-\sigma} d_i}{p(i)^{1-\sigma}}$

各时间点效用最大化下的各种 X 产品和 Y 产品的需求函数为：

$$c_x(i)_t = s_x E_t \frac{p(i)_t^{-\sigma}}{\int_0^n p(j)_t^{1-\sigma} d_j} \tag{3.3}$$

$$c_y = (1 - s_x) E_t \tag{3.4}$$

从效用函数的形式来看，对消费者来说，来自各种 X 产品的边际效用相同，均衡时各种 X 产品的消费量和相对价格也会相同。因此（3.2）式变为：

$$c_x(i) = s_x \frac{E}{p_x n} \tag{3.3'}$$

把上式和（3.5）式代入各时点的效用函数（3.3）式，整理后得到：

$$u(c_t) = \left(\frac{n^{\frac{1}{\alpha}} s_x}{p_x n} \right)(1 - s_x)^{1-s_x} E_t \tag{3.2'}$$

另外，X 产品和 Y 产品需求的关系为：

$$\frac{X}{Y} = \frac{nc_x(i)}{c_y} = \frac{s_x \dfrac{E}{p_x}}{(1-s_x)E} = \frac{s_x}{(1-s_x)p_x} \tag{3.5}$$

（二）消费者终生效用最大化

消费者在 X 产品价格已知的情况下，谋求终生效用最大化。此时 $B \equiv \left(\dfrac{n^{\frac{1}{\alpha}} s_x}{p_x n} \right)(1 - s_x)^{1-s_x}$ 可以看作是外生的常数，终生效用函数就成为各时点支出的一元函数。因此消费者终生效用最大化问题变为：

$$\max \int_0^\infty \log B E_t \exp\{-\rho t\} d_t$$

消费者终生预算制约式为：

$$\int_t^\infty e^{-[R(\tau)-R(t)]} E(\tau) d\tau = \int_t^\infty e^{-[R(\tau)-R(t)]} I(\tau) d\tau + A(t) \tag{3.6}$$

左边是消费者终生支出的现值，右边是终生收入和初期资产的合计。假定 $A(0) = 0$，零时点开始出发的经济，预算制约式为：

$$\int_0^\infty e^{-R(t)} E(t) dt = \int_0^\infty e^{-R(t)} I(t) dt \tag{3.6'}$$

为了谋求消费者终生效用最大化，应用拉格朗日乘数法：

$$L = \int_0^\infty B\log E_t \exp\{-\rho t\} dt - \lambda \left[\int_0^\infty e^{-R(t)} E(t) dt - \int_0^\infty e^{-R(t)} I(t) dt \right]$$

$$\frac{\partial L}{\partial E_t} = \frac{e^{-\rho t}}{E_t} - \lambda e^{-R(t)} = 0$$

对上式取对数，然后进行时间微分，得到欧拉方程（Euler Equation）：

$$\frac{\dfrac{dE_t}{dt}}{E_t} = \frac{dR(t)}{dt} - \rho = r_t - \rho \tag{3.7}$$

二、研发部门

本部门雇佣人力资本和非熟练劳动力，开发新品种 X 产品的生产方法的设计。这个设计作为 R&D 部门的产出，可以自动从政府获得永久的特许权。

假定 R&D 的生产是规模收益不变的，生产函数设定为：

$$\frac{dn}{dt} = N(H_N, L_N) = n(h_n)L_N \tag{3.8}$$

本部门的生产者是完全预期的，是否进行 R&D 活动的裁定条件为某特许权的价格和用此特许权生产的 X 产品的收益净现值相等。

把特许权作为基本品，裁定条件为：

$$\int_t^\infty e^{-[R(\tau)-R(t)]} \pi(\tau)d\tau = 1 \tag{3.9}$$

左侧是 t 时点某种 X 产品的特许权收益净现值。对（3.9）式进行时间微分，可以得到某时点 X 产品的代表企业收益：

$$\pi(t) = \frac{dR(t)}{dt} = r_t \tag{3.10}$$

三、生产者利润最大化

（一）同质品 Y 的生产

Y 产品的生产函数是规模收益不变的，没有固定成本，全部的投入（K_Y，L_Y）必须在同一立地调配，生产函数为：

$$Y = Y(H_Y, L_Y) = y(h_y)L_Y \tag{3.11}$$

在上式中，h_y 是 Y 产品生产时的人力资本——劳动比率。把特许权作为基本品，Y 产品的相对价格是：

$$p_y = AC = MC = c_Y(r, \omega) = a_{ly}(r, \omega)\omega + a_{ky}(r, \omega)r \tag{3.12}$$

$c_Y(r, \omega)$ 是 Y 产品的单位成本，它是生产要素价格已知时生产每单位 Y 产品的最小成本。

（二）异质品 X 的生产和市场均衡

X 产品是异质品。各种 X 产品的生产函数相同，规模收益递增，因此市场均衡时，X 产品的市场结构是垄断竞争的。各种 X 产品由各公司垄断生产，各公司生产的 X 产品的种类均不相同，每公司生产一种产品。各公司都知道其他公司选择的种类和价格策略。均衡时，设定 $x(i)$ 是各种 X 产品的生产量，h 是为生产它的总部服务数量，$p_x(i)$ 是第 i 种 X 产品的价格。另外，根据效用函数的形式，各种 X 产品对消费的作用相同，所以均衡时各公司的 x，h，p_x 相等。

在格罗斯曼和赫尔普曼（1989）模型中，假定总部服务的生产不需要非熟练劳动，只需要人力资本，生产线不需要人力资本，只需要非熟练劳动。因此某种规模收益递增的 X 产品的总成本函数为：

$$C(r, \omega, x) = \min[\, C^p(\omega, h, x) + C^H(r, h) \,]$$

本章参考赫尔普曼和克鲁格曼（1985）[1] 的研究，把

$$C(r, \omega, x) = \min[\, C^p(r, \omega, h, x) + C^H(r, \omega, h) \,]$$

作为 X 产品的总成本函数。

其中，$C^H(r, \omega, h)$ 是总部服务的最小成本，假定它是规模收益非减少的。

$C^p(r, \omega, h, x)$ 是生产线的成本，假定其构造为 $C^P = f(r, \omega) + g(r, \omega, x)$。

$f(\ )$ 是生产线的固定成本，$g(\ )$ 是生产线的可变成本。两国的技术水平相同，每单位的总部服务 H 雇佣的生产要素的数量为：

$$a_{lh}(r, \omega, h) = \frac{\partial C^H(r, \omega, h)/h}{\partial l} \qquad l = K, L \qquad (3.13)\ (3.14)$$

每单位 X 产品的生产线使用的生产要素数量为[2]

$$a_{lp}(r, \omega, h, x) = \frac{\partial C^P(r, \omega, h, x)/x}{\partial l} \qquad l = K, L \qquad (3.15)\ (3.16)$$

每单位 X 产品的总生产要素雇佣量为：

---

① Elhanan Helpman and Paul R. Krugman（1985）：Marker Structure and Foreign Trade *The MIT Press*.

② 这是根据谢菲尔德（Shephand）补论得到的。成本函数和生产要素需要的关系：产量一定的情况下，最小化的成本为 $C(r, \omega) = \min\limits_{K, L}(rK + \omega L) = rK_X^*(r, \omega) + \omega L_X^*(r, \omega) = \{ra_{KX}(r, \omega) + \omega a_{LX}(r, \omega)\}x$。

$$a_{lx}(r, \omega, h, x) \equiv a_{lp}(r, \omega, h, x) + a_{lH}(r, \omega, h)\frac{h}{x} \quad l = K, L$$

(3.17)（3.18）

不考虑购入特许权的成本，X 产品的生产企业利润最大化问题是：

$$\max\pi = p_x(x)x - C(r, \omega, x) = p_x(x)x - c(r, \omega, x)x$$

这里 $c(r, \omega, x) = \dfrac{C(r, \omega, x)}{x} = \dfrac{C^H(r, \omega, h) + C^p(r, \omega, h, x)}{x}$

$$\max\pi = [p_x(x) - c(r, \omega, x)]x \tag{3.19}$$

把（3.3）式 $x = c_x(i)_t = s_x E_t \dfrac{p(i)_t^{-\sigma}}{\int_0^n p(j)_t^{1-\sigma}d_j}$ 代入到（3.19）式中，然后

根据（3.19）式的利润最大化一阶条件，得到：

$$p(i) = \frac{-\sigma}{1 - \sigma}c(r, \omega, x) \tag{3.20}$$

这里 σ 是对 X 产品需求的价格弹性，有 $\sigma = \dfrac{1}{1 - \alpha}$（外生的常数）。

竞争均衡时，X 产品的市场构造是垄断竞争的。根据消费者效用函数的形式，每种 X 产品的消费增加给消费者带来的边际效用相同，所以 X 产品市场均衡时，每种生产量和使用的总部服务量也相同，每种 X 产品的均衡价格也相同。由（3.20）式可以得到：

$$\alpha p_x = c(r, \omega, x) \tag{3.21}$$

把（3.21）式和（3.3′）式都代入到（3.19）式、得到代表的 X 产品企业的最大利润为：

$$\pi = (1 - \alpha)s_x\frac{E}{n} \tag{3.22}$$

另外，在 X 产品市场中，垄断度 $R = \dfrac{p_x}{MR} = \left(1 - \dfrac{1}{\sigma}\right)^{-1}$ 是外生的常数。

规模收益的程度为：

$$\varphi(\rho, \omega, x) = \frac{AC}{MC} = \frac{\dfrac{C(\rho, \omega, x)}{x}}{\dfrac{\partial C(\rho, \omega, x)}{\partial x}}$$

根据利润最大化一阶条件，得到 $MR = MC$，因此有：

$$\frac{R}{\varphi(\rho, \omega, x)} = \frac{p_x}{AC}$$

X 产品生产的渗入自由导致了零利润，相对价格和平均成本相等：

$$p_x = AC = \frac{C(\rho, \omega, x)}{x} = \frac{C^H(\rho, \omega, h) + C^p(\rho, \omega, h, x)}{x}$$

因此可以得到 $\qquad R = \varphi(\rho, \omega, x)$ (3.23)

第三节 统合的经济均衡

一、稳态的 R&D

把（3.10）式和（3.22）式代入到消费者终生效用的欧拉方程（3.7）式，得到：

$$\frac{\frac{dE}{dt}}{E} = (1-\alpha)s_x \frac{E}{n} - \rho \tag{3.24}$$

根据消费者瞬时效用最大化，得到各产品的需求函数：

$$x = s_x \frac{E}{p_x n} \tag{3.3'}$$

$$Y = (1 - s_x)\frac{E}{p_y} \tag{3.4'}$$

根据 R&D 部门的裁定条件，R&D 的产出为基本品，则有：

$$1 = a_{ln}(r, \omega)\omega + a_{hn}(r, \omega)r \tag{3.25}$$

根据规模收益不变的同质品 Y 的利润最大化，有：

$$p_y y'(h_y) = r \tag{3.26}$$

$$p_y [y(h_y) - y'(h_y)h_y] = \omega \tag{3.27}$$

$$p_y = a_{ly}(r, \omega)\omega + a_{hy}(r, \omega)r \tag{3.28}$$

连立（3.25），（3.26），（3.27），（3.28）式，可以得到 r，ω，p_y，h_y。全世界的生产要素市场均衡条件为：

$$\bar{L} = L_n + L_X + L_Y = a_{ln}(r, \omega)\frac{dn}{dt} + a_{lx}(r, \omega, h^x, x)X + a_{ly}(r, \omega)Y \tag{3.29}$$

$$\bar{H} = H_n + H_X + H_Y = a_{hn}(r, \omega)\frac{dn}{dt} + a_{hx}(r, \omega, h^x, x)X + a_{hy}(r, \omega)Y$$

$$\tag{3.30}$$

根据（3.3′），（3.4′），（3.29），（3.30）、$X = nx$ 作为已知，可以得到：

$$\frac{dn}{dt} = \nu(E) \qquad (3.31)$$

R&D 部门的产出就成为只是 E 的函数。

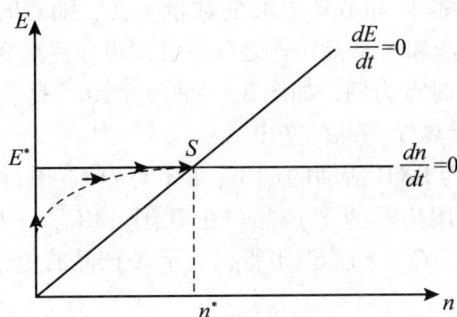

图 3-1　支出和 R&D 活动的稳态均衡

图 3-1 由（3.24）和（3.31）式得来，在稳态，X 产品的种类数 n 是一定的，R&D 活动停止了。也就是说，全部的生产要素被 X 产品和 Y 产品使用，消费者的支出也是一定的。在经济的出发点，R&D 活动是最兴盛的，随着时间的推移，X 产品的种类逐渐增多，因此生产要素的分配从 R&D 活动和 X 产品的生产转移到 X 产品。

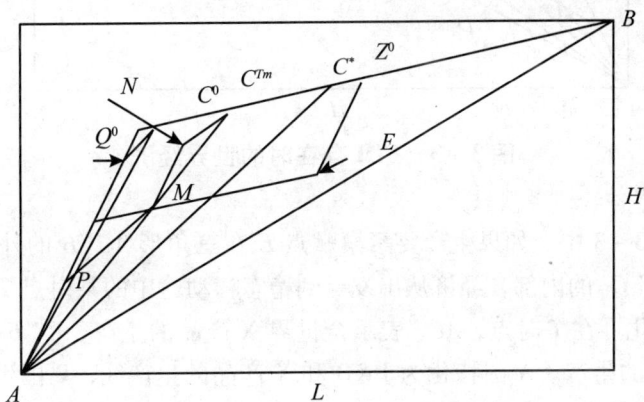

图 3-2　FDI 不存在时的世界经济

在图 3-2，稳态时 AC^* 为 X 产品生产雇佣的生产要素，C^*B 为 Y 产品生产雇佣的生产要素。如果生产要素禀赋点 E 在三角形 AC^*B 内部，经济从出发点到稳态，即使 X 产品的生产线没有转移，只要贸易也能一直维持要素价格均等化，就不会产生 FDI。在既有经济的出发点，AQ^0 为 R&D 活动使用的生产要素，Q^0C^0 表示 X 产品的生产。C^0B 表示 Y 产品的生产。生产要素的人力资本 H 和劳动力 L 的数量不变，随着时间的变化，R&D 活动、Z 产品的生产和 Y 产品生产之间的分配也在逐渐变化。如果 E 作为要素禀赋点，以某时点为例，如图 3-2 所示，AC^{Tm} 是全世界的 X 产品的产出，$C^{Tm}B$ 是全世界 Y 产品的产出。

在 A 国，AP 为 R&D 活动的产出，PM 与 Q^0C^0 平行，表示 X 产品的生产。ME 为在 A 国生产的 Y 产品。在 B 国，MC^{Tm} 与 EZ^0 平行，MN 为 R&D 活动的产出，NC^{Tm} 与 Q^0C^0 平行，表示 X 产品的生产，Z^0B 表示 B 国生产的 Y 产品。

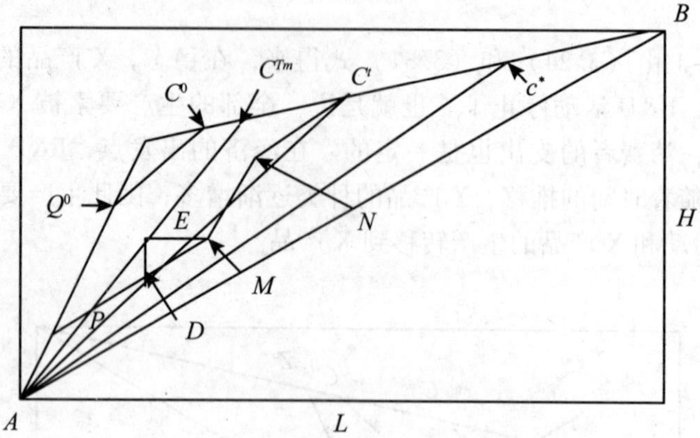

图 3-3　FDI 存在时的世界经济

在图 3-3 中，如果生产要素禀赋点 E 在三角形 AC^*B 的外面，在四边形 $AQ^0C^0C^*$ 的内部，经济从出发点到稳态移动途中的某时点 T，就一定会出现特化。在 T 时点，AC^{Tm} 表示全世界 X 产品的生产，$C^{Tm}B$ 表示全世界 Y 产品的生产。A 国特化为 R&D 和 X 产品的生产线，B 国生产 R&D、X 产品的生产线以及全部的 Y 产品。T 时点以后，R&D 活动减少，X 产品生产的人力资本——劳动比率逐渐下降。也就是说，表示 X 产品生产的线的斜率要比 AC^{Tm} 平缓。为了维持要素价格均等化，A 国开始把 X 产品的生产线转移到 B 国，FDI 就产生了。这里假定总部服务只使用人力资本，生产线只使用劳动力，随着时间的推移，X 产品生产的人力资本—劳动比率进一步下降，FDI 的数量（生产线被移动的 X 产品的种类数）上升，并在稳态达到最大。

二、均衡增长路径上的 FDI

以下是与格罗斯曼和赫尔普曼不同的新内容，用图表和数式结合分析。

（一）图表解释要素价格均等化可能范围的变化

根据总部服务相对的人力资本密集度 $\dfrac{a_{hH}(r,\ \omega,\ h^x)}{a_{lH}(r,\ \omega,\ h^x)}=\beta$（外生）和

R&D 活动的人力资本—劳动比率 $\dfrac{a_{hn}(r,\ \omega)}{a_{ln}(r,\ \omega)}\equiv\lambda$（内生）的比较，能达到要素价格均等化的要素禀赋点的范围是变化的。

命题 1：总部服务的相对的人力资本密集度 $\dfrac{a_{hH}(r,\ \omega,\ h^x)}{a_{lH}(r,\ \omega,\ h^x)}=\beta$（外生）

比 R&D 活动的人力资本密集度 $\dfrac{a_{hn}(r,\ \omega)}{a_{ln}(r,\ \omega)}\equiv\lambda$（内生）小的情况下，随着时间的推移，能够达到要素价格均等化的要素禀赋点的可能范围是缩小的。

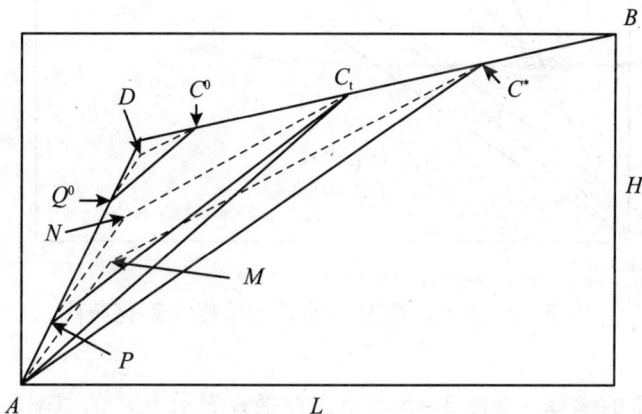

图 3-4　$\beta<\lambda$ 情况下的要素价格均等化范围

命题 1 的解释：如图 3-4 所示，如果 β 表示 DQ^0 的斜率，在经济的出发点 Q^0C^0 可以表示 X 产品的生产。如果有 FDI 的话，能够达成要素价格均等化的要素禀赋点的可能范围是五边形 $AQ^0DC^0C^*$。随着时间的流逝，在某一时点 t，X 产品的生产由 PCt 表示，能够达成要素价格均等化的要素禀赋点的范围就变为五边形 $APNCtC^*$。明显地，五边形 $APNCtC^*$ 的面积比五边形 $AQ^0DC^0C^*$ 的小。要素禀赋点在五边形 $AQ^0DC^0C^*$ 之内，却没有进入五边形 $APNCtC^*$ 之内的时候，从出发的时点到 t 时点，如果有 FDI 的话，就能达成要素价格均等化。在 t 时点以后，即使存在 FDI，也无法达到要素价格均等化。在这种情况下，根据 H—O 理论，相对人力资本丰富的 A 国特化为 R&D 活动和 X 产品的总部服务，在 B 国停止 R&D 活动，特化为生产线和 Y 产品的生产。从出发点到稳态，一直都能满足要素价格均等化的要素禀赋点的范围是三角形。这里 Q^0D、PN、AM 全部互相平行，DC^0、NCt、MC^* 也互相平行。

命题 2：总部服务的相对要素密集度为 $\dfrac{a_{hH}(r,\ \omega,\ h^x)}{a_{lH}(r,\ \omega,\ h^x)} = \beta$（外生）比 R&D 活动的人力资本密集度 $\dfrac{a_{hn}(r,\ \omega)}{a_{ln}(r,\ \omega)} \equiv \lambda$（内生）大的情况下，随着时间的推移，能够达到要素价格均等化的要素禀赋点的范围会扩大。

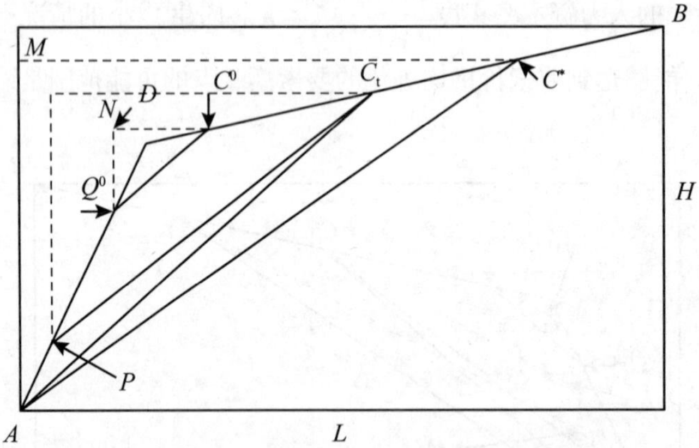

图 3-5　$\beta > \lambda$ 情况下的要素价格均等化范围

命题 2 的解释：如图 3-5 所示，如果 β 表示 DQ^0 的斜率，极端地考虑，$\beta = \infty$，此时与格罗斯曼和赫尔普曼（1989）相同，总部服务只使用人力资本，生产线只使用劳动力，在出发点 R&D 为 AQ^0，X 产品的生产可以用 Q^0C^0 表示。存在 FDI 时能达到要素价格均等化的要素禀赋点的范围是五边形 $AQ^0DC^0C^*$。随着时间的流逝，在某时点 t，X 产品的生产可以用 PCt 来表示。如果存在 FDI 的话，能够达成要素价格均等化的要素禀赋点的范围是五边形 $APNCtC^*$。很明显，五边形 $APNCtC^*$ 的面积比五边形 $AQ^0DC^0C^*$ 的面积大。要素禀赋点没有在五边形 $AQ^0DC^0C^*$ 的范围之内，但是在五边形 $APNCtC^*$ 之内的情况下，从出发点开始到 t 时点，即使存在 FDI，也达不到要素价格均等化，但是从 t 时点以后，只要存在 FDI 就能达到要素价格均等化。在这种情况下，根据 H—O 理论，相对人力资本丰富的 A 国，特化为 R&D 活动和 X 产品生产的总部服务，B 国停止 R&D，特化为生产线和 Y 产品的生产。从出发点到稳态，一直都能达到要素价格均等化的要素禀赋点的范围是五边形 $AQ^0DC^0C^*$。这里 Q^0D、PN、AM 全部相互平行，DC^0、NCt、MC^* 也相互平行。

（二）用数式说明达到要素价格均等化的范围变化

在均衡增长路径上的某个时点，为了方便，省略了表示时间的符号 t。根据消费者瞬间效用最大化，得到各产品的需求为：

$$x = s_x \frac{E}{p_x n} \tag{3.3'}$$

$$Y = (1 - s_x) \frac{E}{p_y} \tag{3.4'}$$

R&D 的产出作为基本品：

$$1 = a_{ln}(r, \omega)\omega + a_{hn}(r, \omega)r \tag{3.33}$$

假定同质的 Y 产品生产函数是齐次的，产出为：

$$Y = Y(H_Y, L_Y) = y(h_y)L_Y \tag{3.34}$$

$$p_y y'(h_y) = r \tag{3.35}$$

$$p_y[y(h_y) - y'(h_y)h_y] = \omega \tag{3.36}$$

$$p_y = a_{ly}(r, \omega)\omega + a_{hy}(r, \omega)r \tag{3.37}$$

异质品 X 的市场均衡条件为：

$$R = \theta(r, \omega, x) \tag{3.23'}$$

总部服务的相对生产要素密集度为人力资本—劳动力比率，设定为：

$$\frac{a_{hH}(r, \omega, h^x)}{a_{lH}(r, \omega, h^x)} = \beta \text{（外生的常数）} \tag{3.38}$$

这是本章的新设定。总部服务的相对的生产要素密集度 β 比 R&D 活动低是不可能的，把这个在格罗斯曼和赫尔普曼的模型中被一般化的设定修改，假定总部服务的人力资本密集度比 R&D 部门的生产要素密集度低的情况也存在。在这种情况下，随着 R&D 活动逐渐减少，存在 FDI 的要素价格均等化集合是扩大还是缩小的结论就会变化，这是本章的主要创新点。

全世界生产要素市场的均衡条件为

$$\overline{L} = L_n + L_X + L_Y = a_{\ln}(r, \omega)\frac{dn}{dt} + a_{lx}(r, \omega, h^x, x)X + a_{ly}(r, \omega)Y$$

$$(3.10')$$

$$\overline{H} = H_n + H_X + H_Y = a_{hn}(r, \omega)\frac{dn}{dt} + a_{hx}(r, \omega, h^x, x)X + a_{hy}(r, \omega)Y$$

$$(3.11')$$

从以上的 (3.3′)、(3.4′)、(3.33)、(3.34)、(3.35)、(3.36)、(3.37)、(3.23′)、(3.38)、(3.10′)、(3.11′) 这 11 个方程式的系统，可以得到 11 个内生变量 r, ω, p_y, h_y, x, p_x, n, E, Y, $\frac{dn}{dt}$, h^x。

考虑存在 FDI，能达到要素价格均等化的情况，在 t 时点，A 国的要素分配为：

$$\overline{L_a} = a_{\ln}\frac{dn_a}{dt} + a_{lH}h^x n_a + a_{lp}(n_a - m)x \qquad (3.12')$$

$$\overline{H_a} = a_{hn}\frac{dn_a}{dt} + a_{hH}h^x n_a + a_{hp}(n_a - m)x \qquad (3.13')$$

定义 $\dfrac{a_{hn}(r, \omega)}{a_{\ln}(r, \omega)} \equiv \lambda$（内生）为 R&D 活动的人力资本密集度、$h_a \equiv \dfrac{\overline{H_a}}{\overline{L_a}}$（外生）为 A 国全国的人力资本—劳动比率，A 国生产要素赋存 $h_a = \dfrac{\overline{H_a}}{\overline{L_a}}$ 为 A 国的要素禀赋。

连立 (3.12′) 和 (3.13′)，得到：

$$mx = \frac{a_{\ln}(h_a - \lambda)\dfrac{dn_a}{dt} + \left[a_{lH}(h_a - \beta)h^x + a_{lp}\left(h_a - \dfrac{a_{hp}}{a_{lp}}\right)x\right]n_a}{a_{lp}\left(h_a - \dfrac{a_{hp}}{a_{lp}}\right)} \qquad (3.39)$$

根据本模型的诸假定，A 国是人力资本密集国，有 $\left(h_a - \dfrac{a_{hp}}{a_{lp}}\right) > 0$,

（3.39）式的分母为正。在 t 时点，如果有 $0 < m < n_a$，那么在 $\beta < \lambda$ 的情况下，一定有 $(h_a - \lambda) < 0$。在图 3-4 中，如果 A 国的生产要素禀赋点在五边形 AQ^0DC^0B 之内，由于有 $\dfrac{dn_a}{dt} > 0$，则有：$a_{\ln}(h_a - \lambda)\dfrac{dn_a}{dt} < 0$。随着时间的推移，$\dfrac{dn_a}{dt}$ 逐渐变小，m 逐渐增加。

如果在 $t + \Delta t$ 时点，就已经增加到了 $m = n_a$，却没有达到 $\dfrac{dn_a}{dt} = 0$ 稳态的情况下，m 会继续增加，达到 $m > n_a$ 之后，可以判断，会达到现实中不可能的要素价格非均等化。也就是说，A 国的要素禀赋为 $(\overline{L_a},\ \overline{H_a})$ 的时候，在 $\beta < \lambda$ 的情况下，在 t 时点，如果存在 FDI，要素价格均等化成立，但是随着时间的流逝，到了 $t + \Delta t$ 时点，即使存在 FDI，也无法达到要素价格均等化。因此命题 1 成立。

相反，在 $\beta > \lambda$ 的情况下，在 t 时点，如果有 $0 < m < n_a$ 的话，就有 $(h_a - \lambda) > 0$（见图 3-5），如果 A 国的要素禀赋点在五边形 AQ^0DC^0B 之外，因为 $\dfrac{dn_a}{dt} > 0$，则有 $a_{\ln}(h_a - \lambda)\dfrac{dn_a}{dt} > 0$。随着时间的变化，$\dfrac{dn_a}{dt}$ 逐渐下降，m 也逐渐减少。如果在 $t + \Delta t$ 时点，减少到了 $m = 0$，即使不存在 FDI，要素价格也会达到均等化。因此，同样地，如果在 t 时点有 $m > n_a$，也就是说，理论上即使存在 FDI，也可以判断出在要素价格均等化不成立的情况下，随着时间的流逝，在 $t + \Delta t$ 时点 m 减少了，如果有 $0 < m < n_a$，由于存在 FDI，就能够达到要素价格均等化，因此命题 2 也成立。

（三）完全特化（未达到要素价格的时候）之后的动态分析

本节分析 t 时点要素禀赋在要素价格均等化范围之外的情况。由于两国的要素禀赋差异非常大，在要素价格均等化之下，无法达成生产要素的完全雇佣。与 H = 0 模型相同，人力资本密集的 A 国工资相对较高，特化为 R&D 和总部服务。B 国特化为 Y 产品、生产线以及总部服务，依据和 A 国的要素禀赋的差距，决定是否进行 FDI。因此，这是各种 X 产品的价格无法一致的不均衡状态。

根据上节的分析，在 $\beta < \lambda$ 的情况下，能够要素价格均等化的范围在逐渐缩小，因此要素禀赋点要比能达到要素价格均等化的范围边界更远，

不均衡也进一步扩大。此外，在本来能够达到要素价格均等化的要素禀赋点也会随着时间的推移，均等化可能也会被破坏。在 $\beta > \lambda$ 的情况下，如果要素禀赋点在 L 形的领域 $APNC_tC^*M$ 之内，在 t 时点虽然无法达到要素价格均等化，但是随着时间的流逝，不均衡逐渐缓和，在 $t+\Delta t$ 时点（到达稳态之前），可能会达到要素价格均等化。如果要素禀赋点在这个 L 型的区域之外，无论如何也无法达到要素价格均等化均衡。

第四节 结 论

本章分析了不存在技术外溢的情况下，能够达成要素价格均等化的要素禀赋点的范围由总部服务的人力资本密集度和 R&D 部门的人力资本密集度的关系决定。主要的结论是：在总部服务的人力资本密集度比 R&D 部门的人力资本密集度高的情况下，能够达成要素价格均等化的范围随时间扩大；在总部服务的人力资本密集度比 R&D 部门的人力资本密集度低的情况下，能够达成要素价格均等化的范围随时间缩小。

可是，本章作为关于 FDI 的研究，并没有考虑到重要的生产要素——资本。考虑到人力资本和劳动力完全没有增长，这一点也缺乏现实性，有必要在将来的研究中修正。

第四章

对外商直接投资的优惠
政策与经济增长

本章以内生经济增长理论为基础，分析了对外资研究开发性企业给予优惠政策对东道国经济增长的影响。主要的创新点为东道国给外资研究开发性企业的生产补助金以及最终消费品的生产函数，各种东道国的中间产品和外国的中间产品在生产函数中是乘法的而非加法的关系，这是与文献相比的主要创新点。主要的结论为：作为优惠政策的补助金对东道国经济增长的效果不一定是正向的，而是由其利用状况决定的。在补助金被研究开发充分利用，起到正向作用的情况下，对 FDI 的优惠政策也会给东道国的经济增长带来正向的促进作用。相反，如果外资的研发性企业的研发活动失败了或者引起了道德风险等情况，优惠政策就会给东道国的经济增长带来负效果。另外，如果补助金对外国企业的研发活动完全没有效果的话，优惠政策对东道国的经济增长就没有作用。

第一节 引 言

伴随着世界经济的全球化，20 世纪 90 年代以后，外商直接投资（FDI）对发展中国家来说，已经成为资本流入的主要形式，通过资本形成、技术外溢和促进市场竞争等渠道，对东道国的经济增长产生了重要的影响，得到了学者们肯定的评价，因此，很多发展中国家对 FDI 采取了优惠政策。

FDI 的实质是企业特殊资产的移动。这种特殊资产在某种程度上有公共产品的特征，具有外部性，此外部性带来的技术外溢效果对东道国的增长能起到促进作用。麦克道格尔（MacDougall，1960）[1] 在研究 FDI 的一般福利效果时，第一次把技术外溢作为重要的现象进行了分析。认为它是外部效果的一种，投资产生的经济主体的收益会波及到没有负担其费用的外部。芬德利（1978）[2] 开发了简单的内生动态模型，探讨了技术差距和 FDI 的比率等静态特征对技术外溢的影响。此模型中的 FDI 具有传染效应（Contagion effect），认为东道国从 FDI 中吸收其技术，并通过这一技术的转移，提高市场开发能力、管理能力和研究开发能力。此外，还得出了以下结论：FDI 的输出国与东道国相比，技术水平的差距越大，先进技术的扩散率就越高。还有，跨国公司的资本占东道国总投资的比例越高，扩散的速度就越快。

罗默（1990）[3] 认为经济增长的决定因素是技术的外部性。技术作为投入的生产要素，是非竞争且至少部分排他的，是其外溢的特性，引起了经济增长。根据罗默的结论，发展中国家通过接纳 FDI，得到了技术外溢，提高了国内的技术水平，就能够实现经济增长。

鲍伦斯坦（Borenstein，1998）[4] 构建了理论模型，认为 FDI 作为技术转移的重要渠道，当东道国的人力资本有吸收能力的时候，经济增长率就能够被拉高。在此基础上实证分析了 FDI 给发展中国家的经济增长带来的正向作用。贝泰勒米和德缪杰（Berthelemy and Demurger，2000）[5] 扩展了鲍伦斯坦（1998）的研究，把 FDI 内生化，并参考了罗默（1990），认为 FDI 给发展中的东道国经济增长的正向作用是由技术扩张达成的。FDI 的影响力是通过两个渠道实现的。一个是扩张效果，由于中间产品部门的扩大，在最终产品的生产环节上，投入品的专门化程度提高了；另一个是外国企业的研究开发活动给本国的研究开发部门带来了技术外溢、成本减少

① MacDougall G. D. A，(1960) . "The Benefits and Cost of Private Investment from Abords: A Theoretical Approach"，*Economic Record*，March，pp. 13 – 35.

② Findlay，R.："Relative Backwardness，Direct Foreign Investment，and the Transfer of Technology: A Simple Dynamic Model," *Quarterly Journal of Economics*，Vol. 92 (1978).

③ Romer，P. M. (1990)，"Endogenous Technology Change"，*Journal of Political Economics*，98 (5). 71 – 101.

④ Borensztein，Eduardo，Jose De Gregorio and Jong-Wha lee (1998)，"How dose Foreign Direst Investment Affect Economic Growth," *Journal of International Economics* 45: 115 – 35.

⑤ Jean-Claude Berthelemy and Sylvie Dermurger，(2000)，"Foreign Direct Investment and Economic Growth: Theory and Application to China"，*Review of Development Economics*，4 (2)，140 – 155.

等外部性。他认为通过这些渠道，外国的先进技术是 FDI 带来经济增长的主要决定因素。

除了技术之外，跨国企业的管理资源也由于 FDI 的外部性，对东道国有外溢效果。具体地指从个人、组织、技术、交流等广泛的领域中存在的独特技巧、方法、行动规范等产生的资源（能力）。本质上，是从企业拥有的实物生产资源中导出有用的服务和能力，它是更好地利用市场机会所不可缺少的，可以说主要是无形的知识产权和信息资源等。知识产权主要是特许、商标、著作权等的总称，被归类为"无形资产"。除此之外，顾客信息、商品讯息、信用状况、流通网络、商标、经营诀窍等也包含在内。

以世界工厂中国为例，在计划经济制度下的中国企业听从政府的指令进行生产活动，因此企业自身的经营能力极弱，可以说是几乎没有经营资源。正在向市场经济移行的中国企业经营管理能力十分缺乏，营销网络、金融、销售点等方面能起到支撑作用的商社、零售、物流等服务业也不发达，因此通过包含企业特殊资产的 FDI 能够积极地吸收经营资源。

综上，为了利用 FDI 推动本国经济发展，包括俄罗斯在内，东欧和东南亚等国对 FDI 采取优惠政策，并立法[1]。中国也积极实行了改革开放区的设立、税金减免、土地使用费折扣等优惠政策。

可是，从东道国的角度来看，对优惠政策持怀疑态度的现有研究也不少。赖斯（2001）[2] 认为 FDI 把资本的收益转移到国外，有可能会降低东道国的福利，并且给出了正向还是负向福利效果的产生条件。FDI 把已经开发出的技术转移到东道国，降低了技术革新的成本，压迫了东道国的国内研发投资，FDI 的投资收入又转移到了国外，因此只有在来自 FDI 的产出增加效果能够补偿投资收益的情况下，福利才会提高。综上，在满足提高国民福利的条件时，决策者使用本国资金采取优惠政策是正确的。可是，他并没有考虑到 FDI 的技术外溢对经济增长和福利的效果，在外国资本的投资决定上，重要的资本成本也成为东道国的福利评价因素，这会给他的结论带来很大影响，有全面探讨的必要。

---

① 根据 UNCTAD（2001），1991～2000 年之间各国采用的1185 条直接投资相关法案中95%对外商合资投资采取优惠政策。

② Reis Ana Balacao, (2001) "On the Welfare Effect of Foreign Investment", *Journal of International Economics*, 54 (2), 411－428.

在布洛斯特朗和科科（Blomstrom and Kokko，2003）[1]中，FDI 的优惠政策并不是提高国民福利的有效方法。其理由为优惠政策的诱因并不是被称为增长引擎的外国企业技术外溢。FDI 技术外溢的前提是本国企业对外国企业的先进技术有足够的吸收能力和动机，与优惠政策本身相关的证据还不充分。在汉森（Hanson，2001）[2]的分析中，通过技术外溢能否证明 FDI 优惠政策的合理性，讨论了优惠政策的经济价值。根据实证研究，能够证明 FDI 给东道国经济带来正的外溢效果的证据较弱，支持 FDI 是保证福利的基础这一观点的证据也很少。此外，还用简单的理论模型说明了优惠政策提高国民福利的条件。最后，讨论了东道国由于政治的原因，不考虑经济效果而采用优惠政策的情况。

对 FDI 优惠政策的选择与一般经济政策的选择相同，是以成本和收益为基础实施的。FDI 优惠政策的收益不仅仅是缓解东道国的资本不足和失业问题，最重要的是对东道国企业的技术外溢和东道国内上游产业的需求增加效果，能够提高国内企业的生产能力和收益。

另一方面，FDI 的成本除了优惠政策本身引起的国内收入和税收的减少之外，国内企业失去了市场竞争的优势，垄断利润也会被外国企业夺走。由于外国企业的技术水平较高，国内企业的研究开发活动被抑制的可能性也有。此外，东道国的产业对 FDI 有过度依存的可能性，也许会带来经济发展的不安定性。更进一步，由于东道国和外国企业间的信息非对称，优惠政策作为奖励和诱饵，可能会招来技术水平不高的外国企业。技术水平相同的外国企业的活动大致一致，因此可以想到优惠政策的奖励不太会影响到外国企业的数量，而会增加其种类。因此，以获得优惠政策为目标的 FDI 并不是高技术的，一定也有为了得到优惠政策的利益而投资的情况。

除此之外，东道国的官僚和政治家们与外国企业之间很容易发生各种寻租（rent seeking）。政府的 FDI 政策究竟是限制阻碍，还是优惠和促进，都会有改变收益分配、扭曲市场的效果。

本章构建理论模型，以 FDI 通过技术外溢能够对经济增长有正向作用为前提，以探讨 FDI 的优惠政策给国民福利的影响。以贝泰勒米和德缪杰

① Blomstrom, Magnus and Ari Kokko (2003)："Explaining Growth: A Contest Between Models," NBER Working Paper, No. 9498.

② Gordon H. Hason (2001), "Should Countries Promote Foreign Direst Investment?" *G － 24Discussion Paper Series No. 9*, February.

（2000）为基本模型，假定政府给外国企业一次性的补助金 S，作为其研究开发活动的生产要素。

本章的构成如下：第二节是基本模型和各部门均衡。第3节分析东道国的均衡增长率和优惠政策的作用。第四节是结论和今后的课题。

第二节 模 型

参考罗默（1990）的模型，东道国的经济由研究开发、中间产品以及最终产品三部门构成。研究开发部门设计新品种的中间产品，增加中间产品的种类数，种类数的多少也可以表示技术水平的高低。中间产品部门从研究开发部门购入设计的特许权，依此生产中间产品。最终产品部门使用中间产品和人力资本，生产同质的最终产品。

一、研究开发部门

研究开发部门以现存的中间产品的设计为基础，使用人力资本 H，开发新的中间产品的设计。这里的设计就是指把未加工的资本品变成中间产品的方法。各设计被开发出来之后，可以从政府免费得到排他的生产特许权。研究开发部门可以以市场价格将其卖给中间产品生产企业。为了简化分析，假定特许权是永久的。假定本部门已有外国企业渗入，处于与东道国的研究开发部门共存的状态。

（一）东道国的研究开发企业

东道国的研究开发活动产生的技术积累函数与贝泰勒米和德缪杰（2000）采取同样的设定：

$$\frac{dn}{dt} = \delta H_R n^\mu n^{*(1-\mu)} \quad 0 < \mu < 1 \qquad (4.1)$$

这里 H_R 为东道国企业研究开发活动使用的人力资本，δ 为表示生产性的系数，是外生的。n 和 n^* 分别是东道国和外国的研究开发部门已经开发出来并申请到特许权的设计数量。假定过去开发的设计的积累对增加现在的研究开发活动的生产性有正向的外溢作用，所以假设 μ 是正的，由于其外部性和陈腐化等原因，这里认为 μ 小于 1 是比较妥当的。

另外，作为东道国的研究开发部门成果的特许权能够以市场价格 P_n 卖给中间产品企业。根据裁定条件，特许权价格与中间产品企业收益的净现值相等。有：

$$p_n = \int_t^\infty e^{-\int_t^\tau r(s)ds} \pi(\tau)d\tau$$

在均衡增长路径上，p_n 是固定不变的，对上式关于时间 t 进行微分，得到：

$$0 = \pi(t) - r(t)\int_t^\infty e^{-\int_t^\tau r(s)ds}\pi(\tau)d\tau$$

$$p_n = \frac{\pi}{r} \tag{4.2}$$

（二）外国的研究开发企业

东道国政府重视 FDI 对经济增长的影响，对其采取优惠政策。对外国的研发企业一次性付给补助金 S，规定必须在企业研究开发活动中使用。在现实中，很多发展中国家对高技术（特别是 IT 相关、新能源）产业采取比传统产业力度更大的优惠政策，对税收减免的时间也延长了。对于高技术企业来说，研究开发也许是事业的全部。如果不十分严密地考虑，可以如上设定。所以，外国企业的研究开发活动的技术积累函数如下设定：

$$\frac{dn^*}{dt} = \delta^* H_R^* n^{*u^*} n^{(1-\mu^*)} S^\varphi \qquad \frac{1}{2} < \mu^* \leqslant 1 \tag{4.3}$$

与东道国的研究开发部门相同，H_R^* 是外国企业的研究开发活动雇佣的人力资本，δ^* 是外生的正的产出系数。假定外国的研究开发企业比东道国的生产效率高，这意味着 δ^* 比 δ 大。在现实中，发达国家对发展中国家的 FDI 通常比当地企业的技术水平高。因此，由于其能创造更大的外部性，意味着 $\mu^* > \mu$，所以可以设定 $\mu^* > \frac{1}{2}$，而且 $\mu < \frac{1}{2}$ 的概率也是很大的，这意味着外国研究开发企业的活动比东道国更容易成功。

来自东道国政府的补助金 S 作为生产要素被投入到研究开发活动中，有外生的指数 φ。$\varphi > 0$ 的时候，补助金被研究开发活动充分利用，达到了正向效果。$\varphi = 0$ 的时候，这份补助金对研究开发活动完全不起作用。$\varphi < 0$的时候，认为是研究开发活动失败或者道德风险发生。

补助金 S 来源于东道国政府向本国的最终产品企业征税，这里不考虑征税成本。

作为外国研究开发企业产出的特许权可以以价格 P_n^* 卖出，同样地，有：

$$p_n^* = \int_t^\infty e^{-\int_t^\tau r(s)ds} \pi^*(\tau)d\tau$$

对上式关于时间 t 进行微分：

$$0 = \pi^*(t) - r(t)\int_t^\infty e^{-\int_t^\tau r(s)ds}\pi^*(\tau)d\tau$$

均衡时有：

$$p_n^* = \frac{\pi^*}{r} \tag{4.4}$$

假定外国企业 F 是高技术企业，默认 $P_n^* > P_n$ 成立。

二、最终产品部门

参考罗默（1990）的分析模型，最终产品部门只存在于东道国企业，使用全部的 N（$N = n + n^*$）种中间产品和人力资本 H_Y，生产同质的最终产品 Y。Y 产品作为基本品，既可以消费，也可以投资。投入的中间产品由两部分构成，一部分是由东道国企业开发生产的 X 中间产品，另一部分是由已经渗入到东道国的外国企业开发生产的 Z 中间产品。最终产品 Y 的生产函数为：

$$Y = \int_0^n x(i)^\alpha di \int_0^{n^*} z(j)^\beta dj H_Y^{1-\alpha-\beta} \tag{4.5}$$

这里设定 $0 < \alpha < 1$，$0 < \beta < 1$，$1 - \alpha - \beta < 1$。

与现有研究贝泰勒米和德缪杰（2000）不同的是这个最终产品的生产函数，东道国企业开发的与外国企业开发的各种中间产品，在最终产品的生产函数上是乘法的而不是加法的，与贝泰勒米和德缪杰（2000）、罗默（1990）相同设定加法的如同 $Y(H_L, L, x) = H_Y^\alpha L^\beta \int_0^N x(j)^{1-\alpha-\beta}d_j$ 的形式。因为外资设计的中间产品企业和东道国设计的中间产品企业技术水平不同，对最终产品生产所起到的作用也应该不同，因此它们产出的中间产品可以看作是完全不同的生产要素投入到最终产品的生产中去，所以这里采取乘法的形式。它比贝泰勒米和德缪杰（2000）、罗默（1990）的加法形式——全部的中间产品在最终产品生产上的作用相同的假定，更加具有现实性。这一变更能够完全区别两国的中间产品企业，可以更清晰地分析出给予外国研发企业的优惠政策的作用。

政府以 λ 为税率向最终产品部门课税，征收的税金作为优惠政策的补助金来源，无偿发给外国的研究开发企业。在现实中，发展中国家对高技术（尤其是 IT、新能源）的外国企业采取比传统产业的外国企业更加优惠的政策，可以认定与税金减免有同样的效果。

最终产品部门的利润为：

$$\max \pi_Y = (1 - \lambda)Y - \omega_{HY}H_Y - \int_0^n p_x(i)x(i)\,di - \int_0^{n^*} p_z(j)z(j)\,dj \tag{4.6}$$

最大化一阶条件，并整理得：

$$\frac{\partial \pi}{\partial x(i)} = 0 \Rightarrow (1-\lambda)\alpha x(i)^{\alpha-1}\int_0^{n^*} z(j)^\beta dj H_Y^{1-\alpha-\beta} = p_x(i)(1-\eta_x) \tag{4.7}$$

$$\frac{\partial \pi}{\partial z(j)} = 0 \Rightarrow (1-\lambda)\beta z(j)^{\beta-1}\int_0^n x(i)^\alpha di H_Y^{1-\alpha-\beta} = p_z(j)(1-\eta_z) \tag{4.8}$$

以上的（4.7）式和（4.8）式为中间产品的需求函数：

$$\omega_{HY} = (1-\lambda)(1-\alpha-\beta)\frac{Y}{H_Y} \tag{4.9}$$

三、中间产品部门

本部门以未加工的资本品为原材料生产中间产品，卖给企业内的最终产品部门。子公司把中间产品生产的设计作为特许权从研究开发部门排他地购入。由于特许权是被保护的，生产每种中间产品的子公司只存在一家。因此，中间产品部门的市场状况是垄断竞争。子公司的中间产品部门一旦购入某特许权，就会以非常简单的生产函数生产这种中间产品。

（一）东道国的中间产品企业利润最大化

每单位 X 产品的生产要先借入 θ 单位的 X 产品，再将其投入到生产中。代表企业的利润函数为：

$$\pi = \max_{x} p_x(i)x(i) - r\theta x(i) \tag{4.10}$$

把来自于最终产品部门均衡的 X 产品的需求函数（4.7）式代入到（4.10）式中，得到：

$$\pi = \max_{x} \frac{\alpha}{1 - \eta_x} x(i)^{\alpha} \int_0^{n^*} z(j)^{\beta} dj H_Y^{1-\alpha-\beta} - r\theta x(i) \tag{4.10'}$$

根据最大化一阶条件，得到：

$$\frac{\partial \pi}{\partial x(i)} = 0 \Rightarrow x(i)^{\alpha-1} = \frac{r\theta(1 - \eta_x)}{\alpha^2 H_Y^{1-\alpha-\beta} \int_0^{n^*} z(j)^{\beta} dj} \tag{4.11}$$

把（4.11）式代入到 X 产品的需求函数（4.7）式，得到：

$$\overline{p_x} = \frac{r\theta}{\alpha} \tag{4.12}$$

此式表示各种 X 产品的均衡价格是相等的。把（4.12）式代入到东道国生产 X 产品的代表企业的利润函数（4.10）式，得到：

$$\max \pi = (1 - \alpha)\overline{p_x}\ \overline{x(i)} \tag{4.13}$$

再把 X 产品的需求函数（4.7）代入到（4.13）式中，能够得到代表的 X 产品企业的最大利润：

$$\pi = \frac{(1 - \alpha)\alpha}{1 - \eta_x} \bar{x}^{\alpha} \int_0^{n^*} z(j)^{\beta} dj H_Y^{1-\alpha-\beta} \tag{4.14}$$

（二）外资系中间产品企业的利润最大化

与东道国的中间产品企业相同，每单位 Z 产品的生产要借入 θ^* 单位的 Z 产品，然后投入到生产。假定 Z 产品生产的技术水平比 X 产品高，于是有 $\theta^* < \theta$。

代表企业的利润函数为：

$$\pi^* = \max_{z} p_z(j)z(j) - r\theta^* z(j) \tag{4.15}$$

把来自最终产品部门均衡的 Z 产品的需求函数（4.8）式代入到（4.15）式，得到：

$$\pi^* = \max_{z} \frac{\beta}{1 - \eta_z} z(j)^{\beta-1} \int_0^{n} x(i)^{\alpha} di H_Y^{1-\alpha-\beta} - r\theta^* z(j) \tag{4.15'}$$

根据一阶最大化条件：

$$\frac{\partial \pi^*}{\partial z(j)} = 0 \Rightarrow z(j)^{\beta-1} = \frac{r\theta(1 - \eta_z)}{\beta^2 H_Y^{1-\alpha-\beta} \int_0^{n} x(i)^{\alpha} di} \tag{4.16}$$

把（4.16）式代入到 Z 产品的需求函数（4.8），得到：

$$\overline{p_z} = \frac{r\theta^*}{\beta} \tag{4.17}$$

此式表明各种 Z 产品的均衡价格是相等的。把（4.17）式代入到外国代表的 Z 产品生产企业的利润函数（4.15）式，然后再代回外国中间产品部门的利润函数（4.15）式，得到：

$$\max \pi^* = (1 - \beta)\overline{p_z}\,\overline{z(j)} \tag{4.18}$$

把 Z 产品的需求函数（4.8）式代入到（4.18）式，得到代表的 Z 产品企业的最大利润：

$$\pi^* = \frac{(1 - \beta)\beta}{1 - \eta_z} z^\beta \int_0^n x(i)^\alpha di H_Y^{1-\alpha-\beta} \tag{4.19}$$

四、人力资本市场均衡

东道国企业给人力资本的工资是其边际产出，可由下式算出：

$$\omega_R = p_n\left(\frac{\partial\left(\dfrac{dn}{dt}\right)}{\partial H_R}\right) = P_n \delta n^\mu n^{*(1-\mu)} \tag{4.20}$$

与本国企业相同，外国的研究开发部门工资如下：

$$\omega_R^* = P_n^*\left(\frac{\partial\left(\dfrac{dn^*}{dt}\right)}{\partial H_R^*}\right) = P_n^* \delta^* n^{*\mu^*} n^{(1-\mu^*)} s^\varphi \tag{4.21}$$

因为人力资本是同质的，市场均衡条件为被各部门使用的人力资本的工资是相等的。有：

$$\omega_{HY} = \omega_R = \omega_R^* \tag{4.22}$$

把（4.19）、（4.20）、（4.21）式代入到（4.22）式：

$$p_n \delta n^\mu n^{*(1-\mu)} = p_n^* \delta^* n^{*\mu^*} n^{(1-\mu^*)} s^\varphi = (1-\lambda)\alpha\frac{Y}{H_Y} \tag{4.23}$$

根据（4.23）式的前半 $p_n \delta n^\mu n^{*(1-\mu)} = p_n^* \delta^* n^{*\mu^*} n^{(1-\mu^*)} s^\varphi$，可以得到：

$$s^\varphi = \frac{p_n}{p_n^*} \frac{\delta}{\delta^*}\left(\frac{n}{n^*}\right)^{\mu+\mu^*-1} \tag{4.24}$$

向 R&D 部门的裁定条件式分别代入中间产品企业的最大利润，可以得到：

$$\frac{p_n}{p_n^*} = \frac{\dfrac{\pi}{r}}{\dfrac{\pi^*}{r}} = \frac{\dfrac{(1-\alpha)\alpha}{1-\eta_x}\bar{x}^\alpha n^{*} \bar{z}^\beta H_Y^{1-\alpha-\beta}}{\dfrac{(1-\beta)\beta}{1-\eta_z}\bar{x}^\alpha n \bar{z}^\beta H_Y^{1-\alpha-\beta}} = \frac{(1-\alpha)\alpha}{(1-\beta)\beta}\frac{1-\eta_z}{1-\eta_x}\frac{n^{*}}{n} \quad (4.25)$$

把（4.25）式代入到（4.24）式，得到：

$$s^\varphi = \frac{(1-\alpha)\alpha}{(1-\beta)\beta}\frac{\delta}{\delta^*}\left(\frac{n}{n^*}\right)^{\mu+\mu^*-1} \quad (4.26)$$

如果设常数 $\Lambda \equiv \dfrac{(1-\alpha)\alpha}{(1-\beta)\beta}\dfrac{\delta}{\delta^*}$，可以得到：

$$s^\varphi = \Lambda\left(\frac{n}{n^*}\right)^{\mu+\mu^*-1} \quad (4.26')$$

向（4.23）式得到的 $p_n \delta n^\mu n^{*(1-\mu)} = (1-\lambda)(1-\alpha-\beta)\alpha\dfrac{Y}{H_Y}$ 中代入下式：

$$p_n = \frac{\pi}{r} = \frac{(1-\alpha)\alpha}{1-\eta_x}\bar{x}^\alpha n^{*}\bar{z}^\beta H_Y^{1-\alpha-\beta} \quad (4.27)$$

可以得到：

$$H_Y = \frac{r(1-\alpha-\beta)(1-\lambda)(1-\eta_x)}{\alpha(1-\alpha)\delta n^*}\left(\frac{n}{n^*}\right)^{1-\mu} \quad (4.28)$$

东道国的人力资本市场均衡为：

$$\bar{H} = H_R + H_R^* + H_Y \quad (4.29)$$

五、消费者均衡

代表的消费者终生效用函数设定为：

$$\int_0^\infty \log c(t) e^{-\rho t} dt$$

c_t 为 t 时点 Y 产品的消费量，ρ 为外生的时间偏好率。

预算制约式为：

$$I(0) + \int_0^\infty e^{-R(t)}\omega(t)dt = \int_0^\infty e^{-R(t)}c(t)dt$$

一阶最大化条件的欧拉方程为：

$$\frac{\dfrac{dc}{dt}}{c} = r - \rho \quad (4.30)$$

第三节　均衡增长率和优惠政策的效用

在均衡增长路径上有：

$$g = \frac{\frac{dc}{dt}}{c} = \frac{\frac{dn}{dt}}{n} = \frac{\frac{dn^*}{dt}}{n^*} \tag{4.31}$$

把（4.1）（4.3）（4.30）式代入到（4.31）式：

$$g = \delta H_R \left(\frac{n}{n^*}\right)^{\mu-1} = r - \rho$$

整理后，可以得到东道国研究开发企业使用的人力资本：

$$H_R = \frac{r-\rho}{\delta} \left(\frac{n}{n^*}\right)^{1-\mu} \tag{4.32}$$

把（4.32）和（4.28）式代入到（4.29）式，可以得到外国的研究开发企业使用的人力资本：

$$H_R^* = \overline{H} - \frac{1}{\delta}\left[(r-\rho) - \frac{r(1-\alpha-\beta)(1-\lambda)(1-\eta_x)}{\alpha(1-\alpha)n^*}\right]\left(\frac{n}{n^*}\right)^{1-\mu} \tag{4.33}$$

在均衡增长率中代入：

$$g = \delta^* H_R^* \left(\frac{n}{n^*}\right)^{1-\mu} s^\varphi \tag{4.34}$$

（4.33）和（4.26'）式

$$g = \Lambda \delta^* H_R^* \left(\frac{n}{n^*}\right)^{1-\mu^*}$$

$$g = \delta^* \overline{H} \Lambda^{\frac{\mu^*-1}{\mu+\mu^*-2}} s^{\frac{\varphi(\mu-1)}{\mu+\mu^*-2}} - \frac{\delta^*}{\delta}\left[(r-\rho) - \frac{r(1-\alpha-\beta)(1-\lambda)(1-\eta_x)}{\alpha(1-\alpha)n^*}\right]\Lambda$$

优惠政策对经济增长率的影响为：

$$\frac{\partial g}{\partial s} = \frac{\varphi(\mu-1)}{\mu+\mu^*-2} \delta^* \overline{H} \Lambda^{\frac{\mu^*-1}{\mu+\mu^*-2}} s^{\frac{\varphi(\mu-1)-\mu-\mu^*+2}{\mu+\mu^*-2}}$$

根据假定有 $0 < \mu < 1$ 且 $\frac{1}{2} < \mu^* \leqslant 1$，所以 $\varphi > 0$ 的时候、有 $\frac{\partial g}{\partial s} > 0$。也就是说，补助金被研究开发活动充分、很好地利用，达到了正向作用。此时表明，对 FDI 的优惠政策对东道国的经济增长有正向作用。

相反，$\varphi < 0$ 的时候，有 $\frac{\partial g}{\partial s} < 0$。研究开发失败或者发生道德风险的时候，优惠政策会给东道国的经济增长率带来负的效果。

$\varphi = 0$ 的时候，有 $\frac{\partial g}{\partial s} = 0$。补助金对外国的高技术研究开发活动完全没有作用，优惠政策也就没有效果了。

第四节 结 论

本章以内生的经济增长理论为基础，分析了对外资研究开发企业的优惠政策给东道国经济增长率的影响。作为优惠政策的补助金的效果，由其利用状况决定。当它被研究开发活动充分利用，起到正向作用的时候，对FDI 的优惠政策会给东道国的经济增长率正向的效果。相反，在外国研究开发企业的研究开发活动失败或者引起道德风险的情况下，优惠政策反而会给东道国的经济增长率带来负效果。此外，这些补助金对外国的高技术研究开发活动完全没有效果的情况下，优惠政策对东道国的经济增长就会完全无效。

不过，本章的创新点不够多，结论能否被实证研究支持，都是今后的研究课题。

本章参考文献

［1］Arena，M.（2004）："Foreign Direct Investment, Economic Growth and the Sources of Growth: Is There Evidence of a Causal Link for Developing Countries?"

［2］Balasubyamanyam，V. N.，M. A. Salisu and D. Sapsford（2004）："Foreign Direct Investment and Growth in EP and IS countries." *Economic Journal*，Vol. 106.

［3］Baldwin，Richard E，Philippe Martin，and Gianmarco I. P. Ottaviano（2001）："Global Income Divergence, Trade, and Industrialization: The Geography of Growth Take–Offs," *Journal of Economic Growth*，Vol. 6.

［4］Borensztein，E.，J. De Gregorio and J. W. Lee（1998）："How Does Foreign Direct Investment Affect Economic Growth?" *Journal of International Economics*，Vol. 45.

［5］Brainard S. L.（1993）：A Simple theory of multinational cooperation and trade with a trade-off between proximity and concentration.

［6］Buckley Peter J. and Casson Mark（1976）：The future of the multinational enterprise.

［7］Dunning, John H. ：*International Production and the Multinational Enterprise*, London：Allen and Unwin.

［8］Elhanan Helpman（1984）：A Simple Theory of International Trade with Multinational Corporations. *Journal of Political Economy* Vol. 92（3）.

［9］Elhanan Helpman and Paul R. Krugman：Marker Structure and Foreign Trade（The MIT Press, 1985）.

［10］Ethier W. J. （1986）：The multinational firm. *Quarterly Journal of Economics* Vol. 100.

［11］Findlay, R. （1970）：Factor proportions and comparative advantage in the long run. *Journal of Political Economy* Vol. 78（1）.

［12］Findlay, R. （1978）："Relative Backwardness, Direct Foreign Investment, and the Transfer of Technology：A Simple Dynamic Model," *Quarterly Journal of Economics*, Vol. 92.

［13］Gene M. Grossman and Elhanan Helpman（1989）：Product Development and international trade. *Journal of political Economy* Vol. 67（6）.

［14］Glass, Amy J. and Kamal Saggi（1998）："International Technology Transfer and the Technology Gap," *Journal of Development Economics*, Vol. 55.

［15］Glass, Amy J. and Kamal Saggi（1999）："Foreign Direct Investment and the Nature of R&D," *Canadian Journal of Economics*, Vol. 55.

［16］Grossman, Gene M. and Elhanan Helpman（1994）："Endogenous Innovation in the Theory of Growth," *Journal of Economic Perspectives*, Vol. 8.

［17］Helpman Elhanan（1984）：A simple theory of International trade with multinational corporation. *Journal of Political Economy* Vol. 92（3）.

［18］Horstmann. L. James Markusen（1987）：Licensing versus Direct investment：A model of internalization by the multinational enterprise. *Canadian Journal of Economics*.

［19］Hymer, S. H. ：*The International Operations of National Firms*, MIT Press（宮崎義一訳「多国籍企業論」岩波書店 1979）.

［20］Hyung-Ki Kim and Masahiro Okuno-Fujiwara ends, *The Role of Government in East Asian Economic Development*, Oxford University Press.

［21］Kim, Hyung-Ki and Jun Ma（1997）："The Role of Government in Acquiring Technological Capability：The Case of Petrochemical Industry in East Asia," in Masahiro Aoki.

［22］Konan D. E. （2000）：The vertical multinational enterprise and international trade. Review of International Economies Vol. 8（1）.

［23］Kozima. K（1978a）：Direct Foreign Investment：Japanese Model versus American Model. In Kozima（ed. ）Direct Foreign Investment：A Japanese Model of Multinational business operations. *New York*：*Praeger Publishers* pp. 83－102.

［24］ Lall, sanjaya （2000）: "Technology Change and Industrialization in the Asian Newly Industrializing Economies: Achievements and Challenges," in Linsu Kim and Richard R. Nelson ends, *Technology Learning, Innovation: Experiences of Newly Industrializing Economies*, Cambridge: Cambridge University Press.

［25］ Rivera-Batiz Luis A. and Paul M. Romer （1991）: Economic Integration and Endogenous Growth Quarterly *Journal of Economics* Vol. 106 （2）.

［26］ Romer, Paull M. （1986）: "Increasing Returns and Long-Run Growth," *Journal of Political Economy*, Vol. 94.

［27］ Romer, Paull M. （1990）: "Endogenous Technological Change," *Journal of Political Economy* Vol. 98.

［28］ Romer, Paull M. （1994）: "Increasing Returns and Long-Run Growth," *Journal of Political Economy*, Vol. 94.

［29］ Ronald Findlay: Factor Proportions, Trade, and Growth （The MIT Press, 1995）.

［30］ Rugman, A. M. （1981）: Inside the Multinational*Croom Held Ltd.*

［31］ Samuelson, P. A. （1965）: Equalization by trade of the interest rate along with the real wage. In R. Baldwin et al. （eds.）, *Trade, Growth and the Balance of Payment.* Rand McNally, Chicago, pp. 35 – 52.

［32］ Solow R. M. （1956）: "A Contribution to the Theory of Economic Growth." *Quarterly Journal of Economics*, Vol. 70 （1）.

［33］ Todo Yasuyuki （2005）: "Technology Adoption in Follower Countries: With or Without Local R&D Activities?" *Topics in Macroeconomics*, Vol. 5.

［34］ Uzawa, H. （1968）: "Time preference, the consumption function and optimum asset holdings" In J. N. Wolfe （ed.）, *Value, Capital and Growth Aldine*, Chicago.

［35］ Vernon Raymond （1966）: International investment and international trade in the product cycle. *Quarterly Journal of Economics* 80 （5）.

［36］ Walz, Uwe （1997）: "Innovation Foreign Direct Investment and Growth," *Economica*, Vol. 64.

［37］ Wang, Jian-Ye and Magnus Blomstrom （1992）: "Foreign Investment Technology Transfer: A Simple Model," *European Economic Review.* Vol. 36.

［38］ Young, Alwyn （1991）: "Learning by Doing and the Dynamic Effects of International Trade." *Quarterly Journal of Economics*, Vol. 106.

［39］ 木村福成: 国际经济入门 （日本评论社、2000）.

［40］ 竹森俊平: 国际经济学 （东洋经济新报社、1995）.

第五章 ▶

中国利用 FDI 状况及案例研究

第一节　全球 FDI 的概况

从 20 世纪 80 年代起，外商直接投资（FDI）对世界各国经济发展产生了重要影响，尤其进入 90 年代之后，跨国公司在全球经济增长中扮演着越来越重要的角色，世界各国几乎都在积极吸引外资的流入，尤其是新兴市场国家。进入 21 世纪，经济全球化已经成为世界发展的主要特征，作为经济全球化重要推动力之一的外商直接投资持续增长，2012 年全球 FDI 流入量已达到 1.35 万亿美元。

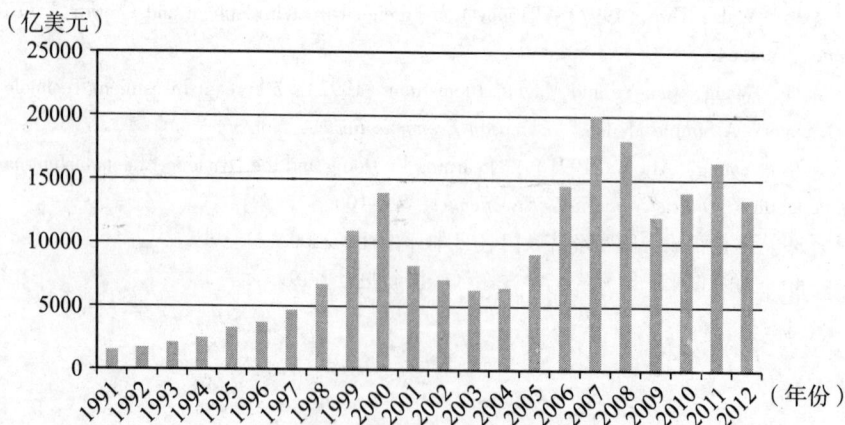

（亿美元）

图 5－1　1992～2012 年全球 FDI 流入概况

　　从全球 FDI 流入总量来看（如图 5 - 1 所示），全球 FDI 流入额从 1991 年的 0.16 万亿美元迅速增长到 2012 年的 1.35 万亿美元，22 年间增长幅度高达 743.75%。从 FDI 增长率来看，可以将全球 FDI 流入情况分为两个阶段。第一阶段为 20 世纪末期，即 1991~1999 年。这一阶段全球 FDI 流入额每年均保持了高速增长，年均增长率为 28.06%，其中 1999 年 FDI 流入的增长率更是高达 60.59%。第二阶段是进入 21 世纪后，即 2000~2012 年。这一阶段全球 FDI 流入量增速放缓，在波动中上升。2000~2007 年，全球 FDI 流入额年均增长率为 12.81%，2007 年全球 FDI 流量达到了历年流入量的最大值为 2003 亿美元。由于受到全球金融危机的影响，2008~2012 年全球 FDI 流入额年均增长率为负（-1.57%）。

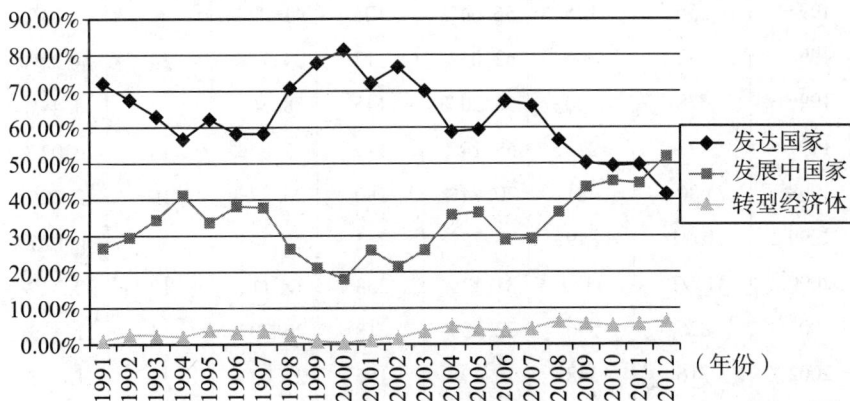

图 5 - 2　不同类型地区/国家 FDI 流入量所占比重

　　不同类型国家（地区）FDI 流入量如图 5 - 2、表 5 - 1 所示。从总量上来看，发达国家 FDI 流入量要远远高于发展中国家。1991~2012 年发达国家平均每年 FDI 流入量为 0.55 万亿美元，平均占全部 FDI 流量的比重高达 62.89%，发展中国家平均每年 FDI 流入量为 0.31 万亿美元，每年平均所占比重仅为 33.44%，而转型经济体 FDI 流入量每年平均所占比重不到 4%。

　　从所占比重的变化趋势来看，发达国家 FDI 流入量所占比重呈现明显的下降趋势，而发展中国家 FDI 流入量所占比重在波动中呈现上升趋势。2012 年发展中国家 FDI 流入量所占比重高达 52.03%，已经超过发达国家。近年来由于发展中国家（地区）经济发展呈现良好势头，而发达国家受到了金融危机和欧债危机的影响，发展速度放缓，使得发展中国家越来越成为投资的主流地区。发达国家和发展中国家相比，转型经济体的变化趋势并不明显，基本上呈一条直线。

表 5 - 1　　　不同类型地区/国家 FDI 流入量及所占比重

单位：10 亿美元

年度	全球总额	发达国家		发展中国家		转型经济体	
		数值	比重	数值	比重	数值	比重
1991	160	115	71.88%	43	26.88%	2	1.25%
1992	175	118	67.43%	52	29.71%	5	2.86%
1993	220	138	62.73%	76	34.55%	6	2.73%
1994	256	145	56.64%	105	41.02%	6	2.34%
1995	332	206	62.05%	112	33.73%	14	4.22%
1996	378	220	58.20%	145	38.36%	13	3.44%
1997	473	275	58.14%	179	37.84%	19	4.02%
1998	680	481	70.74%	180	26.47%	19	2.79%
1999	1092	849	77.75%	233	21.34%	10	0.92%
2000	1397	1134	81.17%	253	18.11%	10	0.72%
2001	826	596	72.15%	218	26.39%	12	1.45%
2002	716	548	76.49%	156	21.72%	13	1.79%
2003	633	442	69.90%	166	26.29%	24	3.81%
2004	648	380	58.63%	233	35.98%	35	5.38%
2005	916	542	59.19%	334	36.48%	40	4.33%
2006	1463	982	67.10%	427	29.19%	54	3.71%
2007	2003	1320	65.91%	589	29.43%	93	4.66%
2008	1816	1027	56.51%	668	36.80%	121	6.69%
2009	1216	613	50.43%	530	43.59%	73	5.98%
2010	1409	696	49.44%	637	45.23%	75	5.33%
2011	1652	820	49.65%	735	44.52%	96	5.83%
2012	1351	561	41.51%	703	52.03%	87	6.47%
平均	901	555	62.89%	308	33.44%	38	3.67%

　　2012 年，发达国家、发展中国家以及转型经济体的 FDI 流入量均有所下降。其中，发达国家的 FDI 流入量同比下降 31.6%，为 5607 亿美元；发展中国家 FDI 流入量同比下降 4.4%，为 7028 亿美元，接近全球总量的 50%；转型经济体 FDI 同比下降 9.4%，为 874 亿美元，占全球总量的 6.4%；非洲 FDI 流入量小幅增长，拉丁美洲及加勒比地区 FDI 流入量与 2011 年基本持平。流入亚洲发展中国家的 FDI 有所下降。东南亚和东亚的 FDI 流入量同比下降 5%，西亚同比下降 4.1%，南亚同比下降 22.7%。其中，两大新兴经济体——中国和印度分别下降 3.7% 和 17.7%。

　　世界主要国家和地区 2007～2012 年 FDI 流入量如表 5-2 所示。2012 年美国 FDI 流入量继续保持第一的位置，流入量为 1676 亿美元；中国位居第二，为 1211 亿美元，其他 FDI 流入较多的国家或地区依次是中国香港、巴西、英属维尔京群岛、英国、澳大利亚、新加坡、俄罗斯等。

表 5-2　　　　　　**世界主要国家和地区 FDI 流入量比较**　　　单位：亿美元

地区	2007 年	2008 年	2009 年	2010 年	2011 年	2012 年
美国	2160	3064	1436	1979	2269	1676
中国	835	1083	950	1147	1240	1211
中国香港	621	670	543	827	961	746
德国	802	81	225	574	489	657
巴西	346	451	259	485	667	653
英国	2000	890	763	506	511	624
澳大利亚	455	470	267	352	653	570
新加坡	470	122	249	536	559	567
俄罗斯	570	748	366	432	551	514
加拿大	1168	616	227	291	414	454
西班牙	643	770	104	399	268	278
印度	254	471	357	211	362	255
法国	962	642	242	336	385	251
墨西哥	314	279	166	214	215	127
意大利	438	-108	201	92	343	96
比利时	934	1940	610	857	1033	-16

第二节　全球投资趋势分析

一、外商直接投资回升之路缓慢

2012 年，全球外商直接投资为 1.35 万亿美元，相比 2011 年同期下降了 18%，下降的主要原因是全球经济的脆弱性和政策的不确定性。全球金融体系的结构缺陷、宏观经济环境可能出现的恶化以及投资者信心至关重要的领域明显的政策不确定性都有可能导致外商直接投资的失败，因此投资者对此持谨慎态度。此外，许多跨国公司都对其海外投资作了调整，包括重组资产，撤回投资和将公司迁移等。因此，外商直接投资回升的道路并不平坦，回升需要的时间可能要比预期的长。

但从长远来看，随着经济复苏和投资者恢复信心，外商直接投资总体上还是会呈现上升趋势。根据贸发会议的预测，2013 年，外商直接投资量将接近 2012 年水平，上限为 1.45 万亿美元。随着经济复苏和投资者恢复信心，外商直接投资量在 2014 年有望达到 1.6 万亿美元左右，2015 年将达到 1.8 万亿美元左右的水平。不过，这种增长情景依然面临重大的风险，例如全球金融体系的结构缺陷、宏观经济环境可能出现的恶化以及对投资者信心至关重要的领域明显的政策不确定性等，都会导致外商直接投资流量的进一步下降。

二、发展中经济体在接受外商直接投资方面超过发达经济体

2012 年，发展中经济体吸收的外商直接投资首次超过发达国家（多出 1420 亿美元），占全球外商直接投资流量的 52%。出现这一动态变化的部分原因是发达国家遭遇了外商直接投资流入量方面大幅度的下降。在经济前景难以预料的背景下，发达国家的跨国公司不得不对新投资持观望态度或撤回国外资产，而不是大幅度扩展国际义务。2012 年，38 个发达国

家中有 22 个国家的外商直接投资流入量出现下降，发达国家外商直接投资流入量现在仅占全球流量的 42%。

发展中经济体的直接外资流出量达到 4260 亿美元，创记录地占到世界总量的 31%。在全球衰退的背景下，发展中国家的跨国公司继续进行海外扩张。亚洲国家仍然是最大的外商直接投资来源国，占发展中国家总量的四分之三。非洲的外商直接投资流出量增加了 2 倍，而亚洲和拉丁美洲及加勒比的流量则维持在 2011 年的水平。

非洲地区逐渐成为外商直接投资的亮点。流入非洲的直接外资连续两年出现增长，增幅为 5%，达到 500 亿美元，使其成为少数几个在 2012 年实现同比增长的区域之一。2012 年非洲的直接外资流出量几乎增长了两倍，达 140 亿美元。来自南方的跨国公司在非洲日益活跃，延续着近年来新兴市场在流向该区域的直接外资中所占份额上升的趋势。在直接外资存量方面，马来西亚、南非、中国和印度（按顺序）是非洲最大的发展中国家投资者。

亚洲发展中国家的直接外资流入和流出失去增长势头。在流入方面，2012 年流向亚洲的直接外资量下降了 7%，降至 4070 亿美元。所有区域都有所下降，南亚地区最为严重，那里的直接外资流入量减少了 24%。中国和中国香港是接受直接外资方面的世界第二和第三大经济体，而新加坡、印度和印度尼西亚也在 20 大直接外资东道经济体之列。在区域内持续结构调整的推动下，柬埔寨、缅甸、菲律宾和越南等低收入国家对于劳动力密集型的制造业而言是具有吸引力的直接外资投资地点。在西亚，直接外资流入连续四年下降。海湾区域的国有企业正在接管遭到延误的原本计划与外国公司合资的项目。在流出方面，该区域的直接外资流出总量保持稳定，为 3080 亿美元，占全球流量的 22%（与欧洲联盟的份额相近）。东亚和东南亚流出量的小幅增长，被南亚流出量 29% 的减幅抵销。中国的直接外资流出量持续增长，2012 年达 840 亿美元（为创纪录水平），而马来西亚和泰国的流出量也有所增长。在西亚，土耳其已兴起成为一个重要投资国，其外向投资总额在 2012 年增长了 73%，达到创纪录的 40 亿美元。

金砖国家（巴西、俄罗斯联邦、印度、中国、南非）继续在新兴投资国中充当直接外资的主要来源国。这五个经济体的流出量由 2000 年的 70 亿美元增至 2012 年的 1450 亿美元，占世界总量的 10%。这些国家的跨国公司日趋活跃，包括在非洲开展活动。2012 年，在最大的投资国中，中国从第六位升至第三位，位居美国和日本之后。

外商直接投资与内外生经济增长

2012 年，流向转型期经济体的内向直接外资量下降 9%，降至 870 亿美元。在东南欧，直接外资流入量几乎减少了一半，主要原因是来自欧盟传统投资国的投资由于其国内经济危机而减少。在包括俄罗斯联邦在内的独联体，直接外资流量减少了 7%，但外国投资者依然为该区域不断增长的消费者市场和丰富的自然资源所吸引。俄罗斯联邦吸引的大部分直接外资为"返程"投资。流向结构薄弱、易受冲击的小经济体的直接外资量进一步上升，升幅为 8%，达 600 亿美元，其中最不发达国家和小岛屿发展中国家的直接外资流入量增速甚快。这一类别作为一个整体在全球直接外资中所占的份额增至 4.4%（见表 5 - 3）。

表 5 - 3　2010 ~ 2012 年按区域列出的外商直接投资流入量

单位：十亿美元，%

区域	直接外资流入量			直接外资流出量		
	2010 年	2011 年	2012 年	2010 年	2011 年	2012 年
世界	1409	1652	1351	1505	1678	1391
发达经济体	696	820	561	1030	1183	909
发展中经济团体	637	735	703	413	422	426
非洲	44	48	50	9	5	14
亚洲	401	436	407	284	311	308
东亚和东南亚	313	343	326	254	271	275
南亚	29	44	34	16	13	9
西亚	59	49	47	13	26	24
拉丁美洲和加勒比	190	249	244	119	105	103
大洋洲	3	2	2	1	1	1
转型期经济体	75	96	87	62	73	55
结构薄弱、易受冲击的小经济体	45	56	60	12	10	10
最不发达国家	19	21	26	3	3	5
内陆发展中国家	27	34	35	9.3	5.5	3.1
小岛屿发展中国家	4.7	5.6	6.2	0.3	1.8	1.8

外商直接投资与内外生经济增长

续表

区域	直接外资流入量			直接外资流出量		
	2010 年	2011 年	2012 年	2010 年	2011 年	2012 年
备查：在世界直接外资流量中所占百分比						
发达经济体	49.4	49.7	41.5	68.4	70.5	65.4
发展中经济团体	45.2	44.5	27.5	27.5	25.2	30.6
非洲	3.1	2.9	0.6	0.6	0.3	1.0
亚洲	28.4	26.4	18.9	18.9	18.5	22.2
东亚和东南亚	22.2	20.8	16.9	16.9	16.2	19.8
南亚	2.0	2.7	1.1	0.8	0.8	0.7
西亚	4.2	3.0	0.9	1.6	1.6	1.7
拉丁美洲和加勒比	13.5	15.1	7.9	6.3	6.3	7.4
大洋洲	0.2	0.1	0.1	0.1	0.1	0.1
转型期经济体	5.3	5.8	4.1	4.3	4.3	4
结构薄弱、易受冲击的小经济体	3.2	3.4	4.4	0.8	0.6	0.7
最不发达国家	1.3	1.3	1.9	0.2	0.2	0.4
内陆发展中国家	1.9	2.1	2.6	0.6	0.3	0.2
小岛屿发展中国家	0.3	0.3	0.5	0.1	0.1	0.1

　　2012 年接受外商直接投资全球 20 大东道经济体如表 5 - 4 所示。接受外商直接投资的最大经济体全球排名反映了外资流动的格局变化：20 大经济体中，有 9 个经济体为发展中国家。在各区域中，流向发展中的亚洲和拉丁美洲的外商直接投资仍保持在历史高位，但它的增长势头有所放缓；非洲地区的外商直接投资流入量较前一年有所增加（如表 5 - 3 所示）。

　　最不发达国家的直接外资流入量增长强劲，增幅为 20%，达到创纪的 260 亿美元，这是由几个资源丰富的不发达国家如柬埔寨、刚果民主共和国、利比里亚、毛里塔尼亚、莫桑比克和乌干达等出现的强劲增长所引领的。直接外资流入量依然高度集中于少数几个资源丰富的最不发达国家。金融服务业仍然吸引了数目最多的新投资项目。来自发达国家的新投资缩减了近一半，最不发达国家吸引的新投资，将近 60% 来自发展中经济体，印度是其中的主要投资国。

表 5 - 4　　　　　　　　　　**2012 年 20 大东道经济体**
外商直接投资流入量　　　　单位：十亿美元

排名	经济体	发展情况	流入量	排名变化
1	美国	发达经济体	168	—
2	中国	发展中经济体	121	—
3	中国香港	发展中经济体	75	↑1
4	巴西	发展中经济体	65	↑1
5	英属维尔京群岛	发展中经济体	65	↑2
6	联合王国	发达经济体	62	↑4
7	澳大利亚	发达经济体	57	↓1
8	新加坡	发展中经济体	57	—
9	俄罗斯联邦	转型经济体	51	—
10	加拿大	发达经济体	45	↑2
11	智利	发展中经济体	30	↑6
12	爱尔兰	发达经济体	29	↑20
13	卢森堡	发达经济体	28	↑5
14	西班牙	发达经济体	28	↑2
15	印度	发展中经济体	26	↓1
16	法国	发达经济体	25	↓3
17	印度尼西亚	发展中经济体	20	↑4
18	哥伦比亚	发展中经济体	16	↑10
19	哈萨克斯坦	转型经济体	14	↑8
20	瑞典	发达经济体	14	↑18

三、全球直接投资将着眼于特定产业

2012 年，全球至少有 53 个国家和经济体共通过 86 项影响外国投资的政策措施。这类措施大部分（75%）与投资自由化、便利化及促进有关，针对多个产业，特别是服务部门。私有化政策是其中的一个重要组成部分。其他政策措施还包括建立经济特区。同时，与直接外资相关的规章和限制措施的比重增至 25%，证实了一种更长期的趋势，而 2011 年只是一时的倒退发展。各国政府更多地利用产业政策，调整先前的投资自由化措施，收紧了筛选和监测程序，并严格审查跨境并购，如对于采掘业等具有战略意义的产业特别实施了限制性投资政策。总体而言，各国政府对于直接外资在本国经济不同行业中的参与程度采取了更加挑剔的态度，更加严格的跨国并购筛选机制、投资保护主义的抬头等因素都会使得未来 FDI 流向的产业更加的集中。

第三节　中国利用 FDI 的概况

改革开放以来，我国的经济发展取得了举世瞩目的成就。经济的快速增长、良好的投资环境和稳定的政治局势，使我国逐渐成为吸引国际直接投资的理想国之一。自改革开放以后，伴随着我国银行业、保险业、电信业、证券业、运输业、零售业、影视业等服务领域扩大开放，以及汽车、农产品等关税的逐步降低和配额的部分取消，我国外资流入一直保持了稳步的增长。

如图 5-3 和表 5-5 所示。20 世纪 90 年代，我国引进外资总额为172.04 亿美元，年均增长率为 25.81%；进入 21 世纪，我国的对外开放体制和环境不断改善，使得 FDI 的引进得到了快速发展。1992 年，我国引进外资总额达到 110.08 亿美元，首次突破百亿美元，之后以年均 43.09% 的速度持续增长。2002 年我国从世界第二外资流入国的位置跃升至第一，并连续三年吸引力保持世界第一。21 世纪我国引进外资总额为 2904.29 亿美元，比20 世纪提高了 1588.15%。一方面，中国正式加入世界贸易组织（WTO），保证了我国引进 FDI 的稳步增长；另一方面，2008 年金融危机导致 FDI 增长率产生了短暂的负增长时期。2011 年，我国实际使用外商直接投资额已达 1160.11 亿美元，同比增长 9.72%，连续 19 年成为实际使用外商直接投资最多的发展中国家。2012 年，我国实际使用外商直接投资额为 1117.16 亿美元，尽管出现了小幅下降，但我国依然是最具外资吸引力的国家之一。总体而言，我国进入 21 世纪引进外资总量为 7407.53 亿美元，年均增长率为9.50%，比 20 世纪上升了 155.05%。

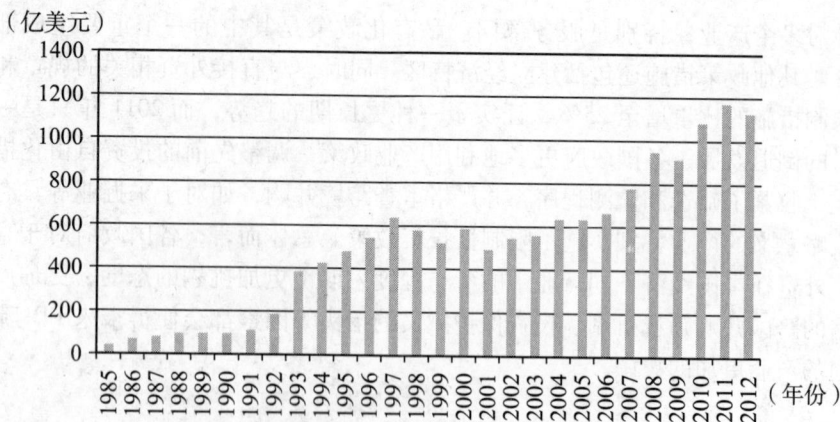

（亿美元）

图 5 - 3　1985 ~ 2012 年中国 FDI 流入情况

表 5 - 5　　　　　　　　1985 ~ 2012 年中国 FDI 流入情况　　　　　单位：亿美元

年份	实际利用外资金额		年份	实际利用外资金额	
	数值	增长率		数值	增长率
1979 ~ 1984	181. 87	—	1999	526. 59	- 10. 07%
1985	47. 6	—	2000	593. 56	12. 72%
1986	76. 28	60. 25%	2001	496. 72	- 16. 32%
1987	84. 52	10. 80%	2002	550. 11	10. 75%
1988	102. 26	20. 99%	2003	561. 4	2. 05%
1989	100. 6	- 1. 62%	2004	640. 72	14. 13%
1990	102. 89	2. 28%	2005	638. 05	- 0. 42%
1991	115. 54	12. 29%	2006	670. 76	5. 13%
1992	192. 03	66. 20%	2007	783. 39	16. 79%
1993	389. 6	102. 88%	2008	952. 53	21. 59%
1994	432. 13	10. 92%	2009	918. 04	- 3. 62%
1995	481. 33	11. 39%	2010	1088. 21	18. 54%
1996	548. 05	13. 86%	2011	1176. 98	8. 16%
1997	644. 08	17. 52%	2012	1132. 94	- 3. 74%
1998	585. 57	- 9. 08%	平均	522. 59	14. 61%

外商直接投资与内外生经济增长

从 FDI 流入的变动趋势来看，我国 FDI 流入量的变动趋势与全球 FDI 流量的变动趋势基本相似。1986～2012 年 FDI 流入量的每年平均增长率为 14.61%。在 20 世纪 90 年代，我国 FDI 流入量经历了快速增长，尤其是在 1993 年，年增长率高达 102.88%。进入 21 世纪后，尽管增长速度放缓，甚至个别年份出现了小幅下降，但是从整体上来讲，我国 FDI 流入量在 21 世纪还是保持了稳步的增长态势，如图 5－4 所示。

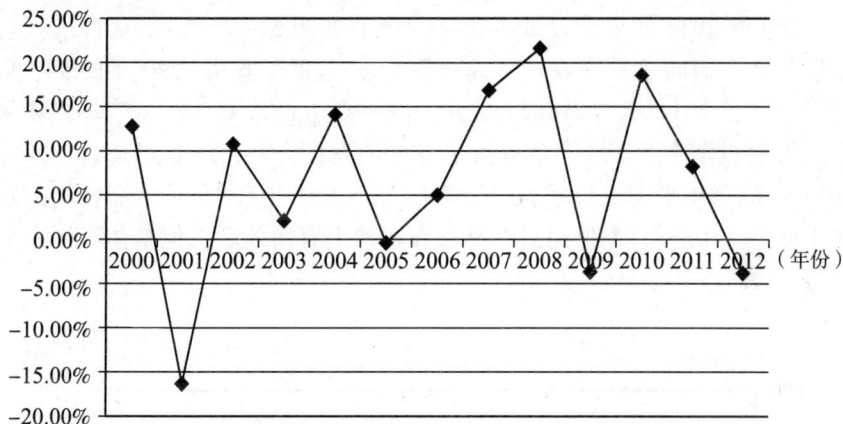

图 5－4　2000～2012 年中国实际利用外资增长率变化趋势

21 世纪以来，我国实际利用外资的增长率波动幅度较大。除了 2001 年、2005 年、2009 年和 2012 年以外，其余年份我国实际利用外资额均保持了上升的良好态势，2000～2012 年每年平均增长率为 6.6%，其中 2008 年的增长幅度高达 21.59%。总体来看，我国在 21 世纪吸引 FDI 依然保持了良好的发展态势。

第四节　中国外资依存度分析

我国是一个发展中国家，不仅仅要关注外资引进的数量，更重要的是要关注外资经济对我国经济的贡献。外资依存度一般是指一个国家（地区）实际利用外商直接投资占国内生产总值的比重，它反映了一个国家（地区）利用外商直接投资对该国（地区）经济发展的影响和依赖程度，也间接反映了外资对一个国家（地区）经济增长的贡献。当前，我国 FDI 的流向主要集中在以工业为主的第二产业。因此，这里选取我国外商投资企业工业产值占全国工业总产值的比重作为外资依存度来衡量外资经济对我国经济的贡献。

下面以 1990～2011 年（2012 年《中国统计年鉴》统计口径发生变化，暂不分析）外商投资企业的工业产值为研究对象，分析外资经济对我国经济的贡献。

1990～2011 年外商投资企业工业产值如图 5－5 所示。从外商投资企业工业产值的总量来看，外商投资企业工业产值从 1990 年的 449 亿元增长到了 2011 年的 218417 亿元，涨幅高达 485.45%。从变动趋势来看，外商投资企业工业产值保持了良好的发展态势，增长迅速，1990～2011 年的每年平均增长率为 39.87%，在 1991 年和 1994 年涨幅均超过了 100%。在进入 21 世纪后，尽管在增速上有所放缓，但整体发展态势良好。

（亿元人民币）

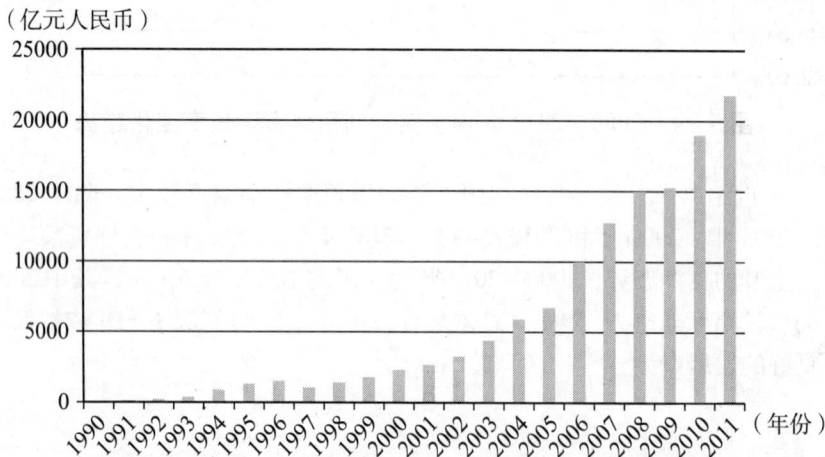

图 5－5　1990～2011 年外商投资企业工业产值

外商投资企业工业产值占全国工业总产值比重也是衡量 FDI 对东道国经济增长贡献度的重要指标。为了能够进一步分析外商投资企业工业产值对我国经济增长的贡献，用外商投资企业工业产值占全国工业产值的比重进行分析研究，如图 5－6、表 5－6 所示。从整体来看，2011 年外商投资企业工业产值占全国工业总产值的比重从 2.28% 提升至 25.87%。1990～

2011 年每年平均外商投资企业工业产值所占比重高达 22.28%。

从所占比重的变动趋势来看，1990～2000 年外商投资企业工业产值所占比重保持了快速增长。这就说明，在 20 世纪 90 年代，外资企业对我国经济增长的贡献度一直在上升。而进入 21 世纪以后，外商投资企业工业产值对我国经济贡献则进入了一个相对稳定的阶段，外商投资企业工业产值所占比重基本保持了 30% 左右的水平。由此可见，外商投资企业在近年来对于促进我国经济增长作出了重要贡献。

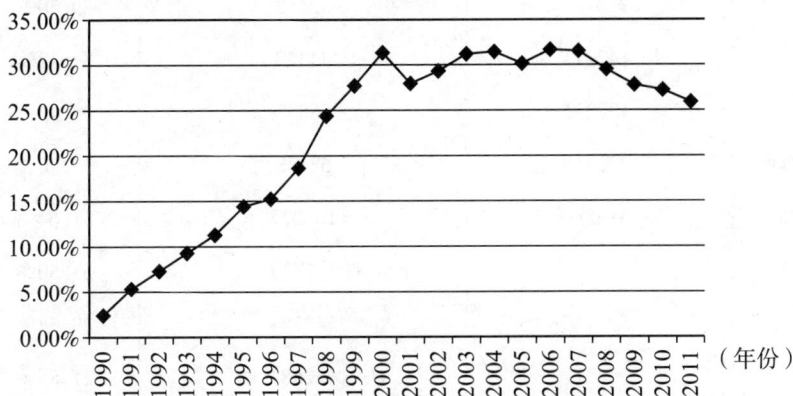

图 5 - 6　外商投资企业工业产值占全国工业总产值的比重

表 5 - 6　　　　　　　外商投资企业工业产值占全国
工业总产值的比重　　　　　单位：亿元人民币

年份	全国工业总产值	外商投资企业工业产值	比重
1990	19701	449	2.28%
1991	23136	1223	5.29%
1992	29149	2066	7.09%
1993	40514	3704	9.14%
1994	76867	8649	11.25%
1995	91963	13154	14.30%
1996	99596	15078	15.14%
1997	56150	10427	18.57%

年份	全国工业总产值	外商投资企业工业产值	比重
1998	58195	14162	24.34%
1999	63775	17696	27.75%
2000	73965	23146	31.29%
2001	94752	26516	27.98%
2002	110777	32459	29.30%
2003	142271	44358	31.18%
2004	187221	58847	31.43%
2005	222316	67138	30.20%
2006	316589	100077	31.61%
2007	405177	127629	31.50%
2008	507448	149794	29.52%
2009	548311	152687	27.85%
2010	698591	189918	27.19%
2011	844269	218417	25.87%
平均	214124	58072	22.28%

第五节　中国 FDI 流入的来源结构分析

目前全世界有 150 多个国家和地区对中国大陆进行了直接投资。根据 2013 年《中国统计年鉴》,2012 年总共有 159 个国家和地区对中国大陆进行了投资。

2012 年对中国大陆直接投资按实际利用额最多的 10 个国家和地区进行排序依次是:中国香港、维尔京群岛、日本、新加坡、韩国、中国台湾、美国、开曼群岛、萨摩亚和德国，如图 5 - 7 和表 5 - 7 所示。这些国家和地区对中国大陆的直接投资占中国实际使用外商直接投资的 90.14%。其中，中国香港和中国台湾的外商直接投资所占比重为 61.23%。排在前 10 的国家和地区中属于亚洲地区的国家和地区占了 5 个，分别为：中国香港、中国台湾、日本、新加坡和韩国，这 5 个国家或地区的外商直接投资所占比重为 76.18%。其中中国香港和中国台湾的比重为 61.03%。由此可见，我国外直接投资的主要来源为中国的香港、中国台湾，以及日本、新加坡和韩国等亚洲国家和地区。

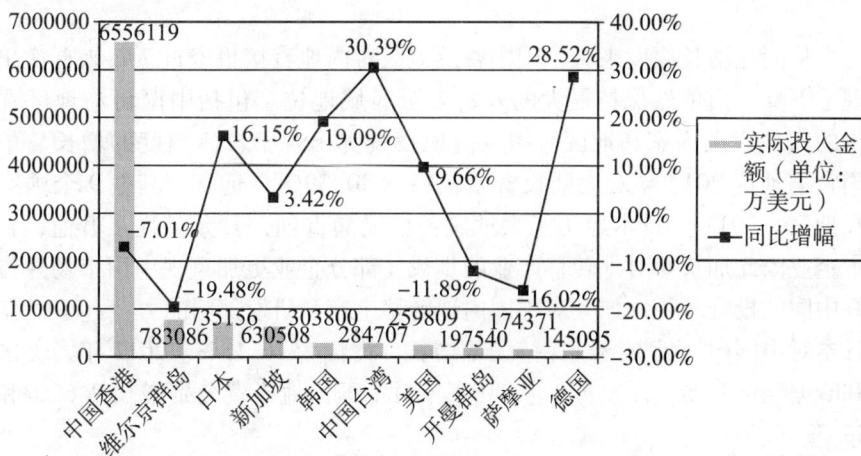

图 5 - 7　2012 年对中国内地投资前 10 位国家/地区实际投入外资金额和同比增幅

表 5 - 7　　　2012 年对中国内地投资前 10 位国家/地区
实际投入外资金额和同比增幅

排名	地区	外资额（万美元）	同比涨幅
1	中国香港	6556119	- 7.01%
2	维尔京群岛	783086	- 19.48%
3	日本	735156	16.15%
4	新加坡	630508	3.42%
5	韩国	303800	19.09%

排名	地区	外资额（万美元）	同比涨幅
6	中国台湾	284707	30.39%
7	美国	259809	9.66%
8	开曼群岛	197540	-11.89%
9	萨摩亚	174371	-16.02%
10	德国	145095	28.52%

从同比增长幅度来看，中国香港地区对内地直接投资近 7 年来首次出现了下降，但依然保持最大的外资来源区域地位。包括中国台湾地区在内的其他亚洲国家和地区对中国内地投资都出现了较高幅度的增长。中国台湾地区 2012 年对大陆投资增幅高达 30.39%，远高于其他 9 个国家和地区。2011 年日本经历了大地震与核泄漏重创，日元又逐步升值，日本企业因此加快了对外转移产业的步伐。部分企业更加重视中国市场并看好中国的投资环境，加大对中国内地转移生产和研发部门的力度。2012 年日本对中国内地投资继续保持大幅增长，增幅为 16.15%。2012 年，美国和欧洲经济开始逐渐复苏，其 2012 年对中国内地投资分别增长 9.66% 和28.52%。

全球各大洲对中国内地投资情况如表 5-8 和表 5-9 所示。1997~2012 年亚洲地区对中国内地投资状况如图 5-8 所示。总体来看，亚洲地区对中国内地投资相对稳定，依然是我国外商直接投资的主要来源地。从 FDI 流入总量来看，2012 年亚洲地区对中国内地投资直接投资额为8669559 万美元，相比 1997 年的 3427589 万美元，16 年间涨幅高达152.93%。从变动趋势上来看，1997~2012 年亚洲地区对中国内地直接投资在波动中呈现稳步上升趋势，每年平均增长率为 7.20%。其次是拉丁美洲地区，1997~2012 年拉丁美洲地区平均每年对中国内地投资为 1018357万美元。接下来是欧洲和北美洲地区，1997~2012 年这两个地区平均每年对中国内地投资分别为 629050 万美元、382585 万美元。1997~2012 年大洋洲及太平洋岛屿和非洲平均每年对中国内地投资分别为 226589 万美元、138787 万美元。

表 5 – 8　　　　　　　　各地区对中国内地投资金额　　　　单位：万美元

时间	亚洲	非洲	欧洲	拉丁美洲	北美洲	大洋洲及太平洋岛屿	其他
1997	3427589	8237	443899	198139	368816	58619	20405
1998	3133102	15876	430933	456213	432943	53369	23839
1999	2683231	19606	479713	320447	461608	50920	16346
2000	2548209	28771	476539	461658	478579	69403	8322
2001	2961326	32977	448398	630891	509685	101478	3004
2002	3256997	56462	404891	755053	649032	141722	10129
2003	3410169	61776	427197	690657	516135	173119	71414
2004	3761986	77568	479830	904353	497759	197437	144065
2005	3571889	107086	564310	1129333	372996	199898	86947
2006	3508487	121735	571156	1416262	368699	226024	89690
2007	4211735	148683	436511	2011799	339027	274290	54733
2008	5634512	166788	545937	2090344	395780	316987	89196
2009	6064531	130969	549529	1468433	367672	252877	169256
2010	7759215	127992	592183	1352563	401372	232777	107133
2011	8951427	164091	587654	1250460	358156	261998	27199
2012	8669559	138787	629050	1018357	382585	226589	106687

表 5 – 9　　　我国外商直接投资各个来源地所占比重分布

年份	亚洲	非洲	欧洲	拉丁美洲	北美洲	太平洋及其岛屿	其他
1997	75.74%	0.18%	9.81%	4.38%	8.15%	1.30%	0.45%
1998	68.92%	0.35%	9.48%	10.03%	9.52%	1.17%	0.52%
1999	66.55%	0.49%	11.90%	7.95%	11.45%	1.26%	0.41%

年份	亚洲	非洲	欧洲	拉丁美洲	北美洲	太平洋及其岛屿	其他
2000	62.59%	0.71%	11.70%	11.34%	11.75%	1.70%	0.20%
2001	63.17%	0.70%	9.57%	13.46%	10.87%	2.16%	0.06%
2002	61.75%	1.07%	7.68%	14.32%	12.31%	2.69%	0.19%
2003	63.74%	1.15%	7.98%	12.91%	9.65%	3.24%	1.33%
2004	62.05%	1.28%	7.91%	14.92%	8.21%	3.26%	2.38%
2005	59.21%	1.78%	9.35%	18.72%	6.18%	3.31%	1.44%
2006	55.67%	1.93%	9.06%	22.47%	5.85%	3.59%	1.42%
2007	56.33%	1.99%	5.84%	26.91%	4.53%	3.67%	0.73%
2008	60.98%	1.81%	5.91%	22.62%	4.28%	3.43%	0.97%
2009	67.36%	1.45%	6.10%	16.31%	4.08%	2.81%	1.88%
2010	73.39%	1.21%	5.60%	12.79%	3.80%	2.20%	1.01%
2011	77.16%	1.41%	5.07%	10.78%	3.09%	2.26%	0.23%
2012	77.60%	1.24%	5.63%	9.12%	3.42%	2.03%	0.95%
平均	65.76%	1.17%	8.04%	14.31%	7.32%	2.50%	0.89%

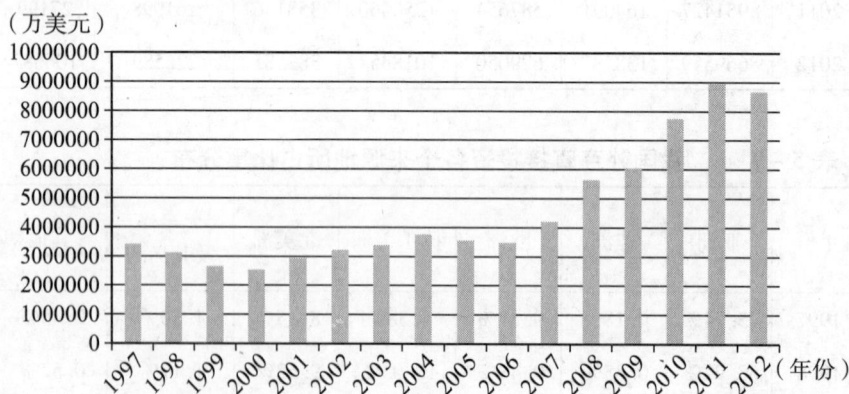

（万美元）

图 5-8　1997~2012 年亚洲地区对我国的 FDI 流入状况

　　从所占比重来看，外资来源地高度集中。1997～2012 年按每年平均所占比重从高到低排序依次为：亚洲、拉丁美洲、欧洲、北美洲、太平洋及太平洋岛屿、非洲、其他地区。亚洲地区每年平均所占比重远远高于其他几个地区，比重高达 65.76%。拉丁美洲的投资在进入 21 世纪后呈现快速增长趋势，2007 年对中国内地投资所占比重高达 26.91%；欧洲和美洲对中国内地投资则相对接近，但是近年来受到欧债危机与金融危机的影响，对中国内地投资所占比重逐年下降；非洲地区对中国内地投资所占比重则相对稳定，基本维持在 1% 左右的比重。

　　除亚洲以外其他地区对中国内地直接投资情况如图 5－9 所示。从投资总量上来看，1997～2012 年拉丁美洲地区每年平均对中国内地直接投资额最高，高达 1009685 万美元。欧洲和北美洲对中国内地直接投资大体相当，1997～2012 年期间每年平均对中国内地直接投资额分别为 504233 万美元、431303 万美元。太平洋及太平洋岛屿和非洲地区 1997～2012 年间每年平均对中国内地直接投资额分别为 177344 万美元、87963 万美元。

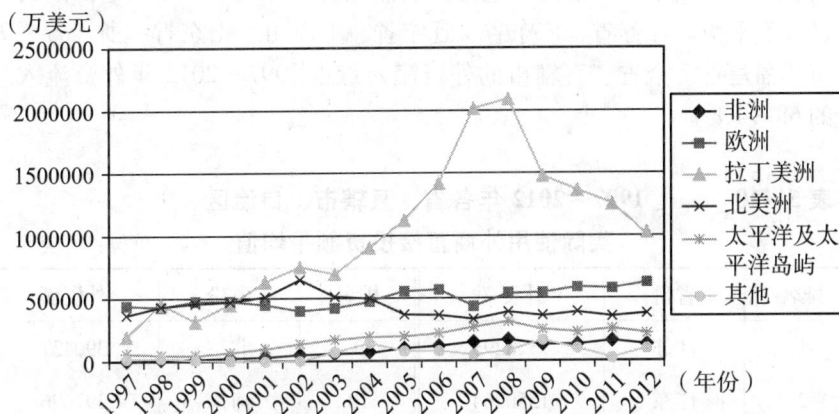

图 5－9　1997～2012 年除亚洲以外其他地区对我国的 FDI 流入状况

　　从变动趋势来看，相比其他地区，拉丁美洲地区对中国内地投资额波动幅度较大，1997～2012 年期间呈现先上升后下降趋势。2008 年以前，拉丁美洲地区对中国内地投资呈现快速上升趋势。1997～2008 年平均每年增长率为 29.05%，其中 2007 年对中国内地直接投资增长率为 42.05%。而 2008 年以后，拉丁美洲地区对中国内地投资则出现快速回落，2009～2012 年平均每年增长率为 -15.94%。欧洲、北美洲、太平洋及太平洋岛屿和非洲地区对中国内地直接投资额相对稳定,波动幅度并不是很大。

第六节 中国 FDI 流入的地区
结构分析

　　为了更加直观地对我国各地区实际外商直接投资使用情况进行分析,对 1997~2012 年我国各省、直辖市、自治区按年均实际使用外商直接投资额进行排序,如表 5-10、图 5-10 所示。从排名的结果来看,流入我国的 FDI 主要分布在东部沿海地区,且数量由东向西逐步减少。平均流入量居前的有江苏省、广东省、辽宁省、上海市、山东省、浙江省、天津市、福建省都属于东部沿海地区,流入靠后的西藏、甘肃、宁夏、新疆、贵州、青海、云南都属于西部地区。从流入总量来看,FDI 在地区间的分布也极不平衡。江苏省、广东省、辽宁省、上海市、山东省、浙江省、天津市、福建省 7 个省、直辖市的外资流入量占 1997~2012 年外资流入总量的 68.94%。

表 5-10　　　1997~2012 年各省、直辖市、自治区
实际使用外商直接投资额平均值　　　　单位:万美元

排名	省份	外资额	排名	省份	外资额
1	江苏	1628293	9	北京	390437
2	广东	1550964	10	河南	297696
3	辽宁	906247	11	湖南	257336
4	上海	722328	12	江西	253558
5	山东	698364	13	四川	245563
6	浙江	663760	14	湖北	243432
7	天津	516401	15	重庆	241348
8	福建	425506	16	河北	234990

排名	省份	外资额	排名	省份	外资额
17	安徽	222147	25	云南	54134
18	黑龙江	168392	26	青海	16366
19	内蒙古	147439	27	贵州	14497
20	陕西	96145	28	新疆	11537
21	海南	83175	29	宁夏	7684
22	吉林	73594	30	甘肃	6828
23	广西	68103	31	西藏	1761
24	山西	67605			

根据《中国统计年鉴》的分类，将我国 31 个省、市、自治区划分为东中西部。其中东部地区包括北京、天津、河北、辽宁、上海、江苏、浙江、福建、山东、广东和海南，中部地区有山西、吉林、黑龙江、安徽、江西、河南、湖北和湖南，西部地区包括内蒙古、广西、重庆、四川、贵州、云南、西藏、陕西、甘肃、青海、宁夏和新疆。

1997～2012 年我国东中西部地区实际使用外商直接投资所占比重如图 5－11、表 5－11 所示。1997～2012 年期间东、中、西部地区平均每年实际使用外商直接投资额为 7820465 万美元、1583759 万美元和 911294 万美元。从每年平均所占比重来看，1997～2012 年期间东、中、西部地区实际使用外商直接投资每年平均所占比重分别为 79.88%、13.28% 和 6.84%。由此可见，外商直接投资分布呈现明显的地域性，高度集中在东部地区。东、中、西部地区在吸引外资投资方面出现如此差异，主要有两方面的原因：一是中西部地区在经济基础、市场环境、交通设施、物流通信等方面条件要比东部地区差，导致了中西部地区生产经营成本过高，难以对外商投资产生足够的吸引力；二是我国的外商直接投资主要来源于中国香港、中国台湾、日本、新加坡、韩国、美国等国家和地区，东部地区的地理位置与这些地区更为接近，拥有更加便捷的对外经济联系的运输条件和更为接近的人文背景等区位优势。

（万美元）

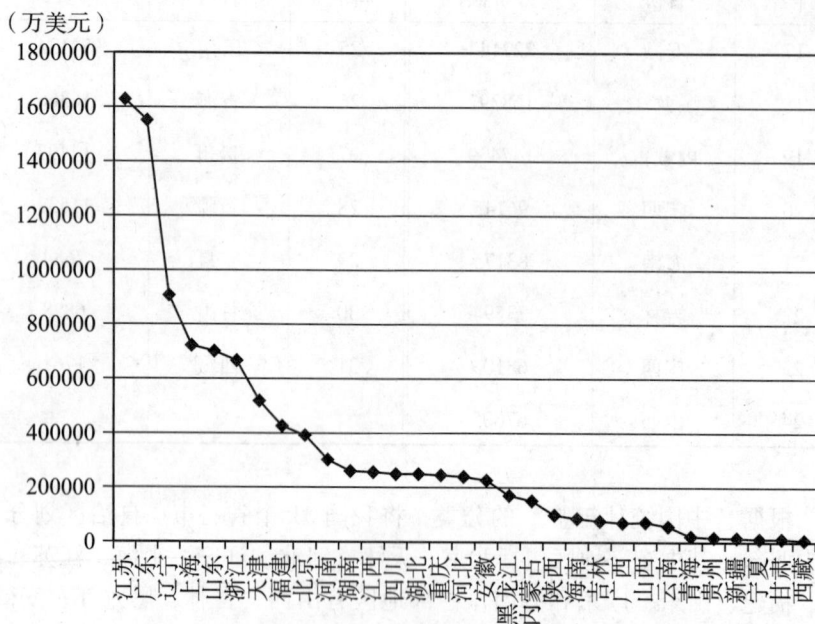

图 5 – 10　1997～2012 年各省、直辖市、自治区
实际使用外商直接投资额平均值排名

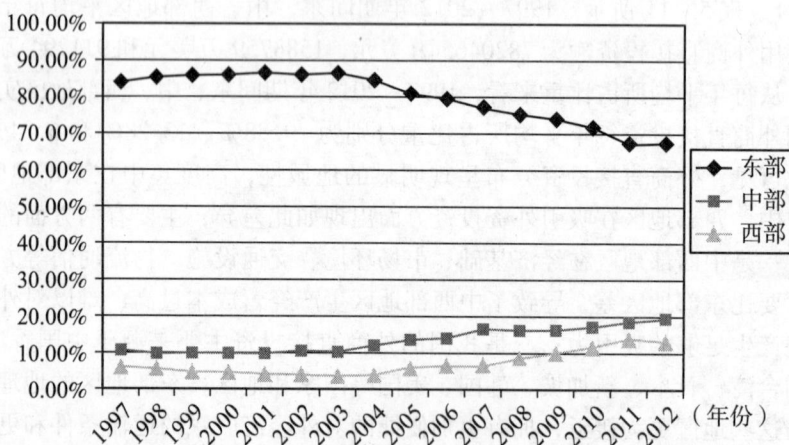

图 5 – 11　1997～2012 年东中西部地区实际利用 FDI 情况

第五章　中国利用 FDI 状况及案例研究

表 5 – 11　1997 ~ 2012 年东中西部地区实际利用 FDI 情况

单位：万美元

年份	东部		中部		西部	
	外资额	比重	外资额	比重	外资额	比重
1997	3808484	83.98%	471440	10.40%	254954	5.62%
1998	3882857	85.22%	432940	9.50%	240597	5.28%
1999	3666278	85.79%	418352	9.79%	189137	4.43%
2000	3669504	85.87%	412433	9.65%	191185	4.47%
2001	4206751	86.68%	462120	9.52%	184435	3.80%
2002	4786364	86.06%	563662	10.13%	211681	3.81%
2003	5652486	86.62%	654612	10.03%	218868	3.35%
2004	5426757	84.63%	757689	11.82%	228015	3.56%
2005	6474244	80.75%	1098094	13.70%	444823	5.55%
2006	7859121	79.46%	1402790	14.18%	628845	6.36%
2007	9535245	77.23%	2023962	16.39%	787108	6.38%
2008	10854095	75.24%	2330159	16.15%	1241680	8.61%
2009	11420385	74.11%	2495673	16.20%	1493922	9.69%
2010	12915792	71.61%	3040098	16.86%	2080751	11.54%
2011	14614026	67.40%	4037693	18.62%	3031179	13.98%
2012	16355047	67.45%	4738434	19.54%	3153527	13.01%
平均	7820465	79.88%	1583759	13.28%	911294	6.84%

　　从历年所占比重变动趋势来看。东部地区在 2003 年以前实际使用外商直接投资所占比重相对稳定，基本维持在 85% 左右的比重。而在 2003 年以后，东部地区实际使用外商直接投资所占比重呈现逐步下降趋势，2012 年东部地区实际使用外商直接投资所占比重下降为 67.45%。相对应

的，中西部地区在 2003 年以后实际使用外商直接投资所占比重出现了稳步上升的趋势，2012 年中、西部地区实际使用外商直接投资所占比重分别为 19.54%、13.01%。

由此可见，随着西部大开发的推进，中西部地区的经济相比 20 世纪 90 年代有了较大的发展，许多外商直接投资已经开始转向我国的中西部地区。

集中度（Concentration Ratio）是常用的用来反映差距的指标，它最早用在市场营销中，用来测度产业中前几家厂商的市场占有率，下面借用集中度来测度 FDI 流入的地区差距及其变化。市场集中度的公式为：

$$CR_n = \sum_{i=1}^{n} K_i \qquad (5.1)$$

式中，CR_n 表示我国大陆 31 个省、市中前 n 个省市实际使用外商直接投资所占百分比，K_i 表示第 i 个省市实际使用外商直接投资占全国实际使用外商直接投资的比重，$K_i = S_i/S$，S_i 表示第 i 个省市的实际使用外商直接投资额，S 表示全国实际使用外商直接投资额，n 原则上可以是任何小于或等于全国省市的自然数，但是一般习惯上都使用 4 或 8。CR_4 为前 4 个省市的集中度，CR_8 为前 8 省市的集中度。其值介于 0～1 之间，数值越大表示集中度越高，说明地区差距越大。一般在产业结构中，以下列标准衡量产业结构：

（1）极端高度集中的市场（Very Highly Concentrated）

$$CR_4 \geqslant 75\% ， CR_8 \geqslant 90\%$$

（2）高度集中的市场（Highly Concentrated）

$$65\% \leqslant CR_4 \leqslant 75\% ， 85\% \leqslant CR_8 \leqslant 90\%$$

（3）中高度集中的市场（High Concentrated）

$$50\% \leqslant CR_4 \leqslant 65\% ， 75\% \leqslant CR_8 \leqslant 85\%$$

（4）中度集中的市场（High Montrated）

$$35\% \leqslant CR_4 \leqslant 50\% ， 45\% \leqslant CR_8 \leqslant 75\%$$

（5）中低度集中的市场（Low Montrated）

$$30\% \leqslant CR_4 \leqslant 35\% ， 40\% \leqslant CR_8 \leqslant 45\%$$

（6）低度集中市场（Low Grade）

$$10\% \leqslant CR_4 \leqslant 30\% ， CR_8 \leqslant 40\%$$

（7）微粒市场（Atomistic）

$$CR_4 \leqslant 10\%$$

　　全国实际利用 FDI 的集中度变化（CR_8、CR_4），如表 5 - 12 和图 5 - 12 所示。从变化趋势来看，和之前的各地区实际利用 FDI 所占比重分析结果一致。以 2003 年为界，在 2003 年以前，CR_4、CR_8 处于稳步上升状态，1997～2003 年每年平均 CR_4 为 58.03%，CR_8 为 79.09%。从 CR_4、CR_8 划分来看，均属于中高度集中。这就说明在 2003 年以前，我国 FDI 流入的地区差异非常明显，FDI 地区分布极不平衡。FDI 高度集中在东部地区。但是自 2004 年起，我国实际利用 FDI 的集中度 CR_4、CR_8 均呈现下降趋势，1997～2003 年每年平均 CR_4 为 47.45%，CR_8 为 69.51%。从 CR_4、CR_8 划分来看，均属于中度集中。由此可见，2003 年以后我国 FDI 逐渐开始更多地向中西部地区流入，中西部地区流入 FDI 的增速明显，所占比重明显上升。FDI 地区分布不平衡的情况有所改善。

表 5 - 12　　1997～2012 年全国实际利用 FDI 集中度变化

年份	CR_4	CR_8
1997	56.38%	75.81%
1998	58.08%	77.15%
1999	58.83%	77.69%
2000	59.10%	79.74%
2001	57.89%	80.51%
2002	58.09%	80.81%
2003	57.84%	81.91%
2004	53.50%	79.23%
2005	52.69%	74.26%
2006	51.39%	73.41%
2007	48.92%	71.08%
2008	46.02%	68.05%
2009	45.97%	67.44%

年份	CR$_4$	CR$_8$
2010	44.70%	65.43%
2011	42.09%	63.28%
2012	41.77%	63.45%
平均	52.08%	73.70%

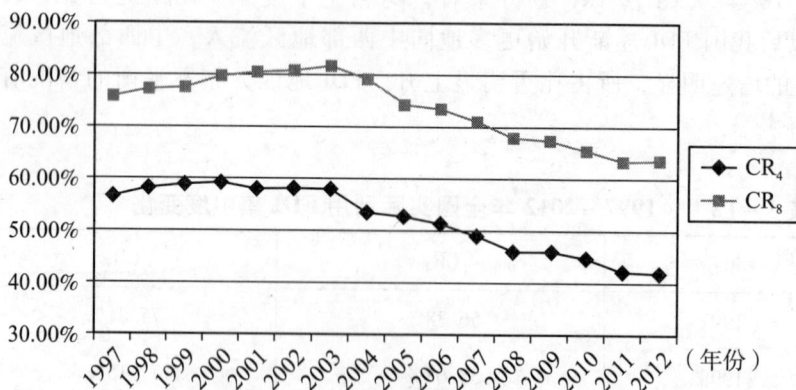

图 5-12 1997~2012 年全国实际利用 FDI 集中度变化

第七节 中国 FDI 流入的行业结构分析

伴随着我国全方位、多层次对外开放格局的形成，外商投资进入了越来越多的行业。下面对中国 FDI 流入的行业结构进行分析。根据统计年鉴的划分，第一产业包括农、林、牧、渔业，第二产业包括采掘、制造、自来水、电力、蒸汽、热水、煤气和建筑各业，其他产业一般统称第三产业。简而言之，第一产业一般指农业，第二产业一般指工业，而第三产业主要以服务业和流通业为主。

根据《中国统计年鉴》数据，1997~2012 年各产业合同外商投资额如图 5 - 13 所示。从合同利用外商投资的总量来看,1997～2012 年每年平均合同外商投资额最高的是第二产业,投资额高达 4539163 万美元,其次是第三产业,为 2638837 万美元。第一产业每年平均合同外商投资额最低,仅为 125880 万美元。值得注意的是,2011 年第三产业合同外商投资额为 5825342 万美元,历史上首次超过第二产业的合同外商投资额。2012年第三产业合同外商投资额相比 2011 年尽管出现了小幅的下降,投资额为 5719626 万美元,但依然高于第二产业的合同外商投资额。

从合同利用外商投资额的变动趋势来看,2003 年以前,第二产业和第三产业合同外商投资额均处于快速上升势头,两者的波动趋势也较为相似。而在 2003 年以后,第二产业的合同外商投资额增速开始放缓,第三产业的合同外商投资额依旧保持快速上升的良好发展态势,在 2011 年第二产业合同外商投资额首次超过了第二产业。相比于第二产业和第三产业,我国的第一产业合同利用外商投资额波动幅度不大,1997～2012 年变化幅度几乎呈一条直线。但自 2007 年以来,我国第一产业的合同利用外商投资额一直处于稳步上升的发展趋势,2012 年第一产业合同利用外商投资额已达 206220 万美元。

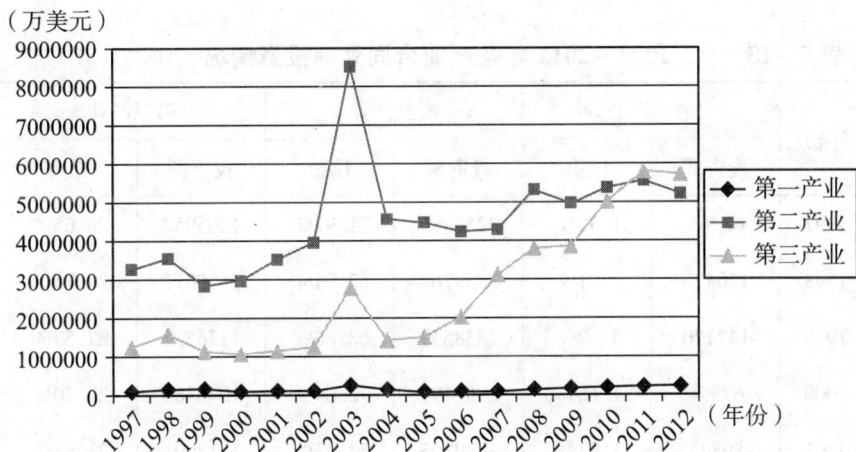

（万美元）

图 5 - 13　1997～2012 年各产业合同外商投资额

1997～2012 年各产业合同外商投资额所占比重如图 5 - 14、表 5 - 13 所示。从整体来看,1997～2012 年期间,第一、二、三产业每年平均合同外商投资额所占比重分别为 1.77%、64.84%、33.39%。显然,我国合同外商投资主要集中于第二产业，第一产业所占比重和总量几乎微不足道。结合前面合同外商投资额的分析，表明自我国改革开放以来，FDI在三类产业流入的绝对量上处于上升态势，FDI的产业间分布呈现不平衡发展。

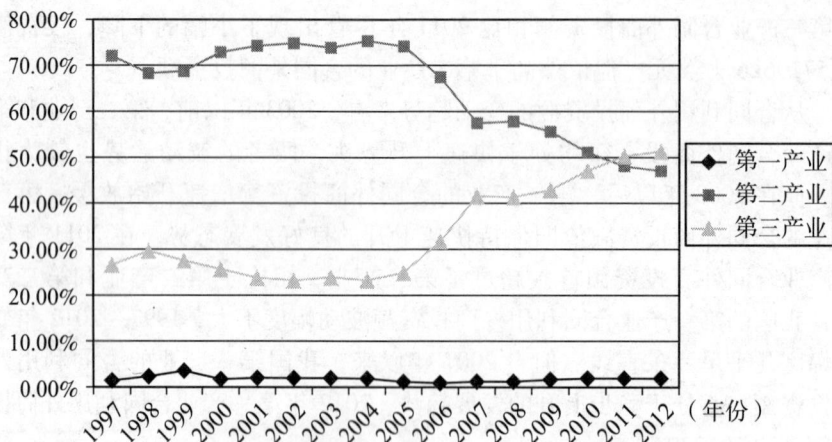

图5-14 1997~2012年各产业合同外商投资额所占比重

表5-13　　　　1997~2012年各产业合同外商投资情况　　单位：万美元

年份	第一产业		第二产业		第三产业	
	投资额	比重	投资额	比重	投资额	比重
1997	62763	1.39%	3256989	71.97%	1205952	26.65%
1998	120420	2.31%	3539768	67.94%	1550017	29.75%
1999	147170	3.57%	2838539	68.86%	1136593	27.57%
2000	67594	1.66%	2957499	72.64%	1046388	25.70%
2001	89873	1.92%	3479795	74.23%	1118091	23.85%
2002	102764	1.95%	3946489	74.83%	1225033	23.23%
2003	227611	1.98%	8515331	74.00%	2764027	24.02%
2004	111434	1.84%	4546306	74.98%	1405258	23.18%

续表

年份	第一产业		第二产业		第三产业	
	投资额	比重	投资额	比重	投资额	比重
2005	71826	1.19%	4469243	74.09%	1491400	24.72%
2006	59945	0.95%	4250660	67.45%	1991456	31.60%
2007	92407	1.24%	4286105	57.33%	3098277	41.44%
2008	119102	1.29%	5325624	57.64%	3794818	41.07%
2009	142873	1.59%	5007582	55.62%	3852817	42.79%
2010	191195	1.81%	5386037	50.94%	4996292	47.25%
2011	200888	1.73%	5574870	48.05%	5825342	50.21%
2012	206220	1.85%	5245768	46.96%	5719626	51.20%
平均	125880	1.77%	4539163	64.84%	2638837	33.39%

从各产业合同外商投资额所占比重的变化趋势来看，第二产业在 2005 年以前合同外商投资所占比重一直处于小幅上升的阶段。但在 2005 年以后，第二产业所占比重则出现了快速的下降，与此同时，第三产业合同利用外商投资额所占比重则呈现出快速上升的态势。2011 年，第三产业合同利用外商投资额所占比重 50.21%，首次超过第二产业的 48.05%，2012 年第三产业合同利用外商投资额所占比重继续保持上升态势，为 51.20%，依然高于第二产业的 46.96%。相对于第二产业和第三产业，第一产业合同外商投资额所占比重相对稳定，基本维持在 1.5% 左右的比重。由此可见，尽管我国 FDI 的产业间分布呈现不平衡发展，但自 2005 年以来，我国外资产业结构不断调整和优化，产业间分布不平衡的状况已经有了明显的改观。

具体来看，2011～2012 年各个细分行业的合同外商投资项目比重和合同外资额比重，如表 5 - 14 所示。从外商投资的项目数比重来看，制造业在所有行业中所占比重最高，2011 年和 2012 年所占比重分别为 40.11%、35.99%。其次是批发和零售业，2011 年和 2012 年外商投资项目所占比重分别为 26.19%、28.20%。排在第三位是租赁和服务业，2011 年和 2012 年外商投资项目投资所占比重分别为 12.70%、12.96%。

从合同外资额所占比重来看，制造业的合同外资额所占比重依然是所有行业中所占比重最高的，2011 年和 2012 年所占比重分别为 44.91%、

43.74%。排在第二位的行业是房地产业，2011年和2012年所占比重分别为23.17%、21.60%。房地产行业成了服务业中吸收外资最多的行业，尽管在这两年受到宏观调控政策的影响，增速放缓，但房地产业占服务业实际吸收外资总量仍接近50%。批发和零售业、租赁和服务业这两个行业合同外商投资额所占比重大体相当，近两年均保持在7%左右的比重。其他行业合同外资投资额所占比重大多不足1%（见表5-14）。

表 5-14 　　　　　　　　2011~2012 年 FDI 的行业分布

行业	2011 年		2012 年	
	项目数比重	合同外资额比重	项目数比重	合同外资额比重
农、林、牧、渔业	3.121%	1.732%	3.539%	1.846%
采矿业	0.314%	0.528%	0.213%	0.690%
制造业	40.105%	44.910%	35.988%	43.742%
电力、燃气及水的生产和供应业	0.772%	1.826%	0.750%	1.467%
建筑业	0.776%	0.790%	0.839%	1.058%
交通运输、仓储和邮政业	1.490%	2.750%	1.593%	3.109%
信息传输、计算机服务和软件业	3.583%	2.327%	3.715%	3.006%
批发和零售业	26.194%	7.262%	28.201%	8.470%
住宿和餐饮业	1.851%	0.727%	2.026%	0.628%
金融业	0.563%	1.646%	1.131%	1.897%
房地产业	1.682%	23.172%	1.894%	21.595%
租赁和商务服务业	12.695%	7.226%	12.955%	7.350%
科学研究、技术服务和地质勘查业	4.897%	2.119%	5.163%	2.771%
水利、环境和公共设施管理业	0.545%	0.745%	0.489%	0.761%
居民服务和其他服务业	0.765%	1.624%	0.770%	1.042%

外商直接投资与内外生经济增长

行业	2011 年		2012 年	
	项目数比重	合同外资额比重	项目数比重	合同外资额比重
教育	0.054%	0.003%	0.044%	0.031%
卫生、社会保障和社会福利业	0.040%	0.067%	0.096%	0.058%
文化、体育和娱乐业	0.548%	0.547%	0.582%	0.480%
公共管理和社会组织	0.004%	0.001%	0.012%	0.001%

第八节 中国利用 FDI 情况总结分析

一、中国实际使用外商直接投资保持平稳发展，但增速放缓

自改革开放起，我国实际利用外商直接投资共经历了五个发展阶段，其变动趋势基本和全球 FDI 流量的变动趋势相一致。从总体上来说，1979～2012 年期间我国利用外商直接投资整体上保持了稳步上升的良好发展势头。这一方面受益于以跨国公司为载体的全球化经济迅速发展，另一方面则受益于我国改革开放的政策和经济的高速发展。伴随着我国改革开放的不断深入和全方位、多层次、宽领域开放格局的形成，我国良好的投资环境吸引了越来越多的外资。但是近几年由于全球金融危机和我国宏观调控政策的影响，我国实际使用外资增速有所放缓，2011 年我国吸收外资增速低于全球整体水平，但依然是全世界最具外资吸引力的地区。

二、亚洲地区是我国吸收外资的主要来源地

我国吸收外资的来源地呈现高度集中的特点。自改革开放以来，亚洲地

区一直是我国吸收外资的主要来源地。2012 年对中国内地外商直接投资前十位国家/地区中有一半在亚洲。1997～2012 年期间亚洲地区每年平均外商直接投资额高达 4597123 万美元，在所有来源地中所占比重也是最高，每年平均所占比重为 65.75%。从变动趋势上来看，亚洲地区对中国内地外商直接投资保持了相对稳定的增长态势，1997～2012 年期间每年平均增长率为 7.20%。拉丁美洲地区对中国内地投资额排在亚洲地区之后，位居第二位。1997～2012 年期间拉丁美洲地区每年平均外商直接投资额为 1009685 万美元，其每年平均所占比重为 14.31%，但近年来拉丁美洲地区对中国内地投资呈现快速下降趋势。欧洲和北美洲对外投入比重大体相当，基本维持在每年平均 7%～8% 左右的比重。非洲地区和太平洋及太平洋岛屿，每年平均对中国内地外商直接投资均维持在 1% 左右的比重。

三、外资区域结构进一步优化

从整体上来看，我国东部沿海地区依然是吸收外资的集中地，FDI 地区分布不平衡的格局将继续存在。1997～2012 年期间东部地区每年平均实际使用外商直接投资 7820465 万美元，平均每年占全国实际使用外商直接投资的 79.88%，中西部地区每年平均使用外商直接投资占全国实际使用外商直接投资的比重分别为 13.28%、6.84%。然而近几年来，在我国大力推进西部大开发的形势下，中西部地区受惠于经营成本优势、鼓励政策出台等因素，外资区域结构有了进一步的优化。2011 年中西部吸收外资的增长速度已经超过了东部地区，西部地区实际使用外资金额已连续三年高于中部地区。

四、外资产业结构进一步调整

从投资行业分布来看，第二产业占主导地位的外资行业分布形势已经发生改变。2011 年，第三产业实际使用外商投资额首次超过第二产业。外商直接投资的产业结构更加趋于合理。从具体细分的各行各业来看，制造业依然是外商直接投资的密集行业，尽管与前几年相比，制造业的外商直接投资额所占比重出现了大幅的下降，但 2011 年制造业的外商投资额所占比重依然高达 43.74%。2011 年房地产业的外商投资额所占比重为 23.17%，是服务业中吸收外资最多的行业，占服务业实际吸收外资总量的 48.66%。当前，我国正着力推进体制改革，促进发展方式转变和经济结构调整。中国的工业化、信息化、城镇化进程正在加快推进过程中，国内需求有着巨大的增长潜力。依赖传统劳动力成本优势的劳动密集型低端制造业吸收外资会面临更大压力，境外投资者对中国内地投资动机将由原来的以出口导向型为主，更多地转向国内市场驱动型，与国内消费相关的服务业、高端制造业也会获得更多投资者的关注。因此，我国第三产业的外商直接投资还将继续保持良好的发展势头。

第九节 "金砖四国"利用FDI 政策案例研究

　　作为全球经济快速增长的新兴经济体代表，包括中国、俄罗斯、印度和巴西在内的"金砖四国"在新一轮的全球经济周期中，成为拉动全球经济复苏的重要动力。"金砖四国"也逐渐成为国际直接投资的热门选择。对"金砖四国"利用 FDI 的情况进行比较研究，具有非常重要的现实意义，有利于我国借鉴其他国家经验，取长补短，弥补我国吸引外资的薄弱环节，进一步提高 FDI 的利用效率和质量。

一、中国利用 FDI 政策演变

　　我国 FDI 流入量是随着我国改革开放政策的实施而逐步发展起来的。总的来说，我国 FDI 的发展经过了五个阶段。

（一）起步阶段（1979～1986 年）

　　这一阶段是我国改革开放的起步阶段。该阶段主要经历了以下几个重大事件：①1979 年，国家颁布《中华人民共和国中外合资经营企业法》，该法允许外商与国内企业组建合资企业，为 FDI 的引进奠定了法律框架。②1980

年，国家批准广东、福建两省在对外经济活动中可以实行特殊政策，外商对中国内地投资正式起步，但该阶段 FDI 的增长速度很慢。③1984 年，国家开放了沿海 14 个港口城市和 13 个沿海经济开发区，允许这些城市采取与经济特区相同的特殊政策，此时外商对中国内地投资才逐步发展起来。上述政策和措施初步改善了我国的投资环境，调动了各地利用外资的积极性，使所吸收外资的规模不断扩大。

（二）稳步发展阶段（1987～1991 年）

这一阶段我国对外商投资兴办产品出口企业和先进技术企业给予了更为优惠的待遇，进一步改善了外商投资企业的生产经营条件。同时伴随着我国对外开放的不断扩大，吸收外资的环境和结构得到进一步改善，外商投资发展较快。该阶段国家出台的相关政策有：（1）1987 年，国家有关部门制定《指导吸收外商投资方向暂行规定及其目录》及其他相关法律，如《独资企业法》、《合作企业法》等。逐步放松了对外资企业的限制，不再规定合资企业的期限，同时解决了外资企业遇到的一些困难。（2）1988 年，国家开放了辽东半岛、山东半岛，并将海南从广东独立出来作为中国的第 31 个省和第五个特区。（3）1990 年，国家正式启动准备开发上海浦东新区。以上举措使外商对我国投资取得了持续稳步发展。

（三）高速增长阶段（1992～1996 年）

这一阶段我国全方位对外开放格局已经初步形成，投资环境得到了更大的改善，吸收外资在广度和深度上都有了新的发展。该阶段主要是发生了两件重大事件：一是：1992 年，邓小平南方谈话。在此次之后，我国掀起了经济发展的高潮，吸引了大量 FDI 的进入。二是：1996 年，我国取消了对外资企业进口设备免征进口税的优惠待遇。同时中央政府放开了外商投资的审批权限，投资金额小于 3000 万美元的项目可以由地方政府自行审批。总的来说，外商投资在规模、投资领域和来源等方面都有了很大进展，同时中西部地区吸收外资也呈现良好的发展态势。自 1993 年起，我国成为了世界上仅次于美国的第二大 FDI 东道国。

（四）波动增长阶段（1997~2001 年）

这一阶段主要发生的重大事件是 1997 年东南亚爆发的金融危机，使得周边地区的经济稳定遭到剧烈冲击，货币贬值，企业资产缩水，外商投资大量回流。在这一阶段我国 FDI 的增速放缓，甚至出现了负增长，但 FDI 总量仍然维持在 400 亿美元的以上水平，继续保持着第二大 FDI 国的地位。

（五）快速发展阶段（2002 年至今）

这一阶段我国 FDI 吸收量又开始呈现快速增长的趋势。这主要是因为 2001 年中国正式加入 WTO 后，大量的外资企业开始在中国寻找合作伙伴，使得我国 FDI 开始恢复并快速增长。2002 年我国实际利用 FDI 又有了新的突破，FDI 的流入量首次超过美国，成为全球 FDI 流入量最多的国家。这主要是得益于国家先后发布的相关法律。2007 年开始出现金融和信贷危机，虽然导致 2009 年外资引进总量出现了负增长，但截至 2012 年，我国 FDI 的引进量又恢复原有增长水平。

二、俄罗斯利用 FDI 政策演变

自从苏联解体以来，俄罗斯进行了有效的经济体制改革，这也直接影响了俄罗斯利用外商直接投资的政策。根据俄罗斯实际利用外商直接投资的情况，大致分为两个阶段：

（一）小规模不稳定时期（1992~1999 年）

在苏联时代，苏联作为俄罗斯的前身，是世界上唯一一个可以和美国抗衡的国家。但在 1991 年，苏联解体，原先的政治经济体制都发生了巨大的改变。面对俄罗斯当时内外交困的发展现状，俄罗斯进行了激进的经济改革，忽视了外部的经济环境与俄罗斯内部制度、国情之间的冲突，再加上新政局的基础薄弱，各利益团体明争暗斗，使得国内经济出现了剧烈的震荡。

经济政策的朝令夕改，法律条文的严重不配套，使得俄罗斯陷入了深深的转轨泥潭之中。受到苏联解体的影响，整个20世纪90年代，俄罗斯的实际利用外资数额较小，出现了明显的波动。俄罗斯1993～1996年的外商直接投资分别仅为7亿美元、10亿美元、20亿美元和24亿美元。

（二）快速增长时期（2000年至今）

2000年以后，俄罗斯FDI流入量开始呈现出快速上升的良好态势。一方面俄罗斯凭借本国丰富的自然资源在新一轮的竞争占据了主动。特别是石油、天然气等能源的巨大储量，获得了许多国家的青睐，吸引了不少外商直接投资。而另一方面，进入21世纪以后，俄罗斯的政局开始呈现一个崭新的面貌。以普京为首的俄罗斯新政府采取了一系列措施，加强中央集权，强化政治秩序，进一步稳定了俄罗斯的政治局面。同时，俄罗斯政府推行了"可控的市场经济"体制，加强市场经济的法制建设。在对外关系方面，俄罗斯积极缓和与周边国家、新兴国家和发达国家之间的关系，加大与各国之间的合作。随着《税收法典》、《外国投资法》、《经济特区法》、《劳动法典》、《中央银行法》、《对不动产形成投资和进行国家清点核算法》和《自然垄断法》等法律的相继颁布，俄罗斯的整体经济环境发生了实质性的改善。此外，俄罗斯政府积极出台了对外商投资给予税收优惠、减少政府干预、简化政府服务程序等政策。这些都为俄罗斯吸引外商投资打下了坚实的基础。2012年俄罗斯的FDI流入量为510亿美元，是"金砖四国"中吸引FDI增速最快的国家。

三、印度利用 FDI 政策演变

总的来说，印度在吸引外商直接投资方面相对谨慎，其利用FDI政策大致经历以下四个阶段：

（一）谨慎促进阶段（1947年～20世纪60年代末）

在这一阶段，面对外资的进入，印度政府一直在限制和促进中不断地进行权衡与调整。由此可以看出印度政府对于吸引外商直接投资的矛盾心态。1947 年，印度宣布独立，摆脱了英国的殖民统治。在宣布独立后的发展初期，印度政府的首要任务就是恢复经济。为了保证国内经济不受任何形式的外国力量的干扰，建立一个多元化的自给自足的工业基地，印度政府对外商直接投资进行了限制。但与此同时，印度政府也认识到如果不能够很好地利用外国资本，尤其是在国内主要工业中占支配地位的外资，将不利于印度经济的发展。因而印度政府在引进外商直接投资时主要对其投资领域进行了限制。到了 1956 年，印度启动了第二个五年计划，印度经济发展开始遇到了资金瓶颈。印度政府对引进外商直接投资开始变得积极，逐步放宽了外国资本的投资领域，同时出台了一些引资的优惠政策，如延长优惠措施的时间、在一些国家建立投资中心等。这些都反映出印度政府利用 FDI 开始逐渐自由化的趋势。

（二）严格限制阶段（20 世纪 60 年代末～20 世纪 70 年代末）

随着外商直接投资的大量涌入，印度在利用外资上出现了一系列问题，如跨国公司丑闻频出。印度政府发现引入的外商直接投资并没有有效地促进印度经济技术进步。另一方面，经过一段时间的发展，印度自身已经积累了一定的生产能力和资本，独立初期出现的资金短缺困难开始逐渐缓解。此外，由于印度在发展初期采取重工业化战略，使得印度经济结构开始出现失衡，具体表现是出口乏力，无法偿还外债。因此，在这一阶段，印度政府改变了利用 FDI 的政策，采取了更为严格的 FDI 审批制度。1973 年，印度政府出台了第一个主要以管理 FDI 为内容的法令——《外汇管制法》。在这个法令中，对外国资本进入进行了多重限制。总的来说，在这一阶段，印度政府开始严格限制外资进入。

（三）自由化改革阶段（20 世纪 80 年代）

进入 20 世纪 80 年代，国内外环境都发生了较大的变化。在国际上，以跨国公司为载体的全球化经济正在兴起，跨国公司异常活跃。越来越多的发展中国家意识到外商投资对本国经济发展的积极作用，开始纷纷引进外商直接投资。而在印度国内，经济也出现了许多问题。在这样的背景下，1980 年、1985 年印度先后在外资进入门槛、进入行业、进入方式等方面放宽了对外商直接投资的限制，同时在关税、政府服务、税收等方面提供更为优惠的政策。

（四）自由加速时期（20世纪90年代至今）

在经济全球化的影响下，印度认识到利用外商直接投资对推动本国经济的发展具有非常重要的作用。1991年，印度进行了经济改革，再次放宽了对外商直接投资的限制，不再把外资视作本国经济发展的威胁。因此，在这一阶段，印度政府采取了更加自由化、简单化的鼓励政策。印度政府修改了《外汇管制法》，大幅度地放宽了对外国资本投资领域的限制，提高了外资的股权。伴随着印度经济的复苏，印度开始成为最具FDI吸引力的国家之一，2012年印度FDI流量已达280亿美元。

四、巴西利用FDI政策演变

作为南美最大的国家，巴西一直以来都积极引进外资，是最早开放资本市场的国家之一。巴西在第二次世界大战后利用外商直接投资的情况主要可以分为以下几个阶段：

（一）积极鼓励阶段（1945年~20世纪60年代末）

第二次世界大战结束后，巴西政府制订了一系列经济发展的计划。巴西政府在战略上，用"进口替代工业化战略"取代原本的"初级产品出口导向发展战略"。在政策上，国家拨款扶持国内重工业的发展。因而巴西的资金需求量迅速扩大，政府积极鼓励外资在汽车、机械、石油化工、冶金、造纸等新兴工业部门进行直接投资。1953年和1956年巴西政府先后取消了外国公司利润汇出比例，放宽了外资在企业中的股权比例。同时为了鼓励外资进入制造业，政府给予外资企业一系列的税收优惠，从而使得巴西的外商直接投资额迅速上升。

（二）适当限制阶段（20世纪70年代~20世纪80年代）

20世纪60年代，巴西政府通过积极引进大量外商投资实现了巴西经济的快速发展，被称为"巴西奇迹"。但随着巴西举借外债的规模越来越大，外债偿付风险开始浮现。到了 20 世纪 70 年代，国际局势动荡，国际经济大环境开始恶化。1973 年世界能源危机爆发，石油价格一路飙升，巴西在对外贸易中出现了巨大的逆差，国际收支逆差也日益拉大，进一步加大了偿还外债的风险。巴西政府开始调整引进外商投资的政策，开始适当地限制外商直接投资，如限期提高产品的国际化率、利润汇出的比例、职工中巴西人的比重等。由于采取的限制外商投资的措施并不激进，巴西FDI 流入量并未受到太大的影响。

（三）重新鼓励阶段（20 世纪 90 年代至今）

20 世纪 80 年代，拉美地区爆发了债务危机。巴西国内经济发展受阻，通货膨胀严重，外商对其投资的兴趣下降。在国内资金严重短缺的情况下，巴西政府不得不把吸引外商直接投资作为缓解经济危机，刺激经济增长的重要手段。巴西政府放宽了对跨国公司的利润汇出的限制。直到 1993年年底，巴西政府实施的"雷亚尔计划"帮助巴西走出了债务危机的困境。"雷亚尔计划"通过高利率吸引外商投资，从而吸引了大量的外资。1998 年金融危机爆发，巴西政府开始改变以往紧盯美元的汇率制度，放松了汇率浮动的区间，使得巴西本币雷亚尔大幅贬值，这在一定程度上增强了巴西对外资的吸引力。

进入 21 世纪以来，巴西经济实现了快速稳定的增长。巴西优越的地理位置、丰富的自然资源以及广阔的市场成了外国投资关注的焦点。2005年，美洲自由贸易区的建立以及巴西在南方市场中的重要地位，使得巴西成为最具吸引 FDI 的国家之一。巴西利用外商直接投资额增长态势明显，2012 年巴西 FDI 流入量达到 650 亿美元。石油和自然资源仍然是巴西吸引FDI 背后的主要驱动力。

五、"金砖四国"利用 FDI 政策比较

（一）政策演变趋势比较

在"金砖四国"中，巴西和印度都曾是殖民地，因此这两个国家引进

外资相对较早。在第一次世界大战以前，英国一直是巴西的最大投资国，外商直接投资对早期巴西实现工业化起了重要的推动作用。然而巴西并没有很好地控制引资的规模，20世纪80年代的经济波动导致了巴西政府对外商直接投资实行限制。20世纪90年代随着经济发展的重新调整，巴西政府又开始重新积极引进外资。与巴西一样，印度也是对外开放较早的国家之一。但是印度政府对待外商投资的态度上一直比较谨慎，直到进入21世纪才大幅放宽了对外商投资的限制。中国自1978年改革开放以来，放开了对招商引资的限制，逐步形成了多层次、宽领域的对外开放格局，积极利用外商直接投资促进本国经济发展。近年来，由于我国外资规模的迅速扩张，我国政府又开始有意识地收缩控制，但是我国依然是全球FDI流入量的大国。由于历史原因，在"金砖四国"中，俄罗斯引进外资的时间最晚，外资规模也相对较小。但自进入21世纪以来，俄罗斯吸引外资的态势良好，在"金砖四国"中增速最快。俄罗斯的外资政策也逐渐开放与完善。在"金砖四国"未来的发展中，印度和俄罗斯未来的外资政策还有进一步完善的空间。

（二）外资引入自由度比较

在"金砖四国"中，巴西经济的开放程度最高，巴西的外资政策也是最宽松的。根据国际金融公司对全世界新兴市场的评估报告，巴西被评为"可以完全自由进入的市场"。在第二次世界大战结束以后，巴西政府积极鼓励引进外商投资，用来推动本国经济发展。为此巴西政府出台了一系列优惠政策，如对外国投资给予国民待遇，除了保险、邮政、通信、民航、新闻、公益事业、运输、购置农村土地等方面的开放利用外，其他任何生产和商业领域都允许外商投资的进入。巴西政府还放宽了对技术转让的限制，加强知识产权的立法，用以促进技术转让。此外，巴西还对外开放了证券市场，推动了巴西的间接投资规模。总的来说，巴西政府通过这些措施使得巴西外资引入自由度相当高。

相对于巴西，俄罗斯和印度对引入外商直接投资的限制就比较多。由于长期处于殖民地的状态，印度对待外资的态度相对谨慎。印度政府更多的是根据本国经济发展的状况来有选择地引进外资。印度对外商投资的限制主要表现为实行一系列的次国民待遇，对外资进入的领域进行严格限制等。而俄罗斯对外开放起步较晚，20世纪90年代俄罗斯国内政治环境、市场经济秩序都不稳定，导致了俄罗斯对外开放程度较低。我国自改革开放以来，对外开放程度不断提升，外资流入量也一直保持持续稳定的增长。

（三）外资引入的质量比较

相对而言，在"金砖四国"中印度引入外资的质量是最高的。在1948年，印度实施的工业政策中，印度政府就有意识地引导外资流向技术、知识行业和本国急需发展的领域，即高新技术领域，从而促进本国的产业结构调整和升级，推动了本国经济的快速发展。可以看出，印度引入外资质量较高主要得益于印度政府制定的外资政策。长期以来，印度政府对引入外资一直持相对谨慎的态度。因此，印度政府在制定政策时十分注意外资的使用效率，牢牢控制外资进入行业的指导权，对外资进入的行业进行有战略地选择，坚持引进外资与技术转让、技术培训相结合的原则，从而大幅地提高了外商直接投资的引入质量和使用效率。而其他三个国家，基本都是积极鼓励引入外资，而对外资进入的领域并没有严格限制。

（四）政策支持力度比较

在"金砖四国"中，中国和巴西政府对外商投资的支持力度较高，印度最低。自第二次世界大战结束以来，巴西政府一直大规模地积极引进外资，对外开放程度较高，对外商投资流入的限制也较少，其经济的自由度也最高。改革开放以来，中国对外开放程度不断提高，开始认识到外商直接投资对国民经济发展的重要作用，出台了一系列吸引外资的政策，给予外商投资企业超国民待遇，使得外商投资者比国内企业具有更多的优势。自20世纪90年代以来，大量外商投资纷纷涌入中国。俄罗斯近年来也逐渐放开了对引入外资的限制，俄罗斯政府出台了相关政策来支持引入外商投资。印度政府对待外资的态度相对谨慎，相对其他三个国家来说，印度政府对引入外资政策的支持力度较低。

（五）外资法比较

"金砖四国"中，巴西和印度是最早开放的国家，引入外资也相对较早。在不断引入外资的过程中，巴西和印度的外资立法也在不断地完善和发展。印度政府希望通过政策法规来调控外商投资的引入，因此在制定外资政策时印度政府十分注重法律的设立和完善，系统性和一致性较好。印度政府在外资政策中对外资引入进行了统一规划，明确规定了鼓励、允许、限制、禁止外资投向的行业。总的来说，巴西和印度的外资立法在"金砖四国"中较为完备。随着对外开放程度的不断提高，中国在引入外资方面的立法也不断完善，完备性和可操作性均日益增强。俄罗斯的外资法律制度起步相对较晚，完备性较弱，外资立法还有待进一步完善。

六、"金砖四国"利用外资政策总结

21世纪以来，以"金砖四国"为代表的新兴经济体成为国际投资者关注的重点。随着"金砖四国"经济稳步发展，各国利用FDI的水平不断提高，"金砖四国"对全球FDI的吸引能力逐步增强。但"金砖四国"在利用FDI的规模、质量、增速、绩效、政策等方面不尽相同。

俄罗斯拥有高度发达的经济和相对优越的投资环境，同时在教育科技、消费市场、人均收入、交通设施、通信条件等许多方面均具备优势，因此俄罗斯吸外商投资的综合竞争力是最强的，领先于其他三个国家。特别是在进入21世纪以来，随着俄罗斯政局的稳定，俄罗斯的经济又重新回到稳步发展的轨道上，同时俄罗斯蕴藏的丰富自然资源也吸引了大量国际投资。总的来说，相比于其他三个国家，俄罗斯引资增速快，FDI的利用效率高，其吸引外资的潜力依然巨大。

在"金砖四国"中，我国吸引外商直接投资的综合竞争力仅次于俄罗斯。凭借着我国经济的快速腾飞以及国内稳定的政治局面，我国越来越成为国际投资的热点地区。但是也应该看到尽管我国经济发展走在了世界的前列，但是依然存在着薄弱环节，如地区发展、引资产业结构、科技水平等，这些环节仍然有待进一步提高。

巴西是"金砖四国"中外资进入自由化程度最高的国家，各方面的引入外资政策也相对完善，对外资的支持力度强。同时国内丰富的石油和自然资源是国际投资关注的重点。印度是"金砖四国"中利用FDI整合竞争力最弱的国家，这主要源于印度对引入外资的限制。但是印度引入外资的质量非常高，政府选择外资进入的行业具有较强针对性，对外资的限制也比较多。然而可以预见，随着全球经济化不断向前，印度未来吸引外资的空间非常大。

良好的投资环境是一国吸引外国直接投资的重要保障。"金砖四国"的投资环境差距较大。综合来看，"金砖四国"中俄罗斯的投资环境是最佳的，而其他三个国家也在不断改善中。中国、印度和巴西应该继续在科技、教育、基础设施等方面不断提高自身的综合竞争力，尽快缩小与发达国家的差距。

"金砖四国"均为新兴市场国家，经济发展增速快，在劳动力、市场、投资成本上相比其他国家有一定优势。各国的产业结构也在不断地调整和完善中。从外商投资的流向来看，主要还是集中在以制造业为主的第二产业上，其中以纺织、汽车、钢铁等领域最为突出。当前，"金砖四国"都非常重视发展第三产业，以服务业为主的第三产业也将会成为未来外商投资的基本方向，因此在未来第三产业的竞争会更为激烈。

在外资政策和法律方面，巴西的外资政策最为自由，对招商引资的支持力度也是最高的，同时巴西具备较完善的引资方面的法律体系。相对而言，俄罗斯对外开放较晚，其外资政策的开放程度相对较低，但近年来俄罗斯制定了一系列引资的优惠政策，对外开放程度不断提升。印度引入外资的政策和法律也相对比较成熟，但印度外资政策对外资的限制比较多，政府导向明显。我国引入外资的政策处于不断完善中，对引入外商投资的政策支持力度也较大。

第十节　全球对中国内地投资展望

根据世界银行 2013 年的调查报告显示，跨国公司对 2014 年国际投资环境持谨慎态度，但对国际投资的中期发展表示乐观。不同行业和部门短期 FDI 计划不同，来自皮革、采石、粘土和玻璃制品、金属采矿以及运输服务业的受访者表示将会在短期内减少投资。相反，其他制造业行业、贸易及其他服务业将增加 2014 年的 FDI 预算。2015 年，近半数跨国公司将增加对所有部门的 FDI 支出。

展望未来，稳定的政治环境、持续的经济增长、良好的投资环境，我国依然是外商直接投资的理想国之一。但是伴随着我国经济发展的放缓以及国际形势的不确定性，我国外商直接投资的增速将逐渐放缓。这同全球投资保护主义抬头、地区政局动荡关联密切。从外资的来源来看，亚洲地区将仍然是我国外资主要的来源地，其他地区对我国投资所占比重基本保持在一个稳定的水平。从外资的地区结构来看，尽管目前东部地区吸收FDI 所占比重大约在 70% 左右，但是东部地区外商直接投资增速明显放缓，而中西部地区在我国大力推进西部大开发的形势下，受惠于经营成本优势、鼓励政策出台等因素，吸收外商直接投资的增速已经超过东部地区。未来将会有更多的外商直接投资流向我国的中西部地区。从行业结构来看，2011 年，第三产业实际使用外商投资额首次超过第二产业，第三产业逐渐成为外商投资的热点，这和当前的全球跨国公司的投资趋势也是一致的。总体来看，我国未来的外商直接投资将继续保持良好的增长势头，但增速将放缓，投资的区域结构和产业结构将更为合理，外商直接投资将会更多地流向我国的中西部地区和第三产业。

第十一节　中国未来利用 FDI 政策建议

从"金砖四国"FDI 的利用情况来看，在一个相当长的时间内东道国利用 FDI 政策具有连贯性，但并不是一成不变。随着东道国经济发展和对外资需求的变化，东道国利用 FDI 的政策也会随之改变。各种 FDI 政策的变化也会直接影响东道国的开放程度。因此，东道国政府应当周期性地、有意识地审视引进 FDI 的目标和现实情况的差距，根据本国的经济发展情况和对外资的需求情况合理地制定 FDI 政策，并对 FDI 政策进行及时修订和更新，保持与目标相一致。金砖国家对于 FDI 的利用经验，为我国在未来合理利用 FDI 提供了很好的经验借鉴。但各国国情千差万别，我国 FDI 政策的调整，既要参考其他国家 FDI 政策的可借鉴之处，同时也要兼顾我国的基本国情。

一、实现从注重规模向注重质量和结构转变

总体来说，1979～2012 年期间我国利用外商直接投资整体上保持了稳

步上升的良好发展势头，是全世界最具外资吸引力的地区，已经连续 20 年成为实际使用外商直接投资最多的发展中国家。但是随着我国国内储蓄的增加和资本积累，我国经济总体上的资本供给和需求格局发生了根本的变化，我国从改革开放初期储蓄不能满足投资需求的国家快速转变为储蓄额超过投资需求的国家。如今，我国与改革开放初期国家迫切需要引进国外资本发展生产的情况已经完全不一样了。总体来看，我国经济总体不缺乏资本，FDI 作为资本要素对我国经济增长的促进作用必然下降。我国引进 FDI 的目的也已经不再是弥补国内储蓄缺口，更主要的是引进国外先进技术和先进的管理经验、引进通向世界市场的品牌和销售网络、引进全球强势的产业链，从而带动国内经济向外发展，推动产业升级和经济发展方式的转变。因此，我国外资政策的目标应该更加注重外资流入的质量和结构，而不是外资的数量和规模。

既然我国外资政策的目标已经转移到注重 FDI 的质量与结构上，那么外资政策也需要进行更新。以前的外资政策手段主要是通过税收优惠、要素价格扭曲和生态环境为代价为外商提供"超国民待遇"。由于这种"超国民待遇"不向国内民营资本开放，尽管这种外资政策加快了外资引进的速度和数量，但同时抑制了国内民营经济的发展，导致国内民营资本在很多领域不能同外资形成有效的竞争，其长期危害不可忽视。最好的调整办法就是把这种"超国民待遇"转变为"国民待遇"，让外资企业同国内企业在各个方面都享受同样的待遇。我国仍然可以实行产业政策的倾斜和地区政策的倾斜，但是这些倾斜政策应当逐步对内外资企业一视同仁。

二、引导 FDI 流向技术密集型产业和现代服务业

从投资行业分布来看，自 2011 年以来，第二产业占主导地位的外资行业分布形势已经发生改变。2011 年，第三产业实际使用外商投资额首次超过第二产业。我国应该保持这种良好的引资导向，使得外资有效推动我国产业结构的优化。

首先，外资政策不再向一般制造业倾斜，如纺织、服装等劳动密集型行业，彩电、空调、洗衣机、电冰箱、电视、手机、电话等家电和一般电信设备行业，取消"超国民待遇"。

其次，鼓励外商投资我国高新技术产业，特别是我国与世界水平差距较大的产业，如计算机、电子通信设备、航空航天、生物制造等行业。对这些高新技术行业可以实行幅度较大的税收减免和优惠，同时，政府可以给予一定的科研补助，放宽外资政策的限制。

再次，鼓励外资参与传统产业的改造。对于汽车、机械等传统制造业，应该以促进其核心技术转移为目标，加快对传统产业技术的更新与改造。对于跨国公司向我国转移较快的重化工业，应以注重产品的资源节约和环境保护为原则，对于严重影响生态环境资源的行业，应当提高外资进入门槛，限制其流入。

最后，要加速服务业的开放，促使外资向知识型现代化服务业流动。由于我国服务业是对外资开放较晚的领域，许多行业多年来一直禁止外资，开放潜力和空间很大。因此，加速外资向第三产业流动，尤其是促使外资向知识型现代服务业流动，将是现阶段我国吸引外资的首要任务。我国可以加快对零售、餐饮等传统服务业的全面开放，鼓励大型跨国零售集团的投资，扩大对银行、保险、证券等金融服务业的开放，鼓励大型跨国金融财团采用以合资和开设分支机构等形式进行投资。此外，还可以逐步加大对文化、教育、影视服务等行业的开放力度。鼓励外资兴办设计、广告等创意产业，鼓励外资教育机构以合资、合作等形式投资教育事业，加大外资以合资、合作形式对媒体、影视、娱乐业进行投资。

三、继续加快中西部地区的市场开放，加大对中西部地区外资政策的倾斜力度

近年来，中西部地区吸引外商直接投资的数量逐步上升，但与东部地区吸收外资的水平依然差距较大。东部地区应继续保持吸收外资的优势，但国家应该从宏观层面逐步减少各种优惠政策。东部沿海地区经济发达，投资环境相对优越，对外资具有较强的吸引力，一直是外商直接投资的热点地区。改革开放以来，我国东部地区的外资政策已经比中西部地区拥有更多优惠。例如，东部沿海地区的外资所得税政策优于中西部地区，沿海经济特区、沿海开放城市及中西部地区的税率分别为15%、24%和33%，省会城市为24%，这是促使外资流向东部地区的一个重要原因。鉴于此，外资进入我国东部沿海地区应该与该地区的企业保持同等待遇，平等参与

市场竞争,而不应该再享有该地区的"超国民待遇"。外资进入东部地区的税收及相关优惠政策应该逐步减少。除国家规定的产业政策外,国家和地方政府不要再附加特殊的优惠政策。

外资政策应当以有效调整东、中、西部区域间的差别为目标,促进地区间的经济协调发展。美国、日本人均 GDP 的地区差距最高地区和最低地区相比不过 2 倍,而我国是 13 倍。由此可见,解决中西部地区的发展是实现中国可持续发展的主要问题。我国著名学者刘福垣提出了树立"以中为重"的发展观,提出了发展中部地区的战略思想,这些战略的提出,有利于我国地区经济的协调发展。法国对于在山区、边远地区及其他落后地区投资的外国企业,往往给予领土整治补助金的资助。俄罗斯则将吸引外资的重点放在西伯利亚和远东地区,政府对这些地区提供了一系列的优惠政策。这些做法都值得我国参考借鉴。

我国应该继续加大对中西部地区外资政策的倾斜力度。由于我国中西部地区老工业城市较多,尤其是东北老工业基地,可以首先加强对老工业基地的外资倾斜政策。通过引进外资,促进工业基地的产业升级和结构优化,缩小与新型工业发达地区的差距。这些老工业基地大多数具有雄厚的产业优势和交通区位优势,如果外资优惠政策不低于沿海经济特区,外资进入的速度将会明显加快。

四、建立公平、完善的外商投资环境

自改革开放以来,我国 FDI 的流入量保持了持续的增长,连续 20 年成为实际利用外资最多的发展中国家。这就要求我国政府应当更好地对如此大规模的外资进行适当地规范和管理,使得引资规模和引资质量、引资结构相符合,促进我国引资由数量型向质量型转变。在法律法规上,目前最重要的是制定关于外资并购的相关法律。这是因为外商投资并购在我国外商投资中所占比重逐年上升,但由于法律机制、会计标准、所有权等方面的原因,外商在中国进行成功并购面临着巨大的挑战。尽管我国已经出台了《关于外国投资者并购境内企业的规定》,但是仅有这么一部《规定》是不够的,我国应该尽快制定《反垄断法》、《产权交易法》,建立具有中国特色的反垄断法的框架和符合国际惯例的企业资产价格评价机制。同时严格资产评估的评价标准,规范评估程序,加大对产权交易行为中所存在的违规操作的惩罚力度。此外，还需加快完善现有的法律法规，如《公司法》、《合同法》、《证券法》等。这些法律法规是根据当时的经济环境所制定，并没有考虑到或者较少考虑到外资并购的特殊情况，这就导致了外资在并购过程中存在着很多法律上的空白。因此，我国相关部门有必要对不符合时代特征的相关法律法规进行补充和完善，做到与时俱进，更好地适应当前经济发展的形势。

随着我国经济的高速发展，我国的基础设施建设已经取得了显著的成果。但同时也应该认识到，我国人口众多，交通运输压力依然较大。我国应该继续加强基础设施建设和通信设施建设，为外国投资提供更好的投资硬环境。除了要加大投资硬件环境的改善，我国更应该重视外商投资软环境的改善。我国政府应规范全国各地区利用 FDI 政策，消除各地区为了吸引外商投资而引起的恶性竞争。过去各地区常常把引进外资和地方政绩进行挂钩，这就导致了一些地方为了引进更多的外资，往往不计成本，在财政政策上不断给予优惠，不惜以牺牲环境和资源为代价。因此，在利用外资上，首先要转变观念，从行政引资、追求外资规模转向遵循市场经济规律引资转变，淡化引资规模和地方政绩的关系。其次在引进外资时，应当对引入外资的技术含量、资源消耗、环境保护等各方面指标进行综合考量，建立科学的引进外资的考核评价体系，逐步形成公平竞争的市场经济环境，进一步优化外商投资的软环境。

五、增强国家科技创新能力

虽然跨国公司对中国的技术转让已经前进了一大步，但也应该注意到，跨国公司在中国采用的技术主要还是以应用技术为主，这些技术大多数围绕着其在中国设立的企业来进行。因为跨国公司的显著特征之一就是技术垄断优势，跨国公司之间的竞争，其核心就是技术的竞争。对于一些关键核心技术如军事、航空、核能等关系国计民生的高新技术，他们是不会转让给中国的，甚至部分工业领域涉及的技术也有种种限制。对于核心的关键技术，我国政府绝不可能依赖跨国公司，必须集中力量自主开发，并减少一般性技术的引进，增加关键技术的引进。我国是人口大国，尽管劳动力资源充沛，但是由于经济起步晚，教育水平也远远落后于其他发达国家，导致了我国高素质人才的缺乏。这将会使我国在未来招商引资的过程中处于不利地位。高科技人才的培养是提升 FDI 吸引力的重要举措。我国一方面要进一步提升教育水平，加大教育和科研的投入，同时积极培养具有创新能力的高技术人才。另一方面要做好海外人才引进工作，通过海外人才的引进带动本国科学技术的进步。

第六章

储蓄率、FDI 与经济增长的
互动关系研究

第一节 引 言

本章尝试对第二章理论模型进行实证分析。

1978 年 11 月，中国开始实行改革开放的政策，之后中国经济开始了 30 年的持续、高速、平稳发展，经济总量日益提升，GDP 总额连年提高，据 2014 年国家统计公报显示，2013 年全年 GDP 总额达到 568845 亿元，比上年增长 7.7%，让全世界瞩目。伴随着改革开放的深入以及我国国民经济的发展，我国吸引 FDI 也取得了非常重大的成就。特别是 1992 年以后，我国利用外商直接投资（Foreign Direct Investment）获得了快速的增长，甚至在 2002 年中国取代美国成为全球吸收 FDI 最多的国家。有数据显示，我国 2013 年全年实际使用外资额 1175.86 亿美元，新增外商投资企业 22773 家，我国吸引 FDI 的总量越来越大。另一方面，王小鲁、樊纲（2000）指出我国国内储蓄与投资的差额在 1980～1997 年间，有 13 年出现正值。其中 1997 年名义差额为 2745 亿元，实际差额为 898.5 亿元，该年差额占据 GDP 的 3.01%，是这期间差额最大的一年。而对于储蓄率而言，自 2009 年以来，我国储蓄率排名世界第一，人均储蓄超过一万元，究其原因是中国生活保障不足，大家只能自己储备以备不时之需。高储蓄率阻碍中国经济的发展，是导致国内消费动力不足的原因之一。在中国经济增长与利用外资水平越来越高，国内储蓄存款数额巨大，储蓄率居高不下的现实状况下，我国出现了这样一种罕见的现象：我国每年出台各项优惠政策，扶持一些地区引进巨额外资，使外资充分的进入到我国，弥补国内资金的缺口，促进我国经济的发展；但是，另一方面国内持续出现储蓄剩余，储蓄没能很好地转化为投资，大量的储蓄资金处于闲置状态，使得国内资金利用不充分。

我国是世界上最大的发展中国家，与世界上发达国家的经济差距还比较大。如何在原来较低的经济发展水平上谋求较高的投资水平，被认为是发展中国家实现经济起飞所需要解决的首要问题。结合我国存在的外资大量引进，内资利用不足的矛盾，引发我们对下述问题的思考。国内居民的消费时间偏好如何影响国内储蓄率？国内储蓄率对国内资本积累有何影响？国内储蓄与资本积累又对 FDI 进入我国有何影响？本研究的目的就是利用自中国加入世贸组织后的省际面板数据，基于面板回归方法对国内消费、储蓄与 FDI 之间的互动关系进行实证分析。

第二节 国内外文献综述

国内外众多学者针对国内消费者的时间偏好，储蓄率与 FDI 以及 FDI、国内储蓄率与经济增长之间的关系进行了大量的研究，既有理论研究，也有实证研究。但是各项学者的研究结论不尽相同，其中一些结论还存在着较大的争议。下面从国外和国内两个方面分别对消费、储蓄与 FDI 和 FDI、居民储蓄率与经济增长之间关系的研究成果做一个总体性的概括。

一、有关储蓄率的文献综述

（一）国外文献综述

国外对居民的储蓄率和消费率关系的研究是从两种思路出发：第一种是引入影响因素，检验居民储蓄率和消费率的关系；另一种是集中于直接研究居民储蓄率和消费率关系。

在引入影响因素方面，费尔德斯坦和堀冈（Feldstein & Horioka, 1980）对研究居民储蓄率和消费率二者关系问题上，通过实证分析，得出居民储

外商直接投资与内外生经济增长

蓄率和消费率相关性的高低与本国资本流动程度的高低成负相关关系。托宾（Tobin，1983），墨菲（Murphy，1984）提出大国利率变化影响全球利率变化，而利率是影响居民消费率最重要的因素，因此大国利率变化将会影响其他国利率与居民消费率，进而影响居民储蓄率和消费率的关系。萨莫斯（Summers，1995）引入了生产性冲击、人口增长两种因素分析居民消费率和储蓄率关系。温格（Winged，2000）分析了不可贸易商品和其他非流动因素，认为这两种因素造成了居民消费率和储蓄率高度相关。钦和普拉萨德（Chinn & Prasad，2002）考虑了资本流动程度影响居民消费率与储蓄率的相关性，而影响资本流动的因素很多，例如政府的宏观政策、经济开放发展水平、监管体系等都会阻碍资本流动，所以居民消费率与储蓄率的相关性较高。洛艾萨·德尔（Loayza Del，2009）通过实证研究发现未成年人和老年人抚养比率上升将会促进降低居民储蓄率，提高居民消费率。D. 格罗斯（D. Gross，2011）运用个人信贷数据分析了存在流动性约束和利率问题时是否会影响居民消费行为，研究得到与预防性储蓄假说相同的结论。迪巴约提·德尔（Debajyoti Del，2012）得出富人的"耐性"更强的结论，因而其储蓄率更高，并且通过对澳大利亚的实证分析得到数据的验证表明，居民收入水平、心理预期和未来的不确定性是影响居民消费率和居民储蓄率关系的主要因素。在直接研究居民储蓄率与消费率相关性方面，格利和肖（Gurley & Shaw，1960）研究了在经济发展过程中，银行与非银行金融机构，货币与各种非货币金融资产所起的作用，开启了对于居民消费率与储蓄率关系的研究。帕加诺（1993）引入金融发展建立内生经济增长模型，研究居民消费率与居民储蓄率的关系。默顿（2003）提出了金融功能分析框架，金融体系基本功能更加稳定，金融机构变化是由金融功能所决定，各金融机构之间竞争与创新将使功能效率更高，居民的消费率和储蓄率就会更合理。詹森（Jansen，2012）采用 23 个国家的数据建立误差修正模型，从短期和长期两个方面对居民消费率与储蓄率之间的关系做了研究。得出的结论是：短期的居民消费率与储蓄率相关性反映的是供给和需求的调整，长期居民消费率与储蓄率的相关性受到资本的流动性以及经常项目的目标等因素的影响。

（二）国内文献综述

相较于国外对居民消费率和居民储蓄率的研究，国内对于居民消费率和居民储蓄率相关性的验证较少，主要从引进影响因素检验居民消费率和居民储蓄率关系并通过数据分析建立模型研究居民消费率和居民储蓄率的关系。

　　在引入影响因素方面，刘鸿儒、李志玲（1999）发现居民消费率与储蓄率转化低效率的影响因素在于我国间接融资的体制存在问题，如贷款制约力弱，规模调控力等。徐红燕、凌有志（2011）概述了国内外关于我国消费率下降的理论研究动态，分析了影响中国现阶段的居民消费率及储蓄率的关系以及现状，形成消费函数的扩展模型并利用相关理论进行实证分析，提出一些政策建议。在数据分析方面，郑宝祥（2011）建立灰色关系分析的综合评价模型，选取影响中国居民消费率和居民储蓄率的 6 个变量并纳入比较序列，分析我国低消费率和高储蓄率的现状及关系，并提出解决办法。王丽丽、何强、周忠辉（2011）选取了 GDP、投资量、劳动量、居民消费水平、通货膨胀等进行研究，发现居民的高储蓄率一直是我国宏观经济的一个特征，对我国经济的发展产生了很大影响，对我国高储蓄率的现状及其原因通过计量建模的方法进行了分析，最后根据模型提出了相应的对策建议。王吉恒、顾薪宜、杨灿（2012）通过建立多元函数模型研究了居民储蓄率与工资增长率、利率、通货膨胀率和人口增长率的关系，分析各因素对居民储蓄率的影响程度，找出中国银行储蓄利率变化对居民储蓄影响不显著的原因。

二、储蓄率与 FDI 的文献综述

（一）国外文献综述

　　国外学者针对国内储蓄率与 FDI 关系的研究，既存在理论研究也存在实证研究，并且理论研究与实证研究是同步发展、互为补充的。

　　理论方面，在《对外援助与经济发展》一文中，美国经济学家钱纳里（H. B. Chenery）和斯特劳（A. M. Strout）（1966）首次提出了"两缺口"（Dual – Gap）模型，这两项缺口指外汇缺口（筹集进口品所需的外汇短缺）和储蓄缺口（追加投资所需的国内储蓄短缺）。该模型认为：一个国家吸引外资，大量外资的流入，可以弥补发展中国家储蓄、外汇和技术不足的缺陷，吸引外资的同时，有利于内资的形成，便于增加国民总储蓄和投资，从而促进一国经济的发展。

实证方面，在 20 世纪 90 年代之前，"两缺口"模型通过实证发现：吸引外资可以带来资本流入，这填补了发展中国家国内储蓄与投资的缺口，促进了经济的发展。之后拉赫曼（Rahman，1968）、格里芬和伊诺斯（Griffin and Enos，1970）跨期研究了多个国家，结果表明外国资本流入对国内储蓄有"挤出效应"的影响，辛伯和米斯克塞尔（Zinber and Misksell，1973）、鲍尔斯（Bowles，1987）运用时间序列数据模型也得出了与此一致的结论。李（Lee，1986）实证使用滞后变量对亚洲 10 国进行分析，发现外资流入与国内储蓄之间并没有双向的反馈关系。埃普里姆·艾沙（1988）指出：流入本国的外国资本有助于减轻储蓄份额的压力，这部分压力源自于要求政府采取包括财政在内的措施来提高国民收入中用于储蓄的份额，并且还有助于提高国内自愿储蓄的增长率，因此储蓄和外国资本很可能是互相影响的。20 世纪 90 年代之后，随着拉丁美洲和东亚发展中国家的发展，全球资本开始朝向这些地区转移，这些地区是吸引外商直接投资的重点地区。因此，引起了人们重新对外国资本流入与国内储蓄关系的研究。例如：曼纽尔、阿格辛特和里卡拉多·梅尔（Manuel，Agosint and Ricrado Mayer，2000）在新古典理论的框架下，构建国内投资方程，以流入东道国的 FDI 为外生变量，利用 39 个亚洲、非洲和拉丁美洲国家 1970～1996 年的面板数据，实证研究了总投资与 FDI 之间的关系，结论显示：流入亚洲各国的 FDI 更多的具有"中性效应"和"挤入效应"，流入拉丁美洲国家的 FDI 更多具有"中性效应"和"挤出效应"，流入非洲各国的 FDI 与国内投资无显著的相关性。国外学者的所有这些研究大部分认为外国资本流入对发展中国家储蓄具有"挤出效应"，很少一部分认为具有"挤入效应"和"中性效应"。各学者研究的结论不一致，而且对"挤出效应"程度也存在不同的见解。

（二）国内文献综述

国内学者也对这一问题进行了大量的研究。但国内学者对于 FDI 与国内储蓄的研究，并没有仅仅局限于这两个方面，因为 FDI 与国内储蓄、国内投资均具有比较密切的联系，通过将国内储蓄、国内投资与 FDI 三者结合起来进行研究，明确表明三者之间的相互作用机制及其变动关系，这种研究更具有意义。国内学者对 FDI、国内储蓄以及国内投资三者的关系主要从以下三个方面进行研究。

首先，从资本形成的角度分析 FDI 对国内储蓄的影响。在这方面研究的学者主要持以下几种观点：华桂宏、成春林（2005）运用实证研究表明，外商直接投资（FDI）对我国国内储蓄具有"挤入效应"与"替代效应"两个方面的影响。他们认为资本形成是一个动态的过程，在这个过程当中社会储蓄的资金通过社会投资而达到使物质资本存量增加的目的。发展中国家储蓄转化为投资的效率一般在比较低的水平，储蓄转化为投资过程存在制约效率的因素，但是引进外资可以使情况发生一定的变化，于是分析 FDI 对我国储蓄与投资的影响机理及其传导机制，对于改善我国投资储蓄的转化率，保证社会资金的充分利用，促进经济增长具有十分重要的意义。根据钱纳里（1966）的"两缺口"模型，FDI 弥补了国内资金与外汇的缺口，这是一种直接效应；我国经济发展中存在技术与管理的缺口，而技术与管理是我国目前发展经济比外汇与资金更短缺的生产要素。我国储蓄资金由于这种"技术缺口"不能满足投资的需求，构成了一种结构性缺口，因此造成了结构性储蓄过剩，这是引进的外资补充了国内储蓄。章泽武（2007）实证验证了国内储蓄、FDI 与我国经济增长存在长期的均衡关系，FDI 的流入促进了我国储蓄水平的提高，这也验证了钱纳里和斯特劳特（1966）"两缺口"模型的结论。文章基于单位根协整理论，采用我国 1985～2005 年的宏观经济数据对 FDI、我国经济增长与国内储蓄进行实证分析。研究结果表明，吸引国外投资不仅可以把国外储蓄变为国内储蓄，而且还有助于国内储蓄的形成，因此能够有效地弥补发展中国家的"储蓄缺口"。崔远淼（2006）运用实证分析得出结论，外国资本流入在短期内对国内储蓄具有"挤入效应"，而长期则具有"挤出效应"。他是基于国际资本流动的视角分析了外国资本流入对我国国内储蓄的影响。结合外国资本流入与我国储蓄关系长短期的变化，他提出我们应该注重对引进外资的利用效率，这样可以实现跨期资本流入的最优调整。

其次，从 FDI 影响国内储蓄，国内储蓄转化为投资的角度进行研究。这一方面的互动关系研究，国内外学者的观点及结论较一致。例如：陈享光（2009）认为钱纳里和斯特劳特（1966）的"两缺口"模型，仅指出了一个国家或是地区吸引外资，而没有说明这个国家或是地区的对外投资，因此具有片面性，不能解释储蓄相对过剩情况下的外国资本的流入问题，更不能为发展中国家对外投资提供理论依据。他指出提高储蓄必须从引进外资与对外投资两个方面进行着手。

最后，从金融学角度探讨我国储蓄高于投资下的外资引进。从这方面进行研究的学者观点不尽相同。例如：黄亚生（2005）认为，我国主要包括非国有企业在内的那些潜在有效率的生产者无法在国有的银行部门获得信贷和信用支持，或是获得信贷与信用支持困难，因此转而引进外商直接投资；李扬（2006）认为外资进入我国的同时，国外效率较高的金融体系也进入了我国，我国的国内储蓄可以得到比较充分的利用，这样获得了中国经济的高增长。陈勇兵（2009）运用实证研究方法，研究了 FDI 与我国储蓄对经济增长的贡献，结果显示 FDI 是中国经济增长的主要动力，FDI流入促进了国内储蓄的形成，提高了国内的储蓄水平。而且，经济靠 FDI推动的主要原因是金融体制不健全，不能满足地区经济投资和增长的冲动。国内储蓄转化为投资的效率比较低，地方政府只能靠引进外资来支持本地经济的增长。这实际上也是国内储蓄过剩与大量诱致外资引进的矛盾，扭曲了中国对外资的实际需求。

国外学者从理论与实证两方面给出了吸引外资促进东道国资本积累与经济增长，研究成果比较丰富。国内学者则是立足于我国现阶段的经济现状，在我国现阶段大量吸引外资、国内储蓄剩余的背景下，从 FDI 带来资本积累的效应，促进国内投资与金融制度缺陷等方面解释了 FDI 和国内储蓄并存的原因，分析吸引外资（外资）对国内储蓄（内资）的影响，进而促进地区经济的增长。

三、国内居民储蓄率与经济增长的文献综述

（一）国外文献综述

关于储蓄率影响本国家或是地区的经济，国外学者的研究要早于国内学者，并且研究涉及理论与实证方面，研究成果比较丰富。

从储蓄率对经济增长方面，卡尔多（Kaldor，1956）很早就研究了不同的储蓄行为如何影响经济增长，许多后续的研究也证实了储蓄行为与经济增长间的相关性；杰派利和帕加诺（Jappelli and Pagano，1994）从金融市场的约束角度研究了储蓄率与经济增长间的关系，发现在信贷市场不成熟的条件下，储蓄率的提高促进经济增长。科里克豪斯（Krieckhaus，2002）通过对 32 个国家的一项研究，发现一个国家的高经济增长是由高居

民储蓄率导致的高投资带动。西里和图法诺（Sirri and TuFano，1995）认为通过拓宽投资渠道提高储蓄率转化为投资的比例可以影响经济增长。在中国居民储蓄问题的研究上，莫迪利亚尼和曹（Modighani and Cao，2004）对中国的居民总储蓄率作了 OLS 回归分析，发现经济增长率存在着较强的正向影响，并且具有统计上的显著性；高易（Louis Kuijs，2005）将中国 2003 年的数据与美国、法国、日本及韩国的 2002 年数据进行对比，发现中国的储蓄率很高（42.5%），并会在一定程度上影响其经济发展速度。储蓄率向来都是分析宏观经济增长模型中的重要参数。巴查（Bacha，1990），欧塔尼和维拉努埃瓦（Otani and Villanueva，1990），迪格雷戈里奥（DeGregorio，1992），杰派利和帕加诺（1994）运用横截面数据进行普通最小二乘估计时都发现一个国家或是地区的高储蓄率导致了这个国家或是地区的高增长率，即储蓄率与经济增长率呈现正向的比例关系。科里克豪斯（2002）对 32 个国家的研究发现国民储蓄率与经济增长呈明显的正相关性；即国民储蓄率越高，这个地区的投资水平也就越高，因而经济增长也就越高。Harrod – Domar 模型认为储蓄率是决定经济增长率的唯一因素。在模型中，$G = S/C$，其中资本—产出比被假定为不变，即投资率是不变的。因而储蓄率 s 就成为决定经济增长率的唯一因素。在罗斯托（Rostow）"起飞"理论中，一个国家或是地区的投资率或储蓄率必须达到 10% 以上才会带来一国经济的顺利"起飞"。罗宾逊（Robinson）的新剑桥增长模型认为在既定的自然增长率和资本产出比下，社会的储蓄率包括资本家储蓄率和工人储蓄率两部分，可通过调节这两个储蓄率实现充分就业下的均衡经济增长。也有模型研究储蓄率变化与经济长期增长的关系，认为储蓄率水平的高低决定人均资本存量的高低。永久性增加储蓄率将暂时增加社会的平均产出增长率，但它并不影响长期平均产出增长率。根据国民收入均衡公式 $S = I$ 来看，假定既定的储蓄可以全部转化为投资，那么储蓄就等于投资。资本存量是决定生产率的关键因素，而资本的重要来源是储蓄，因此储蓄影响社会生产率。

国外学者对于储蓄率和经济增长关系的实证研究多于理论研究，研究对象大多为发达或发展中的市场经济国家或地区，研究结论不尽相同。这些研究并没有考虑到 FDI。他们研究采用的实证分析中的数据样本多为 5 年或 10 年平均数据或时间序列数据，没有对这些数据进行单位根检验和（或）协整关系的检验，实证方法或多或少的存在某种缺陷。因此，所有这些均可能导致实证研究得出错误的结论，这是国外研究的不足之处。但是，国外学者研究这些问题所采用的研究方法，给予我国学者立足于本国的实际情况，研究我国储蓄率与经济增长的关系具有重要的参考意义，有利于我国学者从各角度更深入的研究我国储蓄率与经济增长之间的关系。

（二）国内文献综述

国内学者对于居民储蓄与经济增长的研究和评论很多，这些研究成果主要围绕以下两个主题：第一，分析导致我国长期的高储蓄率现象的基本原因？第二，高储蓄率水平对于我国长期的经济发展是否有利？学者们对于储蓄率应该处于一个什么样的水平对经济增长最有益没有给出一个确凿的结论。鉴于本研究涉及的是国内储蓄与经济增长的关系，因此，对于我国高储蓄率形成的原因，本文并未给出文献总结与概括。而只针对国内储蓄是否会影响我国居民的经济增长给出了文献概述。这些文献并没有涉及FDI，也没有分析 FDI 和国内储蓄在积本积累上的作用和关系。

胡雅琴（2006）基于中国的数据运用 VAR 模型研究储蓄率、投资率与经济增长之间的动态相关性，结果表明经济增长率分别是投资率和储蓄率的格兰杰原因，但储蓄率对经济增长率的影响并不显著。王亚男（2009）通过对中国 1952～2004 年间的年度数据的实证分析，指出中国经济增长的金融支持依赖于银行贷款，而银行贷款又依赖于居民储蓄，因此高居民储蓄率使得经济增长对储蓄率变动有着较强的敏感性。汪伟（2008）通过中国 1952～2006 年的样本数据，运用向量自回归模型研究了中国储蓄率、投资率与经济增长之间的动态相关性。研究结果表明，储蓄率、投资率与经济增长率之间存在较强的当期相关性，他们之间存在稳定的影响关系与影响方向。芦东（2011）通过建立三期迭代模型，指出了收入增长率同居民储蓄率正相关，但是西部地区无此关系，西部地区的居民储蓄率惯性最大。

结合国内外相关学者的研究，本文认为储蓄率的变化与经济增长之间存在着重要的相关关系，并且储蓄仍然是经济发展的重要因素。而随着我国经济对外开放的扩大，关于 FDI 的研究也越来越重要。特别是 2008 年国际金融危机以来，我国外贸出口受到严重冲击，吸引 FDI 却仍长盛不衰，通过 FDI、储蓄与经济增长这三者关系的研究来阐明储蓄率的变化与经济增长之间的关系，是本研究的主要目的。

第三节 FDI、居民储蓄率与我国经济增长的现状分析

一、FDI的现状及变动态势

根据经济合作与发展组织（OECD）的定义，外商直接投资（FDI）就是"一个经济体中的常住实体（直接投资者）以在投资者母国之外建立企业形式的，以永久性利益为目标的国际投资活动"。

自从1978年经济改革以来，我国外商直接投资（FDI）取得了相当大的进展，并成为中国经济得以高速发展的一个重要原因。之后，随着社会主义市场经济体制的进一步完善及改革开放的进一步推进与深化，中国的投资环境和市场运行环境日益改善，加之中国劳动力资源丰富带来的低成本优势及中国的未来不断发展的巨大市场空间，吸引了越来越多的外商来华投资。吸取外商直接投资是我国对外开放，加快市场经济建设的重要组成部分，也是中国顺应经济全球化趋势，主动参与国际分工的积极举措。经过30多年的发展，我国吸引外资取得了巨大的成就，并呈现出了显著的特点。

第一，FDI投资规模与速度迅速扩大，并不断创新高。这期间我国吸引FDI数量巨大，质量不断提高，规模不断扩大，外商投资企业不断增加，投资领域逐渐多元。外商直接投资已成为中国利用外资的最主要的形式，我国利用外资的数量和规模都呈稳步增长之势。

第二，投资领域不断扩展。外商直接投资遍及我国第一、二、三产业的几乎所有行业，主要分布在第二产业，并不断向服务业倾斜。我国吸收的外商直接投资主要集中在第二产业，如制造业，其中电子信息、汽车制造、家用电器等技术密集型产业吸引了较多的外资，第一产业和第三产业相对较少，但是近年来情况有所好转，第一、三产业吸收的外资总额已经上升到48%，现代农业、民生服务和商贸服务吸收的外资不断增多。表明我国利用外资的结构趋于优化。与此同时，我国的服务外包产业也得到了快速发展，目前我国已经成为国际第二大离岸服务外包目的地市场。服务

业实际使用外资金额在全国所占比重越来越重，并在将来占据主导地位。

第三，外商直接投资方式不断增加。外商直接投资方式包括合资经营企业、合作经营企业、独资经营企业、合作开发、补偿贸易和其他，其所占实际利用外资金额的比重高达 83.37%。并且投资方式由中外合资为主变为外商独资为主。数据显示，在 2005 年后，独资经营的外资企业合同利用外资额连续占合同利用外资总额七成以上，并以绝对优势成为最活跃的投资方式。

第四，外商投资在我国东部为 FDI 主要的区域。目前，外商直接投资多数集中于我国东部沿海经济发展迅速的地带。由于东部沿海地带对外开放历史相对较早，地理位置优越，加上存在大量的廉价劳动力，吸引了大量的外商直接投资。改革开放以来，这些地区率先实行了招商引资的政策，投资环境的改善使得这里成为吸收外国直接投资最多的地方。珠江三角洲，长江三角洲和环渤海地区都是吸收外资比较集中的地区。

第五，投资来源以亚洲为主导。在外资的来源方面，亚洲国家和地区仍占主要部分，但是其他国家和地区对中国内地投资也实现了增长。2010年，亚洲十国对中国内地实际投资额达到 881.79 亿美元。中国香港、中国台湾和新加坡是对中国内地实际投资金额最多的国家和地区。欧盟对中国内地实际投资额为 65.89 亿美元，同比增长 10.71%。

由于前文已对我国利用 FDI 做了比较详细而又具体的描述，具体包括 FDI 流入量、FDI 流入增长率、外资依存度、外资来源地区、外资流入我国地区以及外资流入行业等方面，最后还给出了中国利用 FDI 的结论以及政策建议。因此，这里不再对 FDI 利用状况做细致的描述。

二、我国居民储蓄存款与储蓄率的现状及变动态势

（一）我国居民储蓄存款的现状及变动态势

一个国家或是地区资本积累的源泉是储蓄，一个国家或是地区经济增长的基础也是储蓄。因此储蓄是资本的来源，是国家或是地区进行投资的根本前提，高的储蓄—投资转化效率可以促进资本形成进而推动经济增长。发展经济学认为，一国的经济发展归根到结底取决于本国的积累能力和资源使用效率，储蓄能否完全转化为投资，对一国经济的稳定增长至关

重要。

储蓄是产出或收入用于消费之后的剩余（S = Y – C），如果一个国家或是地区出现经常账户的赤字，则从侧面反映了该国或是该地区国内储蓄水平低的现状。我国居民储蓄近年来呈现越来越多的趋势，对于国民经济增长的作用越来越大。关于全国居民储蓄存款的具体情况，我们从年份以及地区两个角度给以具体的分析。从年份上分析我国居民储蓄存款，结果如表 6 – 1 所示。

表 6 – 1 　　　　2001 ~ 2012 年我国居民储蓄存款余额及其增长率

年份	人民币储蓄存款余额	比上年增长（%）	年份	人民币储蓄存款余额	比上年增长（%）
2001	73762.33	0.15	2008	216932.7	0.26
2002	86908.2	0.18	2009	258809.6	0.19
2003	103611	0.19	2010	300844.4	0.16
2004	119196	0.15	2011	342299.1	0.14
2005	140641.3	0.18	2012	398247.2	0.16
2006	161029.6	0.14	平均	197829.8	0.16
2007	171675.9	0.07			

结合表 6 – 1 和图 6 – 1 来看，我国居民的人民币储蓄存款总额自从 2001 年以来，逐年增加，每年呈稳定的增长态势。从 2001 年的 73762.33 亿元人民币，到 2012 年达到了 398247.2 亿元的储蓄，这 12 年差额为 324484.87 亿元人民币，储蓄存款数额增长巨大。从城乡居民储蓄存款的增长率来看，我国居民每年储蓄存款都呈正向的增长，每年均保持了 10% 以上的增长速度，但是每年的增长变化起伏比较大。这期间，2007 年到 2008 年储蓄增加最多，增长率达到了 26% 的水平，也就是说 2008 年城乡居民储蓄存款比 2007 年的城乡居民储蓄存款增加了 26 个百分点。从 2001 年以来人民币储蓄存款增长率一直上涨，在 2004 年有下降，经过 2005 年的稍微增长之后一直到 2007 年，储蓄增长率呈下降的趋势，但是 2008 年城乡居民储蓄快速增长，达到了 26% 的增长水平，是人民币储蓄存款历史最高增长率，之后到 2011 年一直呈下降趋势，但是到 2012 年增长率继续上扬。

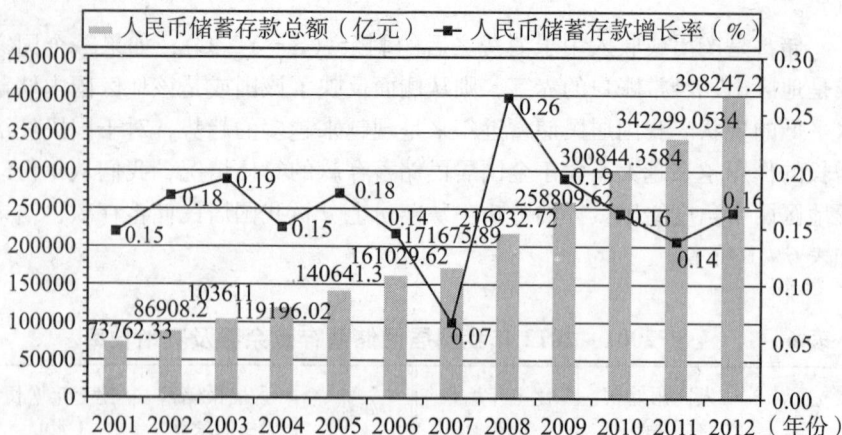

图 6-1 2001～2012 年我国城乡居民储蓄存款总额及其增长率变化

资料来源：根据中国统计出版社《中国统计年鉴》2001～2012 年的数据整理得到。

我国居民储蓄存款每年都呈递增趋势，但是不同地区居民储蓄存款由于其地区经济发展状况及消费者消费习惯的不同而有所区别。所以，我们仅就 2012 年的城乡居民人民币储蓄存款数据分析我国 31 个省市不同地区的居民储蓄水平。图标中的数据我们已根据地区居民储蓄水平的高低，进行了排序整理。地区居民储蓄存款及其占全国储蓄水平的比重情况如表6-2 所示。

表 6-2　　　我国各省市居民储蓄存款总额及其占比

省市	人民币储蓄存款余额	占比	省市	人民币储蓄存款余额	占比
广东	45533.8	0.114	黑龙江	9269.2	0.023
江苏	30057.2	0.075	江西	8471.9	0.021
浙江	26406.8	0.066	重庆	8361.6	0.021
山东	26343.3	0.066	广西	7900.8	0.020
北京	21644.9	0.054	云南	7744.7	0.019
河北	20665.1	0.052	天津	7055.4	0.018

省市	人民币储蓄存款余额	占比	省市	人民币储蓄存款余额	占比
上海	19506.7	0.049	吉林	6875.1	0.017
四川	19438.3	0.049	内蒙古	6597.2	0.017
辽宁	17785.9	0.045	新疆	5281.8	0.013
河南	17469	0.044	甘肃	5050.1	0.013
湖北	13419.7	0.034	贵州	4806.1	0.012
湖南	12578.3	0.032	海南	2172.7	0.005
山西	11997	0.030	宁夏	1679.4	0.004
安徽	11178.6	0.028	青海	1275.3	0.003
陕西	10770	0.027	西藏	403.9	0.001
福建	10507.4	0.026	平均	12846.68	—

　　结合表 6-2 及图 6-2 所示，我国居民储蓄水平最高的地区为广东省，其次为江苏省、浙江省、山东省、北京市，这是排在前五位的省市；尤其是广东省的居民储蓄存款总额高达 45533.8 亿元，占据全国居民储蓄存款总额的 11.4%，远高于排在第二位的江苏省；这些省份和地区均位于我国的东部地区，东部地区由于经济发达，经济总量大，居民储蓄水平高于全国其他地区。其次居民储蓄存款的排序为河北省、上海市、四川省、辽宁省、河南省，这些位于全国居民储蓄存款的前十位；位于全国居民储蓄存款 11~20 位的是湖北省、湖南省、山西省、安徽省、陕西省、福建省、黑龙江省、江西省、重庆市、广西壮族自治区；而位于全国居民储蓄存款 21~30 位的是云南省、天津市、吉林省、内蒙古自治区、新疆自治区、甘肃省、贵州省、海南省、宁夏回族自治区、青海省；西藏自治区位于全国居民存款储蓄的末位。我们可以看出，居民储蓄存款总额排在后面的地区位于我国的西部地区，因为西部地区相对于我国东中部地区经济不发达，基础设施建设落后，人民生活水平落后，因此其居民储蓄存款相对不足。

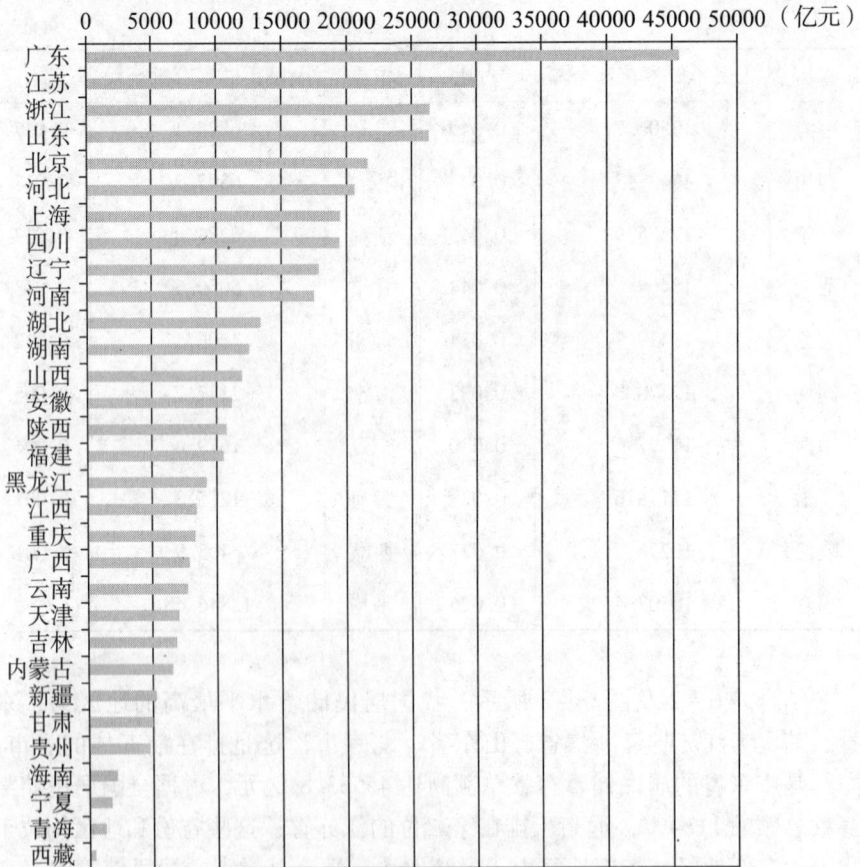

图 6 - 2 2012 年我国各省市城乡居民储蓄存款余额

资料来源：根据中国统计出版社《中国统计年鉴》2001~2012 年的数据整理得到。

（二）我国居民储蓄率的现状及变动态势

储蓄是广义概念，包括狭义的国内储蓄、国际收支经常账户顺差及外汇储备。储蓄率指个人可支配收入总额中储蓄增加量所占的百分比。自 2009 年以来，我国储蓄率排名世界第一，人均储蓄超过一万元，究其原因是中国社会保障不足，大家只能自己储备以备不时之需。国际货币基金组织公布数据显示，中国的国民储蓄率从 20 世纪 70 年代至今一直居世界前列，90 年代初居民储蓄占国民生产总值的 35% 以上，到 2005 年中国储蓄率更是高达 51%，而全球平均储蓄率仅为 19.7%。2009 年我国居民储蓄余额已经突破了 18 万亿元。2013 年 9 月，我国居民储蓄连续 3 个月突破 43 万亿元，人均储蓄超过 3 万元，为全球储蓄金额最多的国家。高储蓄率阻碍中国经济的发展，是导致国内消费动力不足的原因之一。当前的当务之急是逐步降低当前过高的储蓄率，优化消费金融环境，努力提高居民生活保障，让他们敢于消费、主动消费，从而加速中国经济走出低谷，推动经济转型。

关于全国居民储蓄率的具体情况，我们从年份以及地区两个角度给以具体的分析。从年份上分析我国居民储蓄率，结果如表 6-3 所示。

表 6-3　　　2001～2012 年我国居民储蓄率及其增长率

年份	居民储蓄率（%）	比上年增长（%）	年份	居民储蓄率增长率（%）	比上年增长（%）
2001	42.93	—	2008	50.12	2.78
2002	43.32	0.93	2009	50.08	-0.09
2003	44.17	1.96	2010	51.54	2.92
2004	46.50	5.26	2011	51.98	0.86
2005	46.46	-0.08	2012	51.16	-1.58
2006	48.07	3.46	平均	47.93	—
2007	48.77	1.46			

结合表 6-3 与图 6-3 反映看来，我国居民储蓄率总体上呈现逐步上升的趋势，平均储蓄率为 47.93%。这说明，我国居民储蓄存款率偏高，居民消费比较低，我国居民对于收入分配来说，相较于消费、投资，更倾向于储蓄。2007 年之前，我国居民的储蓄率为 40% 以上，2007 年之后，我国居民的储蓄率已经超过了 40%，达到了 50% 的水平，2011 年达到了最高点，为 51.98%，2012 年又有所下降。从储蓄率的增长率来看，除了 2005 年、2009 年、2012 年增长率有所下降之外，其余年份都在上升。2012 年的增长率下降 1.58%，我国居民储蓄率有所下降。增长率最高的为 2008 年，达到了 2.78% 的水平。从总体上看，我国居民的储蓄率处于比较高的位置，不利于我国经济的健康发展。

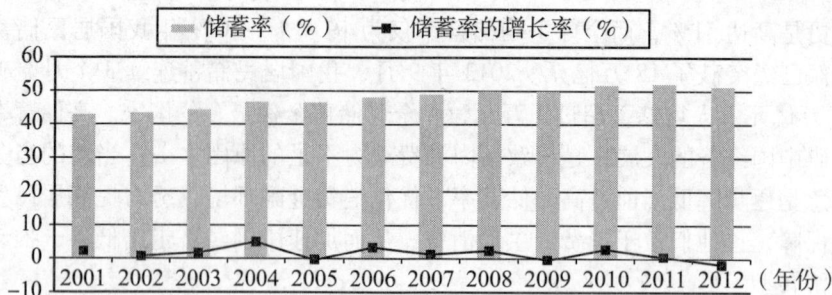

图 6 - 3　2001～2012 年我国居民储蓄率及其增长率

资料来源：根据中国统计出版社《中国统计年鉴》2001～2012 年的数据整理得到。

我国居民储蓄率总体上处于比较高的水平，但是不同地区居民储蓄率根据其地区经济发展状况及消费者消费习惯和偏好的不同而有所区别。所以，本文仅就 2012 年的城乡居民人民币储蓄率数据分析我国 31 个省市不同地区的居民储蓄率。图标中的数据我们已根据地区居民储蓄率的高低，进行了排序整理。地区居民储蓄率及其与我国其他省市的排名情况如表 6 - 4 所示。

表 6 - 4　　　　　　　2012 年我国各省市储蓄率及其排名

省市	储蓄率（%）	排名	省市	储蓄率（%）	排名
天津	62.16	1	山西	54.54	12
内蒙古	60.68	2	湖南	54.11	13
福建	59.99	3	重庆	52.73	14
辽宁	59.46	4	浙江	52.37	15
山东	58.92	5	海南	51.45	16
吉林	58.61	6	江西	51.24	17
河北	58.30	7	安徽	50.97	18
江苏	57.98	8	四川	50.04	19
陕西	55.81	9	广西	50.00	20
湖北	55.13	10	宁夏	49.43	21
河南	54.94	11	广东	48.72	22

第六章　储蓄率、FDI 与经济增长的互动关系研究

续表

省市	储蓄率（%）	排名	省市	储蓄率（%）	排名
青海	47.33	23	甘肃	41.10	28
黑龙江	46.97	24	北京	40.41	29
新疆	43.21	25	云南	38.83	30
上海	42.88	26	西藏	35.43	31
贵州	42.34	27	平均	51.16	—

　　结合表 6 - 4 与图 6 - 4 所示，我国 2012 年各省市的居民储蓄率均值达到了 51.16% 的水平，处于比较高的储蓄水平。这表明，我国居民的收入相较于消费与投资来说，更倾向于储蓄。我国居民更愿意把剩余的闲钱放在银行中储蓄，而不是消费，说明消费倾向比较低。我国各省市的储蓄率最高的是天津市，储蓄率水平为 62.16%，排在全国第 1 的位置上；西藏地区的储蓄率为 35.43%，排在全国最后的位置。高于全国平均储蓄率水平的省市有 17 个，其余省份的储蓄率低于全国平均水平。我国储蓄率排名分别为天津市、内蒙古自治区、福建省、辽宁省、山东省、吉林省、河北省、江苏省、陕西省、湖北省、河南省、山西省、湖南省、重庆市、浙江省、海南省、江西省、安徽省、四川省、广西自治区、宁夏自治区、广东省、青海省、黑龙江省、新疆自治区、上海市、贵州省、甘肃省、北京市、云南省、西藏自治区。东、中、西部地区的储蓄水平有高有低，储蓄率水平地区差距不明显。全国各省市储蓄率水平在 60% 以上的有天津与内蒙古 2 个地区，分别位于我国的东部与西部地区；储蓄率水平处于 50% ～ 60% 的有 18 个省市地区，我国绝大部分地区的储蓄水平介于 50% ～ 60% 的水平，这些地区在我国东中西部地区均有分布。储蓄率水平介于 40% ～ 50% 水平的有 9 个省市地区，这些地区在我国东中西部均有分布；而云南与西藏地区的储蓄率水平为 38.83% 与 35.43%，位于我国的西部地区，这些地区的储蓄率水平最低。从上述数据分析看来，我国东部地区的储蓄水平也是比较高的，东部地区的居民收入相较于中西部地区比较高，因此这些地区的居民有更多的收入可以用来储蓄，中西部地区的居民收入水平比较低，收入中消费之后的剩余相较于东部地区较少，因而储蓄率水平也就比较小。

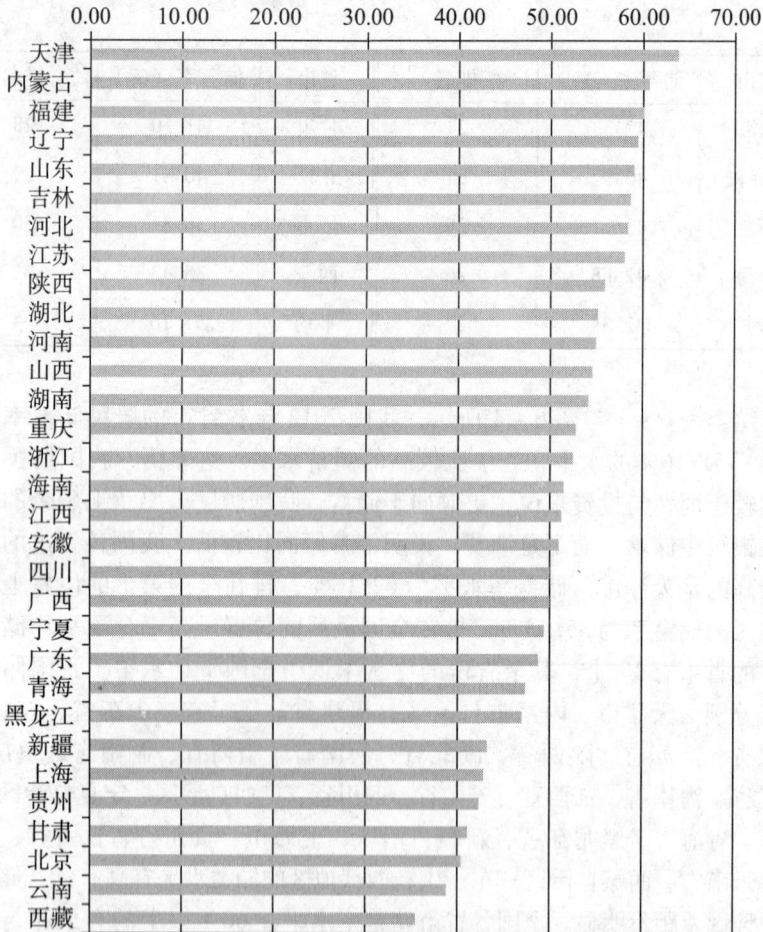

图 6 – 4   2012 年我国各省市储蓄率及其排名

资料来源：根据中国统计出版社《中国统计年鉴》2001～2012 年的数据整理得到。

三、我国国民经济发展的现状及变动态势

中国 GDP 的核算历史不长，20 世纪 80 年代之前通常用"社会总产值"来衡量经济发展情况。20 世纪 90 年代初中国才开始研究联合国国民经济核算体系的国内生产总值（GDP）指标。1985 年开始中国建立 GDP 核算制度，1992 年，正式取消国民收入核算，GDP 成为国民经济核算的核心指标。因此，本研究采用 GDP 来表示我国国民经济的发展状况。

下面从年份以及地区两个角度给以国内生产总值具体的分析。首先，从年份上分析我国国民经济运行状况。结果如表 6 - 5 所示。

表 6 - 5 　　2001 ~ 2012 年我国国内生产总值及其增长率

年份	国内生产总值（亿元）	国内生产总值增长率（%）	年份	国内生产总值（亿元）	国内生产总值增长率（%）
2000	98000. 5	—	2007	279736. 3	0. 17
2001	108526. 3	10	2008	333314	0. 16
2002	120579. 0	10	2009	365303. 7	0. 09
2003	139188. 0	13	2010	437042	0. 16
2004	167505. 5	17	2011	521441. 1	0. 16
2005	199206. 3	16	2012	576551. 8	0. 10
2006	232815. 3	14	均值	290100. 8	

结合表 6 - 5 和图 6 - 5 来看，我国国内生产总值自从 2001 年以来，逐年增加，每年呈稳定的增长态势。从 2001 年的 108526. 3 亿元人民币，到 2012 年达到了 576551. 8 亿元，这 12 年差额为 468025. 5 亿元人民币。从城乡居民储蓄存款的增长率来看，我国居民每年储蓄存款都呈正向的增长，但是每年的增长变化又有起伏。这期间，2001 ~ 2004 年，国内生产总值

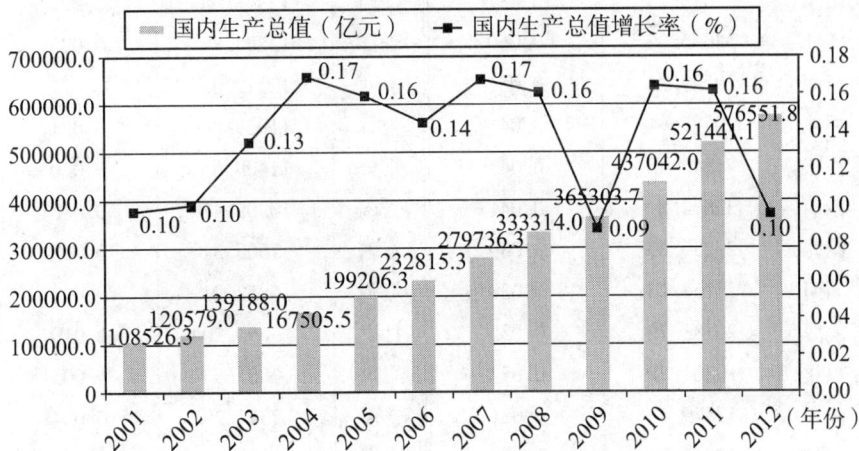

图 6 - 5 　2011 ~ 2012 年我国国内生产总值及其增长率

资料来源：根据中国统计出版社《中国统计年鉴》2001 ~ 2012 年的数据整理得到。

增长率连年增长，在 2004 年达到最高。2004 年后又继续下降直到 2006 年开始继续上涨；由于 2008 年金融危机的影响，我国国民经济受到影响，生产总值在 2009 年增幅达到历史最小，为 9% 的增长率；之后经济又开始稳步增长，2012 年经济增速放缓。国民经济增长率保持在 10% 的增长率上，维持了我国国民经济连年增长的态势。

我国国内生产总值每年都呈递增趋势，但是不同地区经济发展水平不同，尤其是我国东中西部三大地带，经济发展水平不同。东部地区处于我国沿海地区，对外开放较早，率先发展，国民经济发展良好，经济发达，基础设施良好，经济发展的环境优越；中部地区位于我国内陆，环境污染、资源浪费，经济发展较东部地区落后；而西部地区位于我国内陆地带，经济发展所需环境不足，基础设施建设不足，经济发展落后。图标数据已根据 2012 年的地区国内生产总值的高低，进行了排序整理。地区国内生产总值及其占据全国的比重情况如表 6-6 所示。

表 6-6　　　　　2012 年地区国内生产总值及其占比

省份	地区生产总值（亿元）	地区生产总值占比（%）	省份	地区生产总值（亿元）	地区生产总值占比（%）
广东	57067.92	0.099	黑龙江	13691.58	0.024
江苏	54058.22	0.094	广西	13035.1	0.023
山东	50013.24	0.087	江西	12948.88	0.022
浙江	34665.33	0.060	天津	12893.88	0.022
河南	29599.31	0.051	山西	12112.83	0.021
河北	26575.01	0.046	吉林	11939.24	0.021
辽宁	24846.43	0.043	重庆	11409.6	0.020
四川	23872.8	0.041	云南	10309.47	0.018
湖北	22250.45	0.039	新疆	7505.31	0.013
湖南	22154.23	0.038	贵州	6852.2	0.012
上海	20181.72	0.035	甘肃	5650.204	0.010
福建	19701.78	0.034	海南	2855.54	0.005
北京	17879.4	0.031	宁夏	2341.29	0.004
安徽	17212.05	0.030	青海	1893.54	0.003
内蒙古	15880.58	0.028	西藏	701.03	0.001
陕西	14453.68	0.025	均值	18598.45	—

结合表 6 - 6 及图 6 - 6 所示，2012 年我国经济发展水平最高的地区为广东省，其次为江苏省、山东省、浙江省、河南省，这是排在前五位的省市；尤其是广东省的国内生产总值总额高达 57067.92 亿元，占据全国国内生产总值的 9.9%，这些省份和地区大都在我国的东部地区。其次国内生产总值的排序为河北省、辽宁省、四川省、湖北省、湖南省，这些位于全国国内生产总值的前十位；位于全国国内生产总值 11～20 位的是上海市、福建省、北京市、安徽省、内蒙古自治区、陕西省、黑龙江省、广西自治区、江西省、

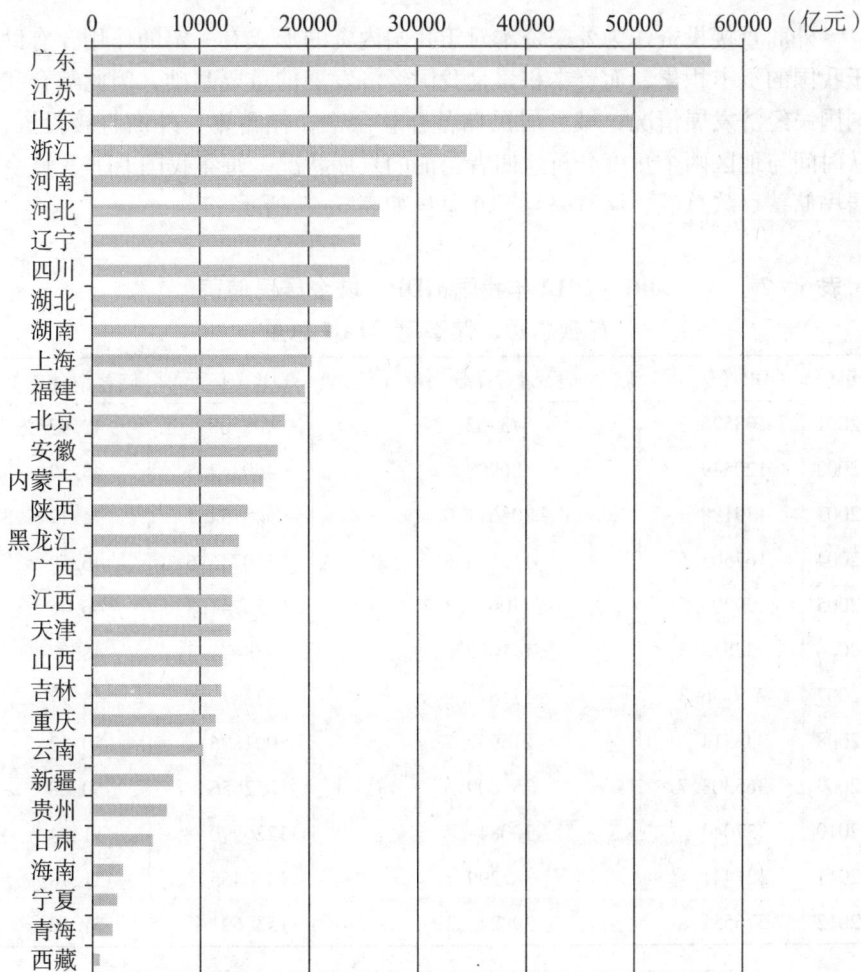

图 6 - 6 2012 年地区生产总值

资料来源：根据中国统计出版社《中国统计年鉴》2001～2012 年的数据整理得到。

天津市；而位于国民生产总值 21～30 位的是山西省、吉林省、重庆市、云南省、新疆自治区、贵州省、甘肃省、海南省、宁夏回族自治区、青海省；西藏自治区位于全国经济发展的末位。我们可以看出，国民生产总值排在后面的地区都位于我国的西部地区。

四、小结

外商直接投资作为外来资本对于我国内资的形成有一定的作用，有助于我国的资本积累，而资本积累是我国经济发展的重要基础，因此综合我国国民经济发展情况，城乡居民储蓄存款余额，储蓄率、外商直接投资，从时间与地区两个角度分析这四者当前的发展状况。每年我国 GDP、城乡居民储蓄存款总额、储蓄率与 FDI 总量如表 6-7 所示。

表 6-7　　　　2001～2012 年我国 GDP、城乡居民储蓄
存款总额、储蓄率、FDI 总量

年份	GDP（亿元）	城乡居民储蓄存款余额（亿元）	FDI（亿元）	储蓄率（%）
2001	108526.3	73762.33	401708.1	42.93
2002	120579	86908.2	460342.5	43.32
2003	139188	103611.0	540154.2	44.17
2004	167505.5	119196.0	530746.6	46.50
2005	199206.3	140641.3	656741.8	46.46
2006	232815.3	161029.6	788471.3	48.07
2007	279736.3	171675.9	938813.8	48.77
2008	333314	216932.7	1001896	50.12
2009	365303.7	258809.6	1052656	50.08
2010	437042	300844.4	1220990	51.54
2011	521441.1	342299.1	1400455	51.98
2012	576551.8	398247.2	1531691	51.16

结合表 6-7 和图 6-7 来看，我国 2001～2012 年国民经济、城乡储蓄总额、外商直接投资总额每年均呈上升的趋势，并且，三者的变动呈一

致的趋势。GDP 与城乡居民储蓄存款总额呈现平缓的增长趋势，但是 FDI 增长趋势有波动，但三者总体均呈上涨趋势，但 2007 年以后，增长速度明显加快。

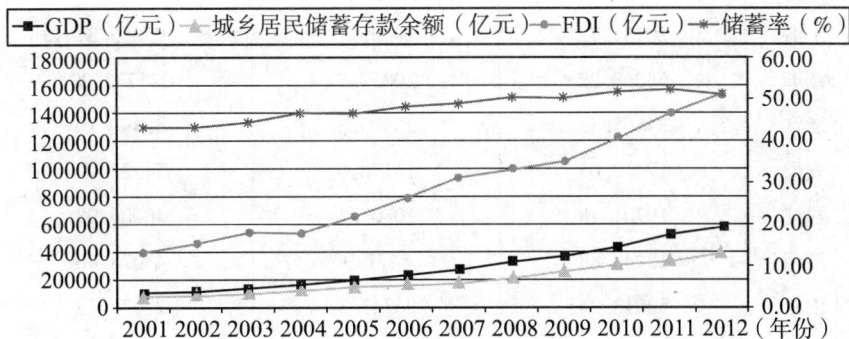

图 6－7　2001～2012 年我国 GDP、城乡居民储蓄
存款总额、储蓄率、FDI 总量趋势图

资料来源：根据中国统计出版社《中国统计年鉴》2001～2012 年的数据整理得到。

　　我国国民经济、城乡储蓄、外商投资均有了很大程度的提高。仅从 2012 年一年我国 31 个省市来看，其结果如表 6－8 所示。

表 6－8　　　　2012 年我国各地区 GDP、城乡居民储蓄
存款余额、FDI 总量

省市	国内生产 总值（亿元）	城乡居民储蓄 存款余额（亿元）	外商直接 投资（亿元）
北京	17879.40	21644.9	50762.60
天津	12893.88	7055.4	94790.58
河北	26575.01	20665.1	36643.18
山西	12112.83	11997.0	15805.20
内蒙古	15880.58	6597.2	24891.39
辽宁	24846.43	17785.9	169131.80
吉林	11939.24	6875.1	10407.10

省市	国内生产总值（亿元）	城乡居民储蓄存款余额（亿元）	外商直接投资（亿元）
黑龙江	13691.58	9269.2	24618.50
上海	20181.72	19506.7	95855.31
江苏	54058.22	30057.2	225732.20
浙江	34665.33	26406.8	82499.70
安徽	17212.05	11178.6	54528.07
福建	19701.78	10507.4	40006.98
江西	12948.88	8471.9	43078.46
山东	50013.24	26343.3	77976.23
河南	29599.31	17469.0	76493.42
湖北	22250.45	13419.7	35766.06
湖南	22154.23	12578.3	38416.87
广东	57067.92	45533.8	148653.80
广西	13035.10	7900.8	4725.10
海南	2855.54	2172.7	10360.01
重庆	11409.60	8361.6	66492.53
四川	23872.80	19438.3	61868.81
贵州	6852.20	4806.1	3100.45
云南	10309.47	7744.7	13818.06
西藏	701.03	403.9	1098.50
陕西	14453.68	10770.0	18534.07
甘肃	5650.20	5050.1	385.69
青海	1893.54	1275.3	1298.99
宁夏	2341.29	1679.4	1376.13
新疆	7505.31	5281.8	2575.18

　　结合表6-8和图6-8所示，我国各地区的国民经济、城乡居民储蓄、外商直接投资均保持了一致的变化，国民经济发展良好的地区，城乡储蓄和外商直接投资较高；外商直接投资高的地区，其城乡居民储蓄、国

民经济发展也较好；而外商直接投资和城乡储蓄较高的地区，其国民经济发展也较好。从趋势图来看这三者保持了一致的变化，可以推断，这三者之间有一定的互相作用影响。

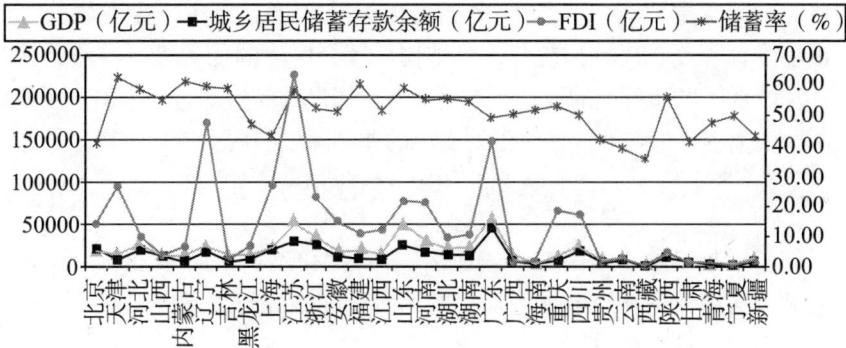

图 6-8　2012 年我国 GDP、城乡居民储蓄存款、FDI 总量趋势图

资料来源：根据中国统计出版社《中国统计年鉴》2001～2012 年的数据整理得到。

第四节　变量的选取与说明

一、变量的选取

（一）GDP（亿元）

国内生产总值（Gross Domestic Product，GDP）是指在一定时期内（一个季度或一年），一个国家或地区的经济中所生产出的全部最终产品和劳务的价值，常被公认为衡量国家经济状况的最佳指标，它不但可反映一个国家的经济表现，还可以反映一国的国力与财富。

本研究选取我国各省市的 GDP 作为衡量地区经济发展水平的指标。国内外众多学者认为 GDP 是国民经济核算的核心指标，也是衡量一个国家或地区经济状况和发展水平的重要指标。

（二）城乡居民储蓄率（％）

储蓄率指个人可支配收入总额中储蓄增加量所占的百分比。影响储蓄率相关的因素主要有以人均 GDP 衡量的富裕程度、汇率、金融媒介、资本市场发育程度、民族传统、人口结构、社会保障的优劣等。参考其他学者计算城乡居民储蓄率的计算，本研究城乡居民的储蓄率为一个国家或是地区的国内生产总值与地区最终消费支出的差额除以国内生产总值得来，即：

$$居民储蓄率 = \frac{GDP - 最终消费支出}{GDP} \tag{6.1}$$

储蓄率是反映一个国家（或地区）储蓄发展水平的重要指标，本研究选取城乡居民储蓄率反映城乡居民的消费时间偏好与收入支配情况。

（三）FDI（亿元）

FDI 为 Foreign Direct Investment 的缩写形式，即外商直接投资。是一国的投资者（自然人或法人）跨国境投入资本或其他生产要素，以获取或控制相应的企业经营管理权为核心，以获得利润或稀缺生产要素为目的的投资活动。

本研究直接采用各省市的实际外商直接投资额作为外商直接投资的研究数据。这一指标反映了我国经济参与国际市场的开放程度。周春应（2007）认为 FDI 促进经济增长主要是通过国际贸易、国内资本积累、R&D、产业结构升级、就业、人力资本、市场化程度这 8 条传导途径。众多的国内外学者认为在当今开放的国际市场中，FDI 已日益成为促进一国经济发展的重要力量，尤其是对于发展中国家而言力争吸引并利用 FDI 已成为促进本国经济发展的重要手段。

（四）城乡居民人均总收入（元）

城乡居民人均总收入，是城乡居民总收入的平均值。其区别于人均可支配收入，是包括工资性收入、经营净收入、财产性收入、转移性收入在内的扣除税费以及其他一系列费用在内的所有收入。

本研究选取城镇居民平均每人全年家庭总收入作为衡量我国居民人均

收入情况，是衡量居民生活水平的重要指标。

（五）资本存量（亿元）

资本选用的是我国各时期、各省市的资本存量作为研究数据。资本存量是在一定时点上所积存的实物资本，反映在一定时点上人们所实际掌握的物质生产手段。雷辉等采用戈登史密斯（Goldsmith）1951 年开创的永续盘存法（PIM）对 1952～2007 年期间的资本存量进行了估算，本文采用该数据并继续计算至 2010 年。在生产函数中资本与劳动力被认为是推动生产发展的重要投入，大多数研究经济增长的学者认为用资本存量作为度量资本投入的指标是合适的。

二、数据的摘要统计量

本研究选取 2001～2012 年 31 个省市 GDP、外商在华实际直接投资和城乡居民人民币储蓄存款额、居民储蓄率、城乡居民人均总收入来探究 FDI 对我国国内储蓄，FDI、国内储蓄率对 GDP 的影响。其中，外商直接投资数额是各年度实际利用外商直接投资金额。由于统计资料上 FDI 数据是以美元标价，在分析中首先将其用美元对人民币的平均汇率折算成人民币标价的外商直接投资额；GDP 为各年度、各省市实际 GDP，GDP 数额已经按照各年度价格指数做了相应调整，剔除了因为价格变动带来的影响。所有数据均为面板数据，所有数据均来源于 2002～2013 年《中国统计年鉴》，根据需要进行了合并整理。数据的描述统计量如表 6－9 所示。

表 6－9　　　　　　　　数据的摘要统计量

变量	含义	极小值	极大值	均值	标准差	方差
GDP（元）	国内生产总值	139.16	57067.92	9358.09	9700.29	9.41
FDI（元）	外商直接投资	8.77	225732.22	28292.11	38659.11	1.50
I（元）	城乡居民人均总收入	6878.91	62558.18	18961.80	9905.40	9.81
S（%）	居民储蓄率	9.20	62.54	47.93	9.04	81.79
K（亿元）	资本存量	263.59	50013.06	7567.25	7672.61	73.26
面板数据	12×31					

第五节 实 证 分 析

下面建立计量模型，利用2001～2012年31个省市的数据实证分析国内储蓄率对FDI；FDI和国内储蓄率对经济增长的影响。

借鉴 C. 陈等人（Chen C. et al.，1995）的模型，建立多元回归对数线性模型：

$$\ln(\text{FDI}) = a_0 + a_1\ln(K) + a_2\ln(s) + a_3(\text{GDP}) \tag{6.2}$$

$$\ln(\text{GDP}) = b_0 + b_1\ln(s) + b_1\ln \tag{6.3}$$

一、储蓄率对 FDI 的影响研究

（一）数据的单位根检验

为了防止伪回归问题的出现，首先要对数据进行平稳性检验。平稳检验方法较多，这里采用 Levin、ADF、IPS、PP 四种方法来进行检验。由于数据的自然对数变换不改变原来的数据关系，并能使其趋势线性化，消除时间序列中存在的异方差现象，所以对我国城乡居民储蓄存款总额、外商直接投资、城乡居民人均总收入进行自然对数变换，对各变量进行平稳性检验。变量的单位根检验结果如表6-10所示。

表 6-10   面板数据单位根检验

变量	Levin 检验值	IPS 检验值	ADF 检验值	PP 检验值	结果
ln(S)	1.569 (0.942)	8.654 (1.000)	10.748 (1.000)	43.199 (0.967)	不平稳
ln(K)	6.739 (1.000)	15.742 (1.000)	8.732 (1.000)	7.933 (1.000)	不平稳
ln(GDP)	1.172 (0.879)	8.876 (1.000)	12.411 (1.000)	40.677 (0.984)	不平稳

续表

变量	Levin 检验值	IPS 检验值	ADF 检验值	PP 检验值	结果
ln(FDI)	− 8.590 (0.000)	− 0.374 (0.354)	80.221 (0.060)	93.243 (0.006)	不平稳
Δln(S)	− 15.187 (0.000)	− 8.953 (0.000)	181.643 (0.000)	240.291 (0.000)	平稳
Δln(K)	− 5.877 *** (0.000)	− 2.512 *** (0.006)	80.292 ** (0.018)	92.493 *** (0.002)	平稳
Δln(GDP)	− 13.500 *** (0.000)	− 8.895 *** (0.000)	181.119 *** (0.000)	289.610 *** (0.000)	平稳
Δln(FDI)	− 15.683 (0.000)	− 9.873 (0.000)	193.682 (0.000)	245.615 (0.000)	平稳

注：*** 表示在1%的水平下统计检验显著。

单位根检验结果从表 6 - 10 可知，ln(S)、ln(K)、ln(GDP) 和 ln(FDI) 均是一阶单整，即均是 I(1)，所有数据均表现出了平稳性特征，因此可以采用面板数据进行回归分析。

(二) 面板数据回归分析结果

采用面板数据回归分析我国国内储蓄率、资本存量与外商直接投资的关系，要首先进行 Hauseman 检验 (Mundlak, 1978)，以决定采用固定效应还是随机效应。在表中我们发现相伴概率为 0.0000 (小于 0.1)，也就是说，应该采用固定效应 (Fixed) 进行回归分析。为了便于比较，表 6 - 11 还给出了混合回归的结果。

表 6 - 11　　　　　　　面板回归分析结果

变量	含义	混合回归	固定效应
C	常数	1.472 *** (0.411)	2.758 *** (2.696)
ln(S)	国内储蓄率	0.250 *** (6.516)	0.116 *** (4.052)

变量	含义	混合回归	固定效应
ln(K)	资本存量	−0.044 *** (−5.151)	−0.012 * (−0.102)
ln(GDP)	国内生产总值	1.924 *** (13.071)	0.667 *** (0.966)
Hauseman	—		31.540
P			0.000
R^2	—	0.734	0.945

注：*** 表示在1%的水平下统计检验显著。

从回归结果看，FDI 对于国内储蓄的影响模型为：

$$\ln(S) = -4.389 + 0.031\ln(FDI) + 1.269 \qquad (6.4)$$

R^2 检验的结果为0.945，这说明模型方程的拟合优度高，显示了国内储蓄率与资本存量对外商直接投资的影响。居民储蓄率与国内生产总值对外商直接投资呈现正向关系，而资本存量对外商直接投呈现负向关系。从弹性系数看，国内生产总值对外商直接投资有着正向的作用关系，是影响外商直接投资的首要原因；而居民储蓄率对外商直接投资的贡献作用要小于国内生产总值，其弹性系数为0.116，即居民储蓄率每增加百分之一会带来我国外商直接投资增加0.116个单位。这说明，居民储蓄率对吸引外商直接投资具有正向的作用。此外混合回归结果中，居民储蓄率对于外商直接投资的作用要更大，而资本存量对于外商直接投资的作用是负的，即增加国内资本存量，会减小我国吸引的外商直接投资。

此外面板回归结果中，要素弹性系数大小的次序和混合回归相同，从另一个角度也说明了回归结果的稳健性。

二、储蓄率、FDI 对经济增长的影响研究

（一）数据的单位根检验

同理，对于 FDI、储蓄率对经济增长影响的数据首先做单位根检验，其结果如表6-12所示。

表 6 - 12　　　　　　　　　　面板数据单位根检验

变量	Levin 检验值	IPS 检验值	ADF 检验值	PP 检验值	结果
ln(GDP)	1.172 (0.879)	8.876 (1.000)	12.411 (1.000)	40.677 (0.984)	不平稳
ln(s)	-5.345 (0.000)	-0.481 (0.315)	65.961 (0.342)	101.232 (0.001)	不平稳
ln(FDI)	-8.590 (0.000)***	-0.374 (0.354)	80.221 (0.060)*	93.243 (0.006)***	不平稳
Δln(GDP)	-13.500*** (0.000)	-8.895*** (0.000)	181.119*** (0.000)	289.610*** (0.000)	平稳
Δln(s)	-13.544*** (0.000)	-8.291*** (0.000)	171.080*** (0.000)	220.190*** (0.000)	平稳
Δln(FDI)	-15.683*** (0.000)	-9.873*** (0.000)	193.682*** (0.000)	245.615*** (0.000)	平稳

注：*** 表示在 1% 的水平下统计检验显著。

单位根检验结果从表 6 - 12 可知，ln(GDP)、ln(s) 和 ln(FDI) 均是一阶单整，即均是 (1)，所有数据均表现出了平稳性特征，因此可以采用面板数据进行回归分析。

（二）面板数据回归分析结果

同时，进行 Hauseman 检验，我们发现相伴概率为 0.237（大于 0.1），也就是说，应该采用自由效应（random）进行回归分析。为了便于比较，表 6 - 13 还给出了混合回归的结果。

表 6 - 13　　　　　　　　面板回归分析结果

变量	含义	混合回归	自由效应
C	常数	2.251*** (0.000)	0.609 (0.181)
ln(s)	居民储蓄率	0.499*** (0.004)	0.868*** (0.000)

变量	含义	混合回归	自由效应
ln(FDI)	外商直接投资	0.488 *** (0.000)	0.513 *** (0.000)
Hauseman	—		2.884
P	—		0.237
R^2		0.740	0.700

注： *** 表示在1%的水平下统计检验显著。

从回归结果看，模型回归结果为：

$$\ln(\text{GDP}) = 0.609 + 0.868\ln(s) + 0.513\ln(\text{FDI}) \qquad (6.5)$$

R^2 检验的结果为 0.700，这说明模型方程的拟合优度高，显示了外商直接投资、居民储蓄率对于我国经济增长的影响。居民储蓄率、外商直接投资与经济增长均呈正向的关系。从面板回归结果的弹性系数看，对经济增长作用最大的是我国的居民储蓄率，其弹性系数高达 0.868；其次才是外商直接投资，其弹性系数仅为 0.513。也就是说，我国居民的储蓄率对经济增长的贡献最大，而外商直接投资对经济增长的作用要小于居民储蓄的作用。原因之一，是外商直接投资对国内储蓄具有正向的促进作用，在投资（资本形成）上，外商直接投资挤出或代替了国内储蓄。而国内居民偏高的储蓄率对于经济增长的作用机制是外商直接投资通过作用于国内储蓄，间接促进我国经济的增长。

此外面板回归结果中，要素弹性系数大小的次序和混合回归相同，从另一个角度也说明了回归结果的稳健性。

三、储蓄率、FDI 与经济增长的互动关系研究

本部分继续使用国内居民储蓄率、FDI、国内生产总值为指标，探讨三者之间的互动关系，建立 VAR 模型。VAR 模型主要用于预测和分析随机扰动对系统的动态冲击，冲击的大小、正负及持续的时间。建立 VAR 模型之前，对上述各变量都取自然对数，这样做既可以使其趋势线性化，还可以消除经济面板数据存在的异方差。

变量的平稳性检验 为避免出现伪回归而造成结论无效，首先要对面

板数据的平稳性进行检验，若各变量为非平稳，那么可以进行协整分析，并在协整检验的基础上进行 Granger 因果关系检验。由于本部分的实证和前面部分选取的数据、变量一致，所以采用面板回归的单位根检验结果如表 6 - 12 所示，各变量均是一阶单整，即均是（1），所有数据均表现出了平稳性特征。

VAR 模型滞后期的选取 在 Eviews 里面提供了 5 种准则来确定滞后期的选择。在选择时，我们需要设定一个最大滞后期数，当然它的设定存在一定的主观性。但是可以根据数据的频率来进行确定。例如：对于月度数据，一般选择最大滞后期为 6，12，18；对于季度数据一般选择 4 或者 8。并且，不同的准则或是检验的统计量选择的滞后期会有所不同，在这种状况下，一般根据多数原则来确定最优滞后期。一般 VAR 模型滞后期的选择依据赤池信息准则（AIC）与施瓦茨（SC）准则，来确定 p 值。确定 p 值的方法与原则是在增加 p 值的过程中，使 AIC 和 SC 值同时最小。当 AIC 与 SC 的最小值对应不同的 p 值时，只能用 LR 检验法。本研究建立的 VAR 模型滞后期确定情况如表 6 - 14 所示。

表 6 - 14　　　　　　　　　滞后期的确定

Lag	LogL	LR	FPE	AIC	SC	HQ
0	- 555. 8640	NA	0. 018194	4. 506968	4. 549469	4. 524077
1	606. 4465	2287. 127	1. 66e - 06	- 4. 793923	- 4. 623919	- 4. 725486
2	610. 3303	7. 548458	1. 73e - 06	- 4. 752664	- 4. 455156	- 4. 632898
3	622. 9662	24. 25268	1. 68e - 06	- 4. 781985	- 4. 356974	- 4. 610892
4	698. 9023	143. 9111*	9. 81e - 07*	- 5. 321792*	- 4. 769277*	- 5. 099371*

表 6 - 14 给出了 0 ~ 4 阶 VAR 模型的 LR、FPE、AIC、SC 和 HQ 值，并以"＊"标出了依据各准则选择出来的滞后阶数。可以看出，这五个准则所选出来的滞后阶数都为 4 阶，可以将 VAR 模型的滞后阶数定为 4 阶，应选择 VAR（4）进行后续分析。

协整分析 协整关系的检验通常采用的方法有两种，即 E - G 两步法和 Johansen 检验法。前者主要针对模型中只有两个变量的情况，后者主要针对多变量模型的协整检验。本研究采用 Johansen 检验，结果如表 6 - 15 所示。

协整是说两个或多个变量之间具有长期的稳定关系。结合表 6 - 15 可以得出我国储蓄率、FDI 与我国经济增长之间存在长期的均衡关系。

特征根迹（Trace）检验

假设检验	特征值	迹统计量	5%临界值	P 值[**]
None[*]	0. 225940	103. 1318	29. 79707	0. 0000
At most 1[*]	0. 076716	31. 67828	15. 49471	0. 0001
At most 2[*]	0. 033161	9. 408859	3. 841466	0. 0022

最大特征值检验

假设检验	特征值	最大特征值统计量	5%临界值	P 值[**]
None[*]	0. 225940	71. 45357	21. 13162	0. 0000
At most 1[*]	0. 076716	22. 26942	14. 26460	0. 0022
At most 2[*]	0. 033161	9. 408859	3. 841466	0. 0022

协整分析验证——单位圆检验   关于 AR 特征方程的特征根的倒数绝对值（Lutppohl，1991）小于 1，即位于单位圆内，则模型是稳定的。否则模型不稳定，某些结果（如脉冲响应函数的标准误差）不是有效的。

根据图 6 – 9 所示，所建立的 VAR 模型特征根的倒数绝对值均小于 1，即位于单位圆内，模型是稳定的。因此可以接下来进行格兰杰因果检验。

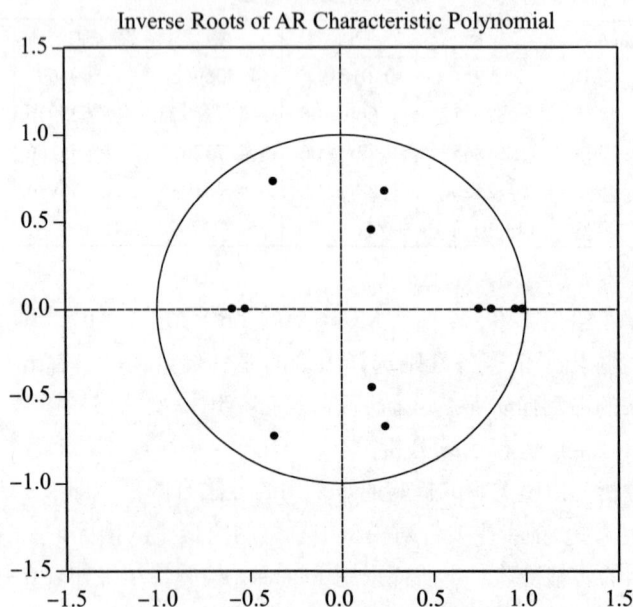

Inverse Roots of AR Characteristic Polynomial

图 6 – 9   单位圆检验结果

格兰杰因果检验 格兰杰因果性，指的是双向因果关系，即相关关系。单向因果关系是指因果关系，近年有学者认为单向因果关系的变量也可作为内生变量加入 VAR 模型。

如表 6 – 16 所示，居民储蓄率、外商直接投资与国内生产总值存在因果关系。这三者之间的因果关系，具体可以分为以下几个方面。

表 6 – 16 各变量格兰杰因果关系检验 p 值结果

原假设	1	2	3	4
ln(s) 不是 ln(GDP) 的格兰杰因果	0.0250	0.3503	0.4061	0.7845
ln(FDI) 不是 ln(GDP) 的格兰杰因果	0.6499	0.7792	0.5872	0.8595
ln(GDP) 不是 ln(s) 的格兰杰因果	0.7591	0.6436	0.3922	0.0000
ln(FDI) 不是 ln(s) 的格兰杰因果	0.0087	0.0008	0.0157	0.1255
ln(GDP) 不是 ln(FDI) 的格兰杰因果	0.0240	0.0497	0.1608	0.2846
ln(s) 不是 ln(FDI) 的格兰杰因果	0.4165	0.0224	0.0503	0.0167

（1）储蓄率与外商直接投资。根据表 6 – 16 所示，外商直接投资在滞后 1～3 期的情况下，是储蓄率的格兰杰原因；而储蓄率在滞后 2～4 期的情况下，是外商直接投资的格兰杰原因。储蓄率与外商直接投资在滞后 2～3 期的情况下，互为因果关系。

（2）储蓄率与经济增长。居民储蓄率在滞后 1 期的情况下，是经济增长的格兰杰原因，而经济增长只在滞后 4 期的情况下，才是居民储蓄率的格兰杰原因。

（3）外商直接投资与经济增长。外商直接投资不是经济增长的格兰杰原因，而经济增长滞后 1～2 期的情况下，是外商直接投资的格兰杰原因。

利用 VAR 模型进行预测

脉冲响应函数分析 脉冲响应函数刻画的是在扰动项上施加一个标准差大小的冲击对内生变量当前值和未来值所带来的影响。为了更加清晰的说明居民储蓄率、外商直接投资和国内生产总值的动态关系，本研究采用 Sims 提出的基于 VAR 模型的脉冲响应函数来分析它们的动态特征，如图 6 – 10 所示。图中的横轴表示信息冲击作用的滞后期数（单位：年），纵轴表示因变量对自变量的响应程度，实线为脉冲响应函数的计算值，两侧的虚线为脉冲响应函数值正负两倍标准差的置信带。在模型中将信息冲击作用的滞后期设定为 10 年。为了分析居民储蓄率、外商直接投资与经济增长之间的互动关系，下面分三个方面具体分析指标之间的互动关系。

（1）居民储蓄率与经济增长对外商直接投资的冲击响应

从图 6-10 可以看出，外商直接投资（FDI）对其自身的一个标准差信息立刻有较强的反应，且影响时间较长，但是之后相应越来越微弱。国内生产总值受自身的冲击影响作用最大，且滞后期较长，影响较为稳定，之后期内影响下降，下降趋势明显。

Response of FDI to Cholesky
One S.D. Innovations

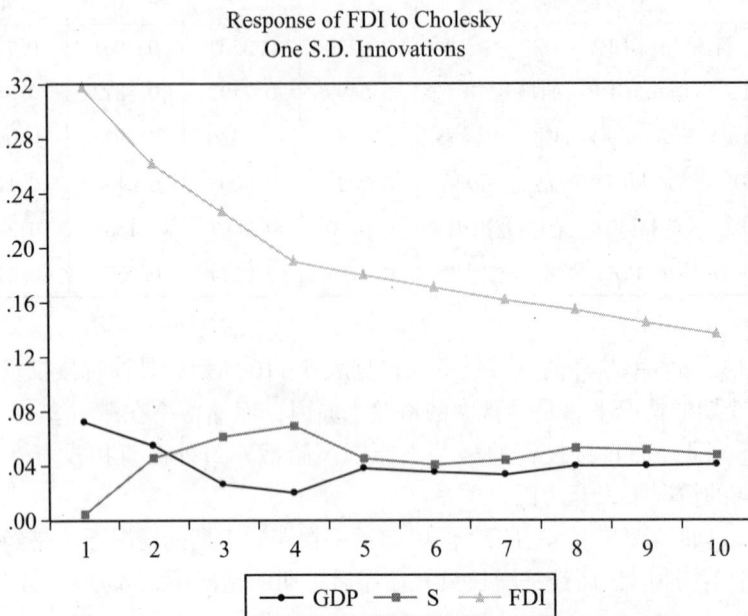

图 6-10 对外商直接投资一个标准差冲击的响应

外商直接投资对来自居民储蓄率的一个标准差信息在初期没有反应，但是随后产生了强烈的反应，上升趋势明显，冲击作用快速增长，在第 4 起之后，冲击作用较为平稳。也就是说，当本期给居民储蓄率一个正向冲击后，外商直接投资前期受到的冲击作用强烈，但是之后各期冲击作用较为平稳。

外商直接投资对来自国内生产总值的一个标准差信息在初期反应较为强烈，但是在 1~4 期冲击作用在下降。在第 4 期之后，冲击作用平缓上升。这说明，当本期给国内生产总值一个正向冲击之后外商直接投资在第

1~4 期受到的是较强的影响，但是反应越来越柔，随后各期冲击作用依然为正，但是较为平缓。

为了较为清楚地反映居民储蓄率对外商直接投资的冲击作用，图 6 - 11 给出了居民储蓄率对外商直接投资的冲击图。

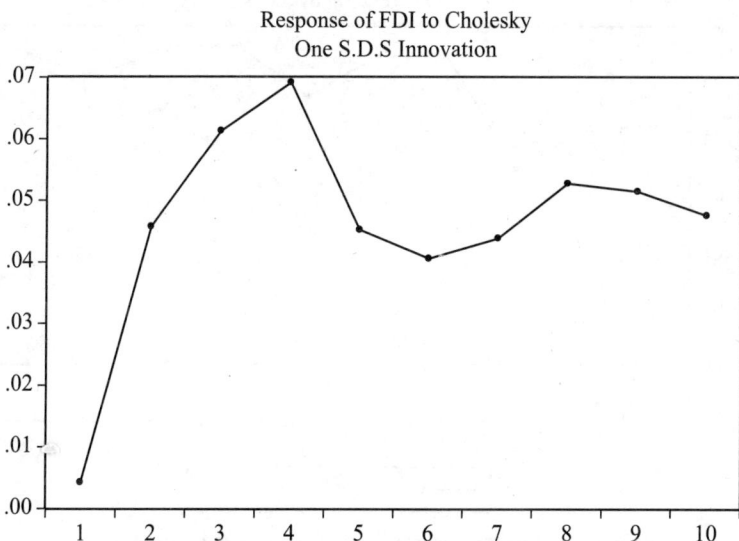

Response of FDI to Cholesky
One S.D.S Innovation

图 6 - 11　居民储蓄率对外商直接投资的冲击作用

（2）居民储蓄率与外商直接投资对经济增长的冲击响应

从图 6 - 12 可以看出，国内生产总值（GDP）对其自身的一个标准差信息立刻有较强的反应，且影响时间较长。国内生产总值受自身的冲击影响作用最大，且滞后期较长，影响较为稳定。在滞后 1~3 期的情况下，冲击作用呈下降趋势，但是在滞后 3 期后，呈现平稳上升的趋势。

国内生产总值对来自外商直接投资的一个标准差信息在初期没有反应，甚至在第 2 期对国内生产总值有负向的冲击作用，但是随后产生了强烈的反应，冲击作用快速增长。也就是说，当本期给外商直接投资一个正冲击后，国内生产总值初期受到冲击微弱，在其后各期逐渐增强。

国内生产总值对来自居民储蓄率的一个标准差信息在初期没有反应，甚至在第 2 期为负向的冲击作用，但是随后产生了强烈的反应，在滞后 2~7 期冲击作用影响微弱，在第 8 期之后，冲击作用又变为负向的影响。这说明，当本期给居民储蓄率一个正向冲击之后，国内生产总值在第

1~2期受到的是负向影响，随后3~7期受到的冲击作用微弱，在随后各期逐渐增强，但依然不强。在滞后8~10期的情况下，又继续呈现负向影响。

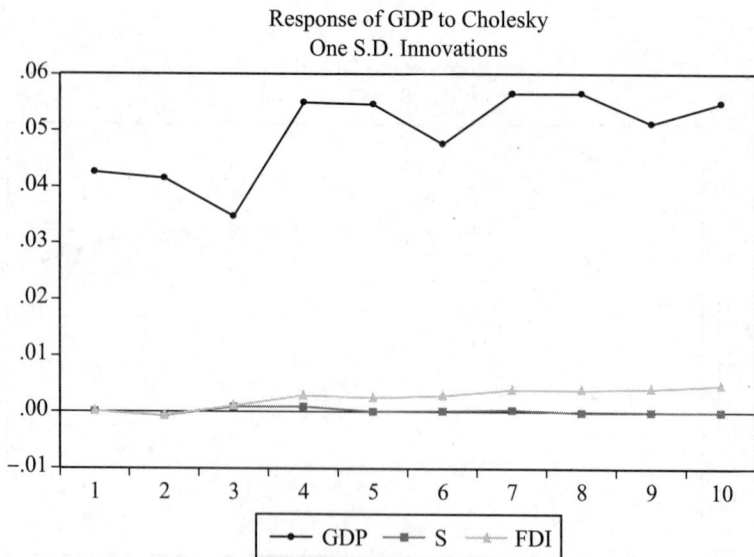

Response of GDP to Cholesky
One S.D. Innovations

图 6-12　对国内生产总值一个标准差冲击的响应

相比较居民储蓄率与外商直接投资对国内生产总值的冲击，外商直接投资对于国内生产总值的冲击作用大于居民储蓄率对其的影响。尤其是在后期影响作用差异更为明显。这也与当前我国的高储蓄率不利于经济健康、快速、平稳增长的事实相吻合。为了更为清晰地反映居民储蓄率与外商直接投资对国内生产总值的冲击作用，本研究截取了二者单独对于国内生产总值的冲击作用，如图 6-13 所示。

（3）外商直接投资与经济增长对居民储蓄率的冲击响应

从图 6-14 可以看出，居民储蓄率（S）对其自身的一个标准差信息立刻有较强的反应，但是反应时间较短。在第 1~4 期，冲击作用下降明显。之后各期有所上升，但是变动不明显。也就是说当本期给居民储蓄率一个较强的冲击作用之后，居民储蓄率自身受到的冲击作用较为明显，但是之后各期的冲击作用下降趋势明显。

Response of GDP to Cholesky
One S.D. Innovations

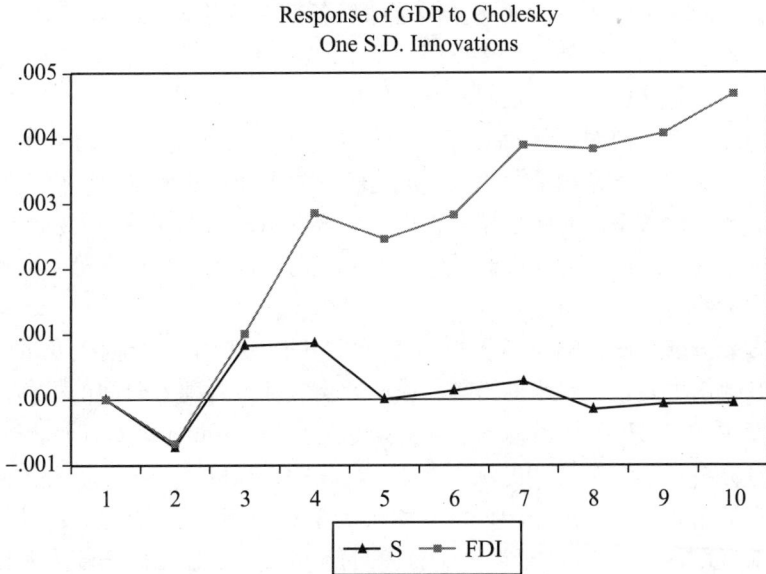

图 6 – 13　居民储蓄率与外商直接投资对国内生产总值的冲击曲线

Response of S to Cholesky
One S.D. Innovations

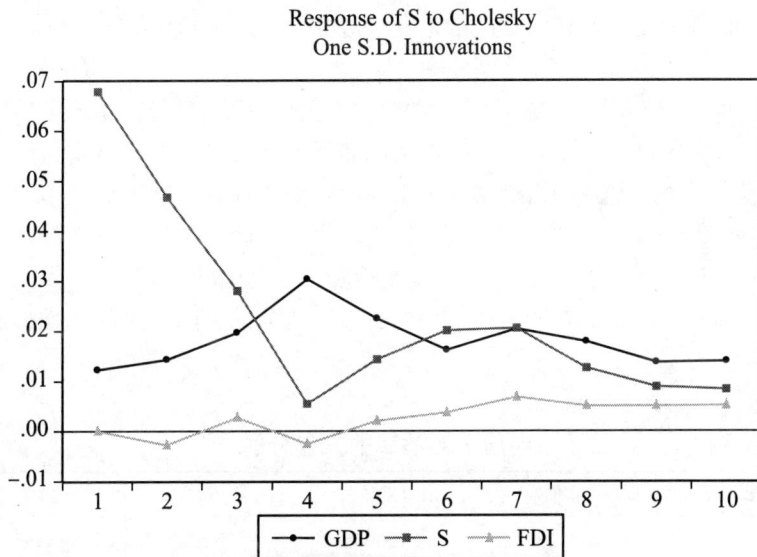

图 6 – 14　对居民储蓄率一个标准差冲击的响应

　　居民储蓄率对来自外商直接投资的一个标准差信息在初期没有反应，甚至在第 2 期对国内生产总值有负向的冲击作用，在第 1 ~ 5 期，FDI 对居民储蓄率的冲击作用不断变化，但是随后各期变为正向的平稳变动态势。也就是说，当本期给外商直接投资一个正冲击后，居民储蓄率初期受到冲击微弱，在各期逐渐变为正向的冲击作用。

国内生产总值对居民储蓄率一个标准差信息在初期有较为微弱的反应，在第 4 期冲击作用最为明显，但是随后冲击作用不断下降。国内生产总值对居民储蓄率的影响最用一直为正。这说明，当本期给国内生产总值一个正向冲击之后，对居民储蓄率一直为正向的冲击作用。在第 4 期冲击作用最为明显。

方差分解　脉冲响应函数描述的是 VAR 模型中的一个内生变量的冲击给其他内生变量所带来的影响，或脉冲响应函数是随着时间的推移，观察模型中的各变量对于冲击的响应。方差分解（variance decomposition）是通过分析每一个结构冲击对内生变量变化的贡献度，进一步评价不同结构冲击的重要性，即进一步评价各内生变量对预测方差的贡献度。因此，西姆斯（Sims）于 1980 年提出了方差分解方法，定量地但是较为粗糙地计量了变量间的影响关系，给出对 VAR 模型的变量产生影响的每个随机扰动的相对重要性的信息。方差分解是分析预测残差的标准差由不同新息的冲击影响的比例，亦即对应内生变量对标准差的贡献比例。

（1）对居民储蓄率的方差分解

从表 6-17 显示了国内生产总值、外商直接投资对居民储蓄率的贡献程度。从表中可以看出来，不考虑居民储蓄率对其自身的贡献率，国内生产总值对居民储蓄率的贡献率要大于外商直接投资对于居民储蓄率的贡献率。但是，国内生产总值与外商直接投资对居民储蓄率的贡献率都是呈现明显的上升趋势。这说明，外商直接投资对居民储蓄率的贡献率比较微弱，而国内生产总值对居民储蓄率的贡献是持久的，随着时间的推移而不断增强。

表 6-17　　　　　　　　　对居民储蓄率的方差分解

预测期	标准差	GDP	S	FDI
1	0.042558	3.170996	96.82900	0.000000
2	0.059442	4.968657	94.92406	0.107287
3	0.068860	8.918777	90.90213	0.179090
4	0.088143	17.91787	81.85035	0.231789

续表

预测期	标准差	GDP	S	FDI
5	0.103708	21.68349	78.05965	0.256863
6	0.114148	22.77125	76.86278	0.365971
7	0.127440	24.63014	74.62550	0.744369
8	0.139497	26.24406	72.83123	0.924715
9	0.148674	27.14847	71.74446	1.107061
10	0.158549	28.06056	70.64648	1.292957

为了更清晰地反映国内生产总值与外商直接投资对居民储蓄率的贡献程度，图 6－15 给出了方差分解合成图。图中横轴表示滞后期间数（单位：年），纵轴表示国内生产总值与外商直接投资对居民储蓄率的贡献率。与脉冲响应函数进行比较，可以发现方差分解的结果与脉冲相应函数的结果相吻合。

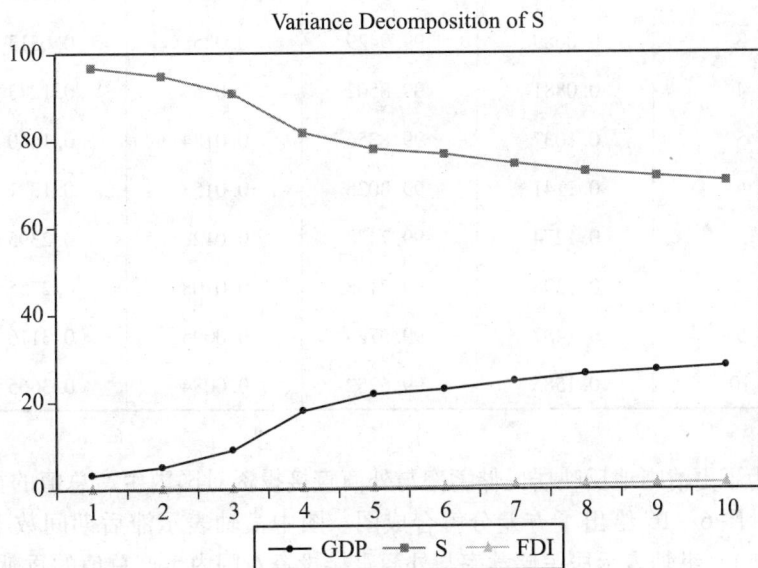

图 6－15 居民储蓄率方差分解合成图

（2）对国内生产总值的方差分解

从表 6－18 显示了居民储蓄率、外商直接投资对国内生产总值的贡献程度。从表中可以看出，不考虑国内生产总值对其自身的贡献率，居民储蓄率对国内生产总值的贡献率要小于外商直接投资对于国内生产总值的贡献率。而且，居民储蓄率对国内生产总值的贡献率是呈现先上升后下降的趋势；而外商直接投资对国内生产总值的贡献率越来越大。居民储蓄率对国内生产总值的贡献率在初期为0，在第3年达到了最大，为2.58%；外商直接投资对国内生产总值的贡献率在初期为0，随后外商直接投资的贡献率逐步增大，到第10年为36.65%。这说明，居民储蓄率对国内生产总值的贡献率比较微弱，与我国高储蓄率不利于经济发展的事实相吻合。而外商直接投资对经济增长的贡献是持久的，随着时间的推移而不断增强。

表6-18   对国内生产总值的方差分解

预测期	标准差	GDP	S	FDI
1	0.0426	100.0000	0.0000	0.0000
2	0.0594	99.9718	0.0153	0.0130
3	0.0689	99.9429	0.0258	0.0313
4	0.0881	99.8502	0.0255	0.1243
5	0.1037	99.8356	0.0184	0.1460
6	0.1141	99.8026	0.0153	0.1821
7	0.1274	99.7478	0.0128	0.2395
8	0.1395	99.7138	0.0108	0.2755
9	0.1487	99.6729	0.0095	0.3176
10	0.1585	99.6252	0.0084	0.3665

为了更清晰地反映居民储蓄率与外商直接投资对国内生产总值的贡献程度，图6-16给出了方差分解合成图。图中横轴表示滞后期间数（单位：年），纵轴表示居民储蓄率与外商直接投资对国内生产总值的贡献率。与脉冲响应函数进行比较，可以发现方差分解的结果与脉冲相应函数的结果相吻合。

Variance Decomposition of GDP

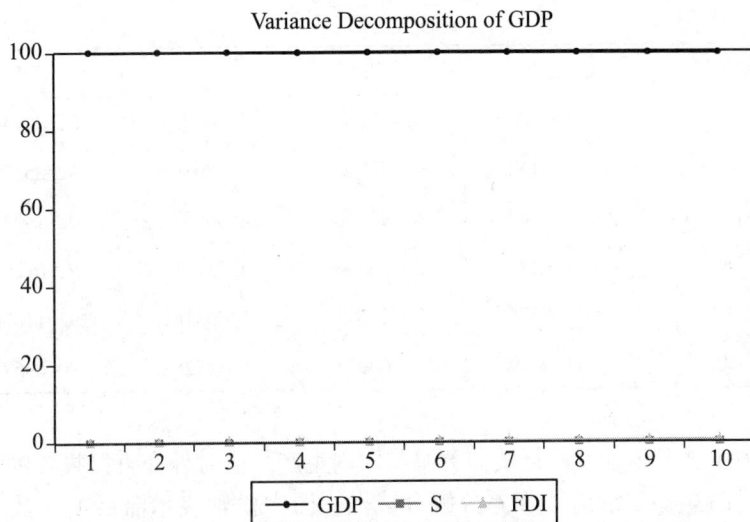

图 6 – 16　　国内生产总值方差分解合成图

（3）对外商直接投资的方差分解

从表 6 – 19 显示了居民储蓄率、国内生产总值对外商直接投资的贡献程度。从表中可以看出来，不考虑外商直接投资对其自身的贡献率，居民储蓄率对外商直接投资的贡献率先期要小于国内生产总值对于外商直接投资的贡献率，但是在后期居民储蓄率超过国内生产总值，对外商直接投资的作用增大。而且，居民储蓄率对外商直接投资的贡献率是呈现逐步上升的趋势；而国内生产总值对外商直接投资的贡献率先下降后上升。这说明，居民储蓄率对外商直接投资的贡献率越来越高，提升居民储蓄率有利于外资更好地进入我国。而经济增长对外商直接投资的贡献较为平稳，先下降后提升。

表 16 – 19　　　　　　　　　对外商直接投资的方差分解

预测期	标准差	GDP	S	FDI
1	0.042558	4.902980	0.016994	95.08003
2	0.059442	4.577166	1.177036	94.24580
3	0.068860	3.785461	2.497974	93.71657
4	0.088143	3.363756	3.856423	92.77982

预测期	标准差	GDP	S	FDI
5	0.103708	3.438663	4.069936	92.49140
6	0.114148	3.473907	4.170869	92.35522
7	0.127440	3.495248	4.362071	92.14268
8	0.139497	3.636894	4.751056	91.61205
9	0.148674	3.788097	5.093141	91.11876
10	0.158549	3.960973	5.343281	90.69575

　　为了更清晰地反映居民储蓄率与国内生产总值对外商直接投资的贡献程度，图6-17给出了方差分解合成图。图中横轴表示滞后期间数（单位：年），纵轴表示居民储蓄率与国内生产总值对外商直接投资的贡献率。与脉冲响应函数进行比较，可以发现方差分解的结果与脉冲相应函数的结果相吻合。

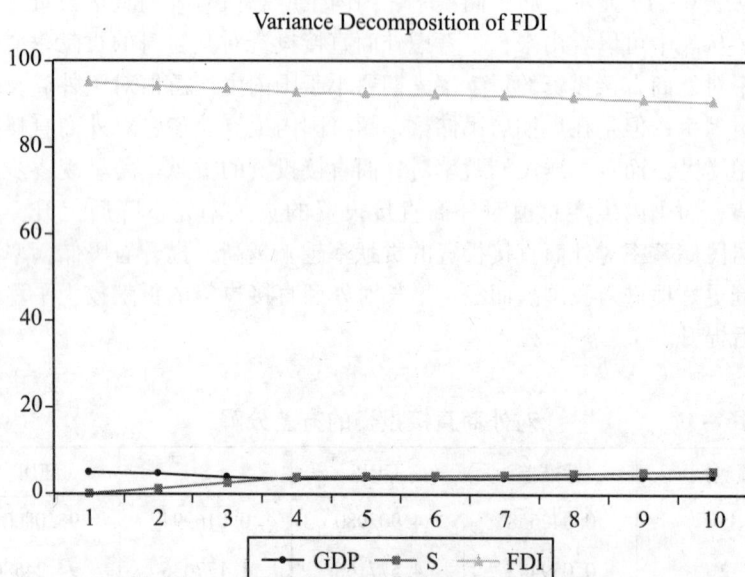

图6-17　外商直接投资方差分解合成图

第六节 主要结论

本研究以 2001~2012 年中国内地 31 个省市相关数据为基础，通过面板数据模型和 AVR 模型分析了 FDI 对于我国国内储蓄，FDI、居民储蓄率对于我国经济增长的影响。得出以下结论：

一、外商直接投资对我国国内储蓄具有正向影响

面板数据研究结果表明，外商直接投资对于我国国内储蓄的影响作用为正，其弹性系数为 0.031。这表明，外商直接投资的流入对我国的储蓄水平有显著的促进作用，FDI 是导致国内储蓄变化的一个重要原因，并在一定程度上促进了国内储蓄的形成。吸引外资有利于我国内资的积累与增加，通过外商直接投资（外资）促进内资的增加，这样容易形成资本积累，可以更好地促进我国经济增长。从另一个角度讲，可以认为，在投资（资本形式）上，外商直接投资挤出或代替了国内储蓄。

这种关系论证了钱纳里（H. B. Chenery）和斯特劳特（A. M. Strout）（1996）的"双缺口"模型。我国现阶段处于经济转型时期，利用外商直接投资对我国经济发展具有重要的作用。这个结论对于指导我国吸引外商直接投资有着重要的意义，即吸引 FDI 确实能够有效地弥补中国的"储蓄转化为投资的缺口"。因为 FDI 的大量流入不只是单纯地使国外储蓄变为国内储蓄，而且有利于国内储蓄的形成。

二、国内储蓄对我国经济增长贡献作用巨大

面板数据研究结果表明，国内储蓄存款对于我国经济增长的作用巨大，其弹性系数为 0.988，说明我国居民的储蓄水平对经济增长的作用尤为显著，甚至可以说是提高了居民储蓄的水平，获得了经济的快速增长。因此，我们必须注重国内储蓄的形成，注重国内资本的积累，这样才能为我

国经济增长充足的资金保障。

当前我国处于社会主义初级阶段，经济发展还比较落后，基础设施建设需要大量资金的支持。储蓄和投资是宏观经济运行的两个重要的指标，投资是拉动经济增长的一种重要方式，对宏观经济发展起到了极其重要的作用。而居民储蓄通过金融中介可以很好地转化为投资资金，资金的闲余者通过把资金存入金融机构，金融机构再把这些资金合理地分配给资金需求者，资金闲余者从消费者转化为了间接投资者，大量的储蓄资金为投资提供了强大的动力。这样通过金融机构把居民的储蓄集中起来，可以很好地支持我国的社会主义现代化建设，体升我国的综合国力与国际竞争力。

三、外商直接投资单纯作用于经济增长贡献有限

面板数据研究结果表明，外商直接投资直接作用于经济增长的作用不显著，其弹性系数为 0.030。这表明，用投入 FDI 促进经济发展比增加储蓄促进经济发展的代价大，在同等条件下储蓄增长可以换取我国经济更好的发展。

近年来我国利用外商直接投资的规模与水平在不断地提高，但是从回归结果看，FDI 对经济增长的贡献作用有限。原因是我国利用 FDI 促进经济增长方面存在一些问题，即 FDI 通过传导机制促进经济增长方面产生了一些问题。首先，FDI 对中国工业的技术外溢效应不明显，中国在吸收和利用 FDI 的能力方面存在一定的欠缺。其次，FDI 需要的是高素质的技术、管理型人才，而我国的劳动力总体素质偏低，不能满足外资企业的需要，导致利用 FDI 促进经济增长的作用大打折扣。最后，虽然 FDI 有利于中国产业结构的调整，但是中国引进 FDI 加剧了三大产业结构的偏差，拉大了三大产业发展水平和国际竞争力的差距，影响到了我国经济的增长。实际上，我国外商直接投资对于经济增长的作用不明显，即直接效应不显著。FDI 对经济增长的贡献主要表现为通过增加储蓄、提供更多的技术与管理知识等的间接效应或是溢出效应促进经济的增长。

四、居民储蓄率对经济增长的冲击作用微弱

采用居民储蓄率、外商直接投资和国内生产总值作为变量，建立向量

自回归（VAR）模型，运用协整分析、格兰杰因果关系检验、脉冲响应函数、方差分解贡献值等方法，研究得出：协整检验表明，居民储蓄率与外商直接投资与经济增长之间具有长期的影响关系；格兰杰因果检验表明，居民储蓄率、外商直接投资与国内生产总值存在因果关系，居民储蓄率在滞后 1 期的情况下是国内生产总值的格兰杰原因。脉冲响应函数表明，居民储蓄率和外商直接投资对于国内生产总值存在长期的正向冲击，但是二者正向冲击的程度与过程不同，居民储蓄率对于国内生产总值的冲击作用要小于外商直接投资对于国内生产总值的冲击作用。外商直接投资对于经济增长的冲击最为强烈和持久。从方差分解看来，外商直接投资对经济增长的贡献率也大于居民储蓄率的贡献。居民储蓄率对于经济增长的贡献与冲击作用微弱。

以上分析表明，我国目前处于相对较高的储蓄率水平，这种情况不利于经济的健康、快速、平稳增长。中国证监会主席郭树清表示，中国经济中储蓄和投资结构已严重失衡。以国家统计局的数字进行分析，中国的储蓄率高达 52%，这在世界上是绝无仅有的。而且，自 2009 年以来，我国储蓄率排名世界第一，人均储蓄超过一万元，究其原因是中国社会保障不足，大家只能自己储备以备不时之需。高储蓄率阻碍中国经济的发展，是导致国内消费动力不足的原因之一。当前的当务之急是逐步降低当前过高的储蓄率，优化消费金融环境，努力提高居民生活保障，让他们敢于消费、主动消费，从而加速中国经济走出低谷，推动经济转型。

第七节　政策建议

针对上述计量结果，本研究在当前中国国内资金过剩、居民储蓄率居高不下以及外资大规模进入的背景下提出如下政策建议：

一、重视储蓄的形成与国内资本的积累

要重视储蓄的形成，重视国内资本的积累，提高国内资金的使用效率，努力促成国内储蓄有效地向国内投资转化。一国的经济发展归根到底

取决于本国的资本积累能力和资源使用效率。平衡处理国内居民消费与储蓄的关系，提高国内储蓄的利用效率。这就要发挥金融机构的作用，稳步推进国有银行改革；加快发展多层次的金融市场和直接融资渠道；培育高效的市场投资主体，使得市场投资主体可以通过金融机构或是信贷渠道取得生产所需要的资金。我国有了有序、健康的金融体系，内外资的矛盾就会得到解决。

注重保持合理的国内投资规模，保持设备投资加速增长的良好势头，一是对企业尤其是小型民营企业的设备投资给予一定的税收支持；二是加大水利等农业基础设施建设投资。提高农业综合生产能力，保证农产品供给的稳定增长；三是加快城镇在建基础设施项目建设。在现阶段保持一定强度的政府投资，解决工业化城市化发展过程中的公共基础设施建设，且政府投资不宜过快过度缩减。要提高在建项目的投资和建设质量，避免形成"半拉子"工程和"烂尾"工程。新项目要按是否解决瓶颈制约、是否提高整体系统效率等标准严格控制。加大民生投资力度。加快保障房建设，加大农村道路、自来水等基础设施建设力度。

二、正确处理储蓄率与经济增长的关系，适当降低国内居民储蓄率

中国目前尚处于工业化中期与城市化的初级阶段，需要大量资本投入。中国的科技进步以技术跟进为主，企业自主研发投入相对较低，这种经济发展模式需要不断增加新投资，以改善生产技术水平，从这一角度来看，投资对中国经济增长的带动作用还将持续相当长时间，高投资仍将是相当长一段时期内中国经济增长的动力。因此高投资拉动与消费增长的影响并存是中国经济增长的必然现象。中国目前储蓄当中形成有效投资的能力以及投资的效率不高，投资乘数作用不强，经济中可能出现了储蓄资金在银行当中的沉淀、投资在基础设施项目中的非生产性沉淀等。消费需求不足和投资需求平稳导致了储蓄率对经济增长率的正向影响作用减弱。另外，如果只追求提高储蓄在实际产出中的比重，长期实行这样的经济政策将会导致实际经济中的总消费不足，出现供给过剩的买方市场，如此则会进一步失去资本收益超过资本成本的投资机会，造成私人部门总体投资下降，这时较高的储蓄率也会导致资本过剩或者出现资本外溢。为此，中国

当前应该制定政策积极促进储蓄向投资的转化，改善投资结构，增强投资效率。更重要的是，引导储蓄向消费转移，即以刺激需求和扩大内需为目标。

　　对于降低居民的储蓄率，可以采取的措施主要有，降低并消除能源及其他资源、土地和资金等生产要素的价格扭曲，提高环保收费；通过加大政府在社保、医疗卫生和教育领域的支出，扩大国企分红比例，加大对居民的收入再分配，将部分国企股份注入社保基金；发展金融机构，更好地为中小企业服务，进一步发展资本市场，帮助企业更好地在资本市场进行融资；对税收和公共财政体系进行改革，将地方政府的工作重点从投资和土地出让转变到提供公共服务上来。

三、优化结构，正确处理内外资的关系

　　如果一个国家只注重提高国内储蓄率，而不制定提高实际产出增长率的有关政策，则有可能导致国内投资环境恶化，国内资本外溢，一些国内的储蓄者将逐渐把资本转移到经济增长率较高的国家，以寻求更高的资本收益，外国直接投资也会撤出。内外资的关系，既有竞争性的，也有互补性的。竞争性外资替代性较高，过多地引进竞争性外资不可避免地会加剧国内储蓄过剩；而互补性外资能够通过产业、产品间的互补，促进国内储蓄转化为投资。因此，我国在引进 FDI 时要与国内的资金状况结合起来，不要过于追求数量，应该将引资的重点放在对国民经济快速稳定均衡增长有利的产业技术环节上，更多地注重引资的质量。同时，要依靠我国良好的投资环境和巨大的市场潜力，以"市场为导向"提高配置效率。政府必须采取措施，例如对引进外资的特定产业和领域实施有针对性的优惠政策，优化引资结构，确实提高引资的质量和效率；利用外资由劳动密集型向资本、技术密集型转化，提高各产业整体的技术和管理水平；同时创造优良的环境和条件，大力引进外商直接投资。

　　因此，在现阶段在保持总需求各部分稳定增长的基础上，也不能只片面强调消费增长，出口、投资依旧要保持平衡稳定地增长，让"三驾马车"均衡前行，这是符合现阶段中国的国情及经济发展需要的。我们要抓住世界经济转型及国内经济发展方式转变的大好机遇，在协调引进 FDI 与对外投资的同时，更多地依靠刺激和扩大国内消费及提高储蓄转化为投资

来促进我国经济持续快速增长。

四、继续积极有效地利用外资

我国要统筹经济发展，进一步推动外资向中西部地区转移，要进一步优化外资结构，改善投资环境，合理利用外资规模与外资引进速度，促进FDI利用率的提高。不仅要积极引导FDI流向，将外商直接投资更多地引入到第一和第三产业中，还要进一步加强对引进FDI的质量评估。同时，要高度警惕当前外资利用中的储蓄替代倾向，努力实现贸易平衡。有效利用外资带来的"技术缺口"与"管理缺口"提高利用外资的质量和水平。

对于制定合理的政策措施吸引外商直接投资，国家应采取的措施主要有要制定合理的产业政策《指导外商投资方向暂行规定》和《外商投资产业指导目录》，以法规形式将吸收外商投资的产业政策公布于众。地区政策鼓励外商到中西部地区投资的政策主要有：中西部地区对限制类和限定外商股权比例项目的设立条件和市场开放度，也可比东部地区适当放宽；适当增加对中西部地区吸收外商投资的国内配套资金贷款；设在中西部地区的国家鼓励类外商投资企业，给予税收优惠；鼓励东部地区的外商投资企业到中西部地区再投资；国家将优先安排一批农业、水利、交通、能源、原材料和环保项目在中西部地区吸引外资，并加大对项目配套资金及相关措施的支持。税收政策上，我国已对外商投资企业实行超国民待遇的低税收政策，并对国家鼓励投资的行业、地区实行更大力度的税收优惠。

本章参考文献

［1］引自中华人民共和国商务部：全国利用外资情况统计 http：//www. mofcom. gov. cn/article/tongjiziliao/v/201401/20140100465973. shtml.

［2］王小鲁，樊纲. 中国经济增长的可持续性——跨世纪的回顾与展望［M］. 北京：经济科学出版社，2000.

［3］Feldstein M. Domestic Saving and International Capital Flows［J］. Economic Journal，1980（12）：6 – 9.

［4］Murphy，R. Capital Mobility and the Relationship between Saving and Investment Rates in OECD Countries［J］. Journal of International Money and Finance，1984（16）：8 –

10.

[5] Summers, L. Tax-policy and International Competitiveness, in International Aspects of Fiscal Policy [D]. Chicago: University of Chicago Press of business, 1988.

[6] Wong, D. What do saving-investment relationships tell us about capital mobility? [J]. Journal of International Money and Finance, 1990 (3): 5 – 7.

[7] Chin, Prasad. Interest Rates Matter for Consumer Behavior Evidence from Credit Card Data [J]. Quarterly Journal of Economics, 2002 (2): 15 – 18.

[8] Loayza Del, Savingand. Liquidity Constraints [J]. Econometrica, 2009 (5): 23 – 25.

[9] D. Gross. Do Liquidity Constraints and Interest Rates Matter for Consumer Behavior Evidence from Credit Card Data [J]. Quarterly Journal of Economics, 2011 (4): 18 – 21.

[10] Debajyoti Del. Savingand Liquid Constraints [J]. Eeonometries, 2012 (6): 20 – 23.

[11] Gurley, Shaw. A Theory of the Consumption Function [M]. New Jersey: Princeton University Press, 1960.

[12] Macro Pagano. Financial Markets and Growth: An overview [J]. European Economic Review, 1993 (245): 19 – 21.

[13] Merton E. Saving and Uncertainty: The Precautionary Demand for Saving [J]. Quarterly Journal of Economics, 2003 (82): 465 – 473.

[14] Jansen. Precautionary Saving in the Small and in the Large [J]. Econometrica, 2012 (19): 9 – 12.

[15] 刘鸿儒, 李志玲. 中国融资体制的变革及股票市场的低位——重新评估直接融资和间接融资的关系 [J]. 金融研究, 1999 (6): 13 – 19.

[16] 徐红燕, 凌有志. 试论现阶段影响我国消费率变化的因素 [J]. 经济论坛, 2011 (8): 13 – 16.

[17] 郑宝祥. 现阶段影响我国消费率和储蓄率变化因素研究 [J]. 商业文化, 2011 (5): 28 – 31.

[18] 王丽丽, 何强, 周忠辉. 影响我国居民储蓄率的因素分析 [J]. 经济生活, 2011 (8): 13 – 15.

[19] 王吉恒, 顾薪宜, 杨灿. 中国居民储蓄率影响因素分析 [J]. 西南金融, 2012 (11): 27 – 30.

[20] Chenery. Hollis and Strout, W. 1966. Foreign assistance and economic development [J]. American Economic Review (66): 679 – 733.

[21] Griffin K. Foreign Capital, Domestic Savings and Economic Development [J]. Oxford Bulletin of Economics and Statistics, 1970, (32); 99 – 112.

[22] Arcy Masius Benton & Bowles, Archives, 1929. 1995 and undated. Duke University Rare Book, Manuscript, and Special Collections Library.

［23］Agosin, Manuel & Ricardo Mayer, "Foreign Investment in Developing Countries: Dogs it Crowd in DomesticInvestment?". UNCATDD is cussion Papers No. 146.

［24］华桂宏，成春林. FDI影响我国国内储蓄与投资的实证分析［J］. 世界经济与政治论坛，2005（1）；40－45.

［25］章泽武. 外商直接投资、国内储蓄和经济增长关系的实证分析［J］. 武汉金融，2007（5）；14－16.

［26］崔远淼. 外国资本流入对国内储蓄的动态效应研究［J］. 商业经济与管理，2006，178（8）；62－66.

［27］陈享光. 论开放条件下的储蓄投资均衡——兼论我国高储蓄率下的政策选择. 中国人民大学学报，2009，（6）；75.82.

［28］［美］黄亚生. 改革时期的外国直接投资［M］. 钱勇，王润亮译. 北京：新星出版社，2005.

［29］李扬. FDI和双效应［N］.21世纪经济报道，2006－3－20.

［30］陈勇兵. FDI偏好、国内储蓄与中国经济增长——基于内生金融控制视角的一个解释［J］. 改革与战略，2009，25（6）；63－66.

［31］Kaldor. Alternative Theories of Disribution［J］. Review of Economic Suudies，1956.23（2）.

［32］Modigliani, Cao. The Chinese Saving Puzzle and the Life－Cycle Hypothesis［J］. Journal of Economic Literature. 2004. 42（1）.

［33］Bacha, E. L. A Three－Gap Model of Foreign Transfers and the GDP Growth Rate in DevelopingCountries［J］. Journal of Development Economics，1990，（32）；279－96.

［34］Otani, I, Villannueva, D. Long Term Growth in Developing Countries and Its Determinants: An Empirical Analysis［J］. World Development，1990，（18）；769－83.

［35］DeGregorio, J. Economic Growth in Latin America［J］. Journal of Development Economics，1992，（39）；59－84.

［36］Japelli, T. ; Pagano, M. Savings, Growth and Liquidity Constraints［J］. Quarterly Journal of Economics，1994，（109）；83－109.

［37］Krieckhaus, J. Reconceptualizing the Developmental State: Public Savings and Economic Growth［J］. World Development，2002，30（10）；1697－712.

［38］谭崇台. 发展经济学［M］. 山西：山西经济出版社，1999.

［39］任若恩，覃筱. 中美两国可比居民储蓄率的计量：1992~2001［J］. 经济研究，2006，（3）；67－80.

［40］戴维·罗默. 高级宏观经济学［M］. 北京：商务印书馆，2004.

［41］胡亚琴. 储蓄率、投资率与经济增长之间的动态相关性研究——基于中国1978~2004年间的数据分析［J］. 中南财经政法大学研究生学报，2006（5）.

［42］汪伟. 储蓄、投资与经济增长之间的动态相关性研究——基于中国1952~2006年的数据分析［J］. 南开经济研究，2008（2）.

［43］芦东. 人口结构、经济增长与中国居民储蓄率基于迭代模型（OLG）和省级面板数据的实证研究［J］. 上海金融，2011（1）.

［44］Chen C.；Chang L.；Zhang Y. 1995. The Role of Foreign Direct Investmentin China's Post – 1978 Economic Development［J］. World Development，Volume23，Number 4，April 1995 ，pp. 691 – 703（13）.

［45］Mundlak On the Pooling of Time Series and Cross Section Data［J］. Econometrical，46：69 – 85，1978a.

第七章

FDI 技术溢出对我国区域自主创新能力的影响研究

第一节 引 言

本章尝试对第三章和第四章理论模型进行实证分析。

从 20 世纪 70 年代末的改革开放至今，我国经济得到持续快速发展、市场经济制度得到进一步完善，这为外商在我国进行投资提供了无限空间。随着外商投资规模的不断扩大，我国吸收利用外资已从弥补"资金缺口"和"技术缺口"为主转向优化资本配置、促进技术进步和推动市场经济体制完善，从规模速度型转向质量效益型，利用外资规模扩大，质量与效益全面提升。据商务部发布的统计数据，1979 年年初流入中国的外商直接投资累计为 11.66 亿美元，以后逐年呈上升的趋势，截止到 2012 年，我国实际使用外资金额达到 1117.2 亿美元。虽然 FDI 流向各个行业，但是随着中国不断地产业转型升级，以高知识密集、高成长、高辐射等特点为代表的自主创新行业无疑是 FDI 浪潮中最大的得益者，因而获得外资的技术溢出效应使之更好地服务于我国的自主创新能力的提升成为研究的热点。

一个地区的区域自主创新能力能够对其经济竞争力产生长远而重大的影响，也是众多高收入国家经济繁荣程度最关键的因素。对于发展中国家而言，获取和开发技术已经成为提高竞争力的一个基本驱动力量。在经济全球化的大环境下，不论是 FDI 的存量还是流量都在不断增长，如何构建有效的制度环境引入合适的 FDI，以及利用现有和新引入 FDI 的技术怎样才能为我国自主创新能力的提升提供最大化支持，这是一个值得研究的课题。对 FDI 技术溢出与我国自主创新能力之间的关系进行深入研究，以为我国更好地利用 FDI 提出更具针对性的政策建议，为我国进一步充分利用 FDI 技术溢出效益以及提升本土企业自主创新能力提供指导方向。

第二节 FDI 技术溢出对自主创新能力影响的相关文献

本部分旨在探讨 FDI 技术溢出对我国区域自主创新能力的推动作用，这方面的问题国内外的学者专家也进行了一些实证研究，但国外的研究和国内的研究的侧重点有所不同，国外更倾向于从微观角度对企业自主创新能力的研究，而国内大多是高校研究机构等对这一问题展开研究。

一、国外研究现状

埃特金和哈里森（1999）利用 1976 年到 1989 年委内瑞拉的数据做实证检验，发现在行业层面外商直接投资并没有形成对内资企业劳动生产效率的溢出效应，而是导致了内资企业劳动生产效率的下降。哈达和哈里森（Haddad and Harrison，1993）从实证角度出发，利用摩洛哥的相关数据进行分析，结果表明，FDI 并不一定会使国内企业的研发能力得到提升。埃特金和哈里森（Aitken and Harrison，1993）对委内瑞拉公司的面板数据进行实证分析，明确指出 FDI 实际上会对国内企业的自主研发造成负面影响。科科（1994）针对 FDI 对东道国技术进步的作用进行研究，结果表明，当跨国公司在东道国所占的市场份额较大且技术水平差距也较大时，没有任何证据可以显示这种情况下的 FDI 能够对东道国的技术进步发挥作用。

布洛斯特朗（1999）提出发展中国家获取技术的主要途径是 FDI。科科（1996）提出外商直接投资大部分是通过示范效应、竞争效应以及跨国公司对工作人员的培训和流动等途径来促进东道国企业创新能力的提高。金诺施塔（Kinoshita，2001）认为 FDI 作为一种重要的技术转移方式，可以通过竞争效应、示范和模仿效应、人员培训和流动效应以及前后向关联效应等主要渠道促进东道国技术进步。纳鲁拉和邓宁（Narula and Dunning，2010）指出吸收能力的差异能解释不同国家在促进增长方面有成有败的原因。吉尔马和维克林（Girma and Wakelin，2001）对英国制造业的研究表明，由于美国企业所使用的技术相对陈旧，导致来源于美国的 FDI 溢出效应很小，而来源于日本的 FDI 溢出效应最大。杰沃斯克和斯巴塔里安努（Javorcik and Spatareanu，2011）采用企业层面数据对罗马尼亚不同来源地 FDI 是否影响行业内技术溢出水平进行了研究，结果发现来自美国的 FDI 相比欧洲地区投资者对罗马尼亚当地企业生产率水平有显著提升。达米扬等人（Damijan et al.，2012）对 10 个转型经济体进行了研究发现，东道国技术吸收能力是决定 FDI 技术溢出效应的重要因素之一。杜等人（Du et al.，2012）采用中国 1998～2007 年企业层面数据，研究发现只有来自非港澳台的 FDI 对企业生产率水平才有显著的正面溢出效应。

二、国内研究现状

胡祖六（2004）则特别强调了 FDI 带给中国经济的技术转移，即所产生的外溢（spillover）效应。为了准确定义这种外溢效应，他明确指出技术的载体有多种形式，包括专利、设计、新型产品、先进机器设备或新的工艺流程，并批驳了那种认为只有转移高技术才有价值的观点，他认为不管是高技术还是低技术，只要生产函数中参数 A 的微分为正，即有技术的进步，那么 FDI 所带来的技术转移就是有价值的。

何洁（2000）从实证的角度，对 FDI 在工业部门外溢效应的内部影响因素进行分析，结果表明，FDI 外溢效应的发挥受当地经济发展水平的门槛效应制约，单纯提高一个地区的经济开放程度对提高 FDI 的外溢效应水平是没有意义的，甚至会产生负面作用。

王红领等（2006）利用全部工业行业 1998～2003 年的面板数据分析了 FDI 与我国自主研发的关系，选取三个衡量自主创新能力的指标——专利申请数量、科技活动经费占产品销售收入比重、科技活动人员占从业人员比重，通过实证分析得出引入对外直接投资可以提升本土企业的自主创新能力。

孙文杰、沈坤荣（2007）利用分位数回归对 1998～2004 年中国行业层面大中型企业的数据进行了计量检验，得出的结论总体上支持了"促进论"的观点。但其结果也指出，内资企业只有具备一定人力资本水平，才能充分吸收消化外资企业的先进技术，因此，国内企业应该增强学习型 R&D 的投入来加强本国企业的自主研发能力。

陈劲（2007）利用全国各地的数据实证分析 FDI 对于区域创新能力究竟有何影响。实证结果指出 FDI 流入的影响实际上并没有大家广泛认同的那么显著，其在提高区域创新能力方面的作用具有一定的局限性，并且 FDI 在促进自主创新能力和提高原创性科技能力方面没有明显的促进作用。陈劲也提出增强区域创新能力的核心不光在于 FDI，也在于要加大投入本国研发经费、提高本国企业进行技术创新的原动力、增强技术吸收能力以及创造一个良好的进行创新的环境。

范承泽等学者（2008）以世界银行对中国公司的调查数据为基础，从微观层面、中观层面分别对 FDI 对国内企业技术创新的影响进行实证检验。研究结果表明，FDI 对国内企业自主创新投入的综合影响是负的。

周伟华和杜健（2008）利用 1998～2003 年 37 个工业行业的面板数据对我国产业技术的边缘化和 FDI 之间的关系进行实证检验，并基于技术差距、行业吸收能力以及技术密集度这三个层次对这一关系影响 FDI 技术溢出效应的程度进行探究。实证结果表明，FDI 流入和行业的技术边缘化程度之间有着正向的相关关系；FDI 使得技术边缘化的程度会随着一个行业的吸收能力增强而变弱，但会因为技术密集度的增强而增强；技术差距的影响没有得到证实。并且实证结果也表明，如果我国的产业能够取得参与到技术生成和改进的进程中去的机会话，才有可能实现真正的技术追赶，要使得高技术行业无法实现技术依赖，根本在于能否提高我国高技术产业对技术的吸收能力。

邢斐、张建华（2009）运用中国 36 个分行业的工业企业在 1999～2004 年的面板数据进行系统 GMM 估计发现，FDI 在短期对自主研发表现出显著促进与抑制作用，但长期影响不显著；FDI 的技术溢出效应无论短期或长期效应均不显著。这表明我国很难通过 FDI 的技术溢出效应获得技术上的发展。

王鹏和张剑波（2012）基于 2001～2010 年 10 年来泛珠三角区域的经济数据，而且根据创新能力将泛珠三角地区划分为两类，从而来分别探究 FDI 是否会因为来源地不同而对区域自主创新的产出层次、规模等产生影响。实证结果表明：FDI 明显使得创新能力较高的地区的产出规模增大，而创新能力较低的地区的产出规模也受到了一定程度的积极的影响；海外华商投资和西方国家的投资在这方面的作用也有很大的不同，前者使得创新的产出规模得到促进，但是后者对创新能力较低的地区的产出规模和层次的促进作用更为显著。

王恕立和李龙（2013）探究了外向的对外直接投资在产业和企业两个不同的层面上对我国自主创新能力的作用路径和影响机制，因此利用了我国 1987～2010 年的相关数据，通过协整理论来实证检验我国自主创新和外向 FDI 之间的关系。实证检验结果指出，外向 FDI 和我国自主创新能力之间具有长期并且稳定的均衡关系，外向 FDI 能够显著促进我国自主创新能力的增强，虽然这一效用伴随着一定的滞后性，而自主创新能力发生变动之后会对我国的外向 FDI 产生反向作用。最后金融发展和经济开放的水平同样可以显著地增强我国的自主创新能力。两位学者根据实证得到的结果针对于如何让外向 FDI 更好地促进我国的创新能力提出了切实可行的政策建议。

彭峰、李燕萍（2013）采用随机前沿生产函数模型，实证分析了技术转移方式、自主研发与高技术产业技术效率的关系。研究结果表明，技术引进对自主研发产生了替代效应，但通过更大的技术溢出促进了技术效率的提升。

三、文献述评

综上所述，本章主要总结了关于自主创新以及 FDI 对自主创新能力的影响的相关文献。世界上关于国际直接投资理论和自主创新的研究已经有了丰富的成果，这些成果既包括丰富的经验研究，也包括一定数量的理论模型研究；这些成果涉及的国家范围也非常广泛，横跨美、欧、亚三大洲。然而相比于大量的有关国际直接投资理论、自主创新的文献，广大学者对 FDI 对自主创新能力的推动作用的研究则较为缺乏。而且国内外学者对这一主题的研究的差别在于国外学者主要从企业的角度来研究 FDI 对自主创新能力的影响而国内学者主要从国家地域层面来研究 FDI 对自主创新能力的影响。而在现有为数不多的 FDI 与我国自主创新的关系研究中，国内外学者们对此的观点也并不一致。

第三节 FDI 对自主创新的推动机制分析

一、相关概念的界定

（一）自主创新的概念

1. 创新

著名经济学家熊彼特（1912）在代表作《经济发展理论》中提出创新是生产要素和生产条件的一种重新组合，它使得生产技术体系变革，从而让企业获得潜在的超额利润。他把创新的内容概括为五个方面：（1）用一种新产品；（2）采用一种新技术，如新的工艺流程、生产方法；（3）开辟一个新市场；（4）利用并开拓原材料、半制成品的新来源；（5）采用新的管理方式。根据熊彼特的论述，他所说的"创新"实际上是企业家依靠个人素质主导的创新，专指企业技术创新。继熊彼特之后，美国管理学家彼得·德鲁克对创新的内涵又做了深入探讨。他认为创新是使资源产生新的生产能力的行动，并且是社会普遍的变革行为，创新机制必须稳定和持续的运转，才能维持经济、组织和社会的正常运转。

2. 自主创新

国内学者陈劲（1994）最早提出了"自主创新"的概念，他认为自主创新是在引进国外技术的过程中，继技术吸收、技术改进之后的一个特定的技术发展阶段。柳卸林（1997）强调自主创新的重点是"自主知识产权"，它是创造了自身知识产权的创新。在最新的学术文献中，刘建新、吴贵生（2006，2010）认为，在自主创新的内涵中，自主创新是在创新主体主导下的创新。自主是前提，创新是目的，提高创新能力是核心，获取知识产权和核心技术是关键。

3. 区域自主创新能力

区域创新能力是指一个地区将新知识转化为新工艺、新产品以及新服务的能力，其本质是促进创新部门间的互动和联系，体现在其对地区的社会经济系统的贡献能力。虽然区域创新能力无法与科技能力等同，与科技竞争力也有本质区别，然而区域创新能力是建立在科技竞争力以及科技能力上的、它不单是区域经济争夺竞争优势时的决定性要素，也是用以诠释地区经济繁荣程度不同的重要因素，其中一个影响区域创新能力的重要因素就是外商直接投资（FDI）。

区域创新能力是一个宽泛的概念，从学习及知识两个角度，可以把它分解为四个层次的能力：知识创造能力、知识流动能力、本地结网能力和区域学习能力。具体而言，一个地区的知识创造能力能够用该地区的高等院校和研究机构的数量来反映，但该能力是区域创新能力的必要条件却不是充分条件；知识流动能力是一个国家用来衡量该国创新系统绩效的重要方式，有四种基本类型——人员流动、企业间的相互作用、企业高校和公共研究实验室的相互作用以及知识向企业的扩散；本地结网能力是指基于人际信任的前提，建立起足够的支撑网络的社会资本，区域认同感会随着本地网络联系的增强而增强，从而有助于区域创新文化的形成，不断地加强本地的知识基础，致使隐性知识得以在区域内转变为编码化的知识，最有价值的是区域外的竞争对手无法复制这类隐性知识；区域学习能力中的学习指的是获取新技能和建立新的竞争能力而不单单是取得信息等显性知识，区域学习的含义是一个地区内的创新参与者之间互相学习的过程，这种集体的学习过程并不是个体学习单纯的叠加，而是创新参与者之间在互相学习的过程中发生的协同效应，集体学习能够使得知识被快速扩散。

根据上文中分析所得的区域自主创新能力的构成，再以其内涵划分，用以评价区域自主创新能力的指标主要有 5 个——载体能力、资源能力、环境能力、成果能力和品牌能力。本部分对区域自主创新能力的机制分析为下文实证分析 FDI 对我国区域自主创新能力的推动作用奠定了理论基础。

（二）技术溢出效应

外溢效应（spillover effect）又可以称为溢出效应，它是指外商直接投资对东道国产业的技术发展、生产管理、研发创新、营销渠道等方面产生的影响。外资在东道国投资后，本国相关的产业会观察并模仿其技术、管理和销售等先进手段，从而加速自身企业的发展。技术的这种外溢，其实是经济外在性（economic externality）的表现，而并不是技术的自愿扩散。这种形式的外溢渠道很多，包括公司内部技术转让、对外贸易以及对外直接投资等。这样一来，东道国就可以从这些经济行为中获益，逐渐掌握先进的技术和理念。FDI 的技术溢出途径主要有三种方式，分别是模仿示范、培训效应以及关联效应。其中，示范模仿又可以通过直接模仿和学习、逆向工程及研发速率提高这两种渠道产生作用；培训效应通过人力资本质量提高、人力资本转移等渠道产生效应；而关联效应通过前向联系、后向联系及综合作用这三种渠道对东道国技术产生溢出效应。

二、自主创新能力测度的理论模型

对于如何建立完善的测度自主创新能力的模型，很早以前就开始了对此论题相关的研究，从研究技术创新在经济增长中所起的作用到逐渐开始将技术变化当作一个内生变量来处理，再到斯特姆（Stem），弗曼（Furman）以及波特（Porter）于 2002 年提出了经典的测量国家创新能力模型。在前人的理论基础上，弗曼等人认为国家创新能力主要是三部分，即包含资源、制度以及政策等在内的会对整个经济体产生影响的因素；在国家产业集群内的特殊创新环境因素；以及前两个因素之间的消化能力。弗曼等人根据前人的理论基础以及自身研究建立了如下数学模型：

$$A_{j,t} = \delta_{j,t}(X_{j,t}^{INF}, Y_{j,t}^{CLUS}, Z_{j,t}^{LINK})(H_{j,t}^{A})^{\lambda}A_{j,t}^{\phi} \qquad (7.1)$$

其中，$A_{j,t}$ 表示 j 国家在 t 年的于世界而言是新颖的技术流；$\phi_{j,t}$ 表示贡献系数；$X_{j,t}^{INF}$ 表示公共创新基础设施；$Y_{j,t}^{CLUS}$ 表示国家产业集群特有的环境；$Z_{j,t}^{LINK}$ 表示公共基础设施与国家产业集群环境之间的联系；$H_{j,t}^{A}$ 表示能产生创意的研发部门的资本和劳动力资源；$A_{j,t}^{\phi}$ 表示被经济部门掌握的在某个特定时间段可以驱动创造的知识存量。

而后弗曼等人又不断地研究、改进其之前建立的模型，后来弗曼利用国际专利数据代替 $A_{j,t}$，以此来计算出自主创新能力的测度值。

三、FDI 影响自主创新能力的理论机制

FDI 的技术溢出指的是跨国公司在东道国进行外国直接投资后使当地生产力或者技术得到进步的一种经济上的外部效应。技术转让属于 FDI 用来影响自主创新能力的传导机制中的一种方式，但不是最有效的。技术转让只能转移显性的知识和专利，如同管理方式、生产技术应用的诀窍等不可转让的隐性知识，对企业而言，代表着核心竞争力的隐性知识需要 FDI 的技术溢出效应通过不同的路径进行传导。

根据已有学者及文献对 FDI 技术溢出的传导机制的研究，可以将 FDI 对区域自主创新能力产生影响的效应划分为四大类，分别是竞争效应、人力资本流动效应、示范效应以及关联效应。FDI 的流入、技术创新投入、技术创新绩效三者之间的因果关系与竞争效应、人力资本流动效应、示范效应以及关联效应联系起来，我们可以得到如图 7-1 所示的作用结构：

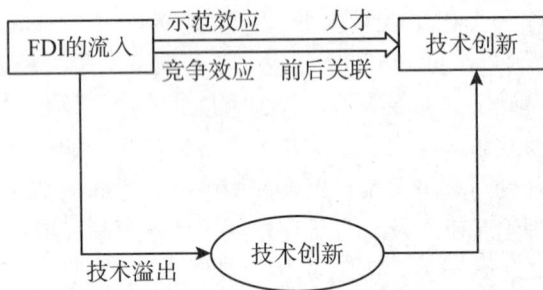

图 7-1　FDI 技术溢出对自主创新能力的作用机制

竞争效应是指跨国公司的子公司为了占据东道国有限的市场资源，与东道国企业进行激烈的市场竞争，刺激内资企业充分使用现有资源，间接的使生产效率和技术水平得到提高。FDI 的竞争效应使得生产效率低下、提高自身技术水平积极性不高的企业淘汰出局，从而让资源都向效率较高的企业注入，该效应被认为是外资企业技术溢出最重要的途径，在 FDI 溢出效应中主要表现为内资企业的学习效应。人力资本流动效应是指由劳动者迁移、变化带来的技术溢出效应。迁移变化主要由于

外资企业培训了东道国管理、研发、普通技工等类别的员工后，使得员工素质得到提高。

人力资本作为外资企业的竞争优势的一种承载方式，是在市场竞争中保持优势的重要因素。然后当东道国的员工学会了外资企业先进的管理经验和诀窍、产品工艺的改进、新产品的创新研发等技能后，东道国就具备了相当的技术吸收能力，从而可以将技术外溢效应充分发挥出来。

示范效应是指因为外资企业所拥有的技术工艺要比内资企业水平高，内资企业通过学习模仿外资企业产品工艺、管理经验等提高自身的自主创新能力的方式。这种效应在技术拥有者和模仿者交往频繁密切的情况下更加明显，其最有利的特点就是成本低，不像技术生产那样需要大量的成本和不确定的未来收益。示范效应包括了外资企业的示范效应和内资企业的模仿行为，外资企业在竞争市场上展示先进的产品、工艺、管理方式等给内资企业以示范作用，示范作用使内资企业对其新产品、新工艺等不断模仿学习，创新出功能更强、性能更好的相似产品来抢占市场，与外资企业相抗衡。总的来说，东道国通过示范效应从FDI中获得了正向的技术进步。

关联效应是指内资企业在与FDI合作时，以下游内资销售企业的身份以及上游内资供应商企业的身份与外资企业发生前向关联和后向关联效应。这是一种产业间溢出的效应。后向关联效应是指外资企业与其上游内资供应商企业所建立的联系，由于外资企业在产品的外观设计、质量等方面都尤为重视，东道国供应商在与其贸易往来时可以吸收这些信息来提高自身的产品设计。与此同时，外商直接投资还能够给东道国带来符合国际标准生产设施、在创新活动方面提供详细的辅导和相关信息服务、发掘出新客户、组织东道国员工进行管理培训等，因而这种与外资企业之间的密切联系给东道国带来了非常重要的外部性效应。前向关联效应是指内资企业把外资企业的产品作为其生产所需的中间投入品使用。外商直接投资的进入，使得东道国的企业间市场竞争加剧，东道国企业可以选择有利于提高自身产品的种类多样化和质量的中间投入品，这一效应对东道国分销商和销售组织发展有着巨大的正向的积极作用。但不论是前向关联效应还是后向关联效应，FDI对东道国的关联效应都存在着正向的积极作用以及反向的弱化作用，但本章着重于探讨FDI对我国自主创新能力正向的促进作用。

外商直接投资与内外生经济增长

总的来说，FDI 对我国自主创新能力的影响机制主要通过上述的四种效应产生正向的作用，其具体表现在对自主创新动力、能力因素、技术整合能力这几个方面的促进。通过对 FDI 影响我国自主创新能力的理论机制的分析，使下文的实证检验中的变量选取、模型建立更具有依据。

第四节　研究方法

一、扩展的生产函数

20 世纪 30 年代美国著名数学家柯布（G. W. Cobb）等人共同研究了产出与投入的关系，并用数学函数描述了这种关系，得出 C—D 生产函数（Cobb et al.，1928）：

$$Y_{it} = A_{it}(K_{it})^{\alpha}(L_{it})^{\beta} \tag{7.2}$$

公式（7.2）中，Y_{it} 表示经济产出，K_{it} 表示资本存量，L_{it} 表示劳动力，A_{it} 表示全要素生产率，其中主要的活跃成分是科技进步，α 表示资本的弹性系数，β 表示劳动力的弹性系数。生产函数两边同时除以 L 后，再取对数得：

$$\ln(Y_{it}/L_{it}) = \ln(A_{it}) + \alpha\ln(K_{it}/L_{it}) \tag{7.3}$$

其中，A_{it} 表示 i 地区第 t 年的全要素生产率。已有的文献表明，全要素生产率主要由两方面决定：（1）内资部门的技术进步；（2）外资部门的技术外部性。本文假设影响技术进步的因素除去 FDI 技术溢出效应外，还有以下三方面的影响因素：一是该地区与他国进行贸易活动而产生的溢出效应；二是该地区的区域创新能力；三是该地区的人力资本水平。这样，原来的生产函数可以扩展为：

$$\ln(Y_{it}/L_{it}) = \mu_i + \theta\ln(FDI_{it}) + \gamma_1\ln(K_{it}/L_{it}) + \gamma_2\ln(TRADE_{it})$$
$$+ \gamma_3\ln(HUM_{it}) + \gamma_4\ln(INO_{it}) + \xi_{it} \tag{7.4}$$

公式（7.4）就是本节的基本方程。其中，i 表示不同省份，t 表示不同年份；Y_{it} 表示国内生产总值；FDI_{it} 表示外商直接投资存量；K_{it} 代表资本存量；$TRADE_{it}$ 为贸易额；HUM_{it} 为人力资本水平；INO_{it} 为区域创新能力；μ_i 为个体效应，表示不随时间变化但影响区域创新能力的资源禀赋差异；ε_{it} 为随机扰动项，我们假设它服从均值为零且方差有限的正态分布。

二、面板数据模型

美国学者蒙德拉克（Mundlak，1961）最早将面板数据模型引入经济计量学中，目前已经得到了非常广泛的应用。面板数据也称为"纵列数据"、"平行数据"等，指同时在截面和时间序列存在的数据。面板数据模型的优越性主要体现在它可以有效地控制个体的异质性，大大降低多重共线性的影响，可以识别、分析、测量传统单纯使用时间序列数据或截面数据无法估计的影响，允许构建并检验更复杂的行为模型，因而比较适合研究 FDI 技术溢出对我国自主创新能力的影响。单方程面板数据模型的一般形式为：

$$y_{it} = \alpha_i + x_{it}\beta_i + u_{it} \quad i = 1, \cdots, n, \ t = 1, \cdots, T \qquad (7.5)$$

其中 x_{it} 为 $1 \times K$ 向量，β_i 为 $K \times 1$ 向量，K 为解释变量的数目，α_i 表示非观测效应，也就是常数项。根据 α_i 与 α_j，以及 β_i 与 β_j 的关系，面板数据模型可以分为混合回归模型、变系数模型、变截距模型，对于非混合回归模型，根据估计方法不同可以进一步分为固定效应模型与随机效应模型：如果非观测效应不随时间而变化，是各个截面或个体特有的可估计参数，则称为固定效应模型；如果非观测效应是随机变量，并且符合一个特定的分布，则称为随机效应模型。本章主要采用变截距模型进行估算。具体估计时，面板数据又分为随机效应模型与固定效应模型，前者认为不随时间变化而变化的自变量对因变量有影响，不应将其舍弃，应该将这些变量引入到模型之中；后者认为不随时间变化而变化的自变量对因变量没有影响，应该将其舍弃。

第五节　变量与数据

本章经济总量变量 Y 采用国内生产总值（GDP）表示，这也是目前国内外研究通行的做法。为消除价格因素的影响，本文以 1990 年不变价格度量实际的 GDP 值。

FDI 为外商直接投资存量。由于 FDI 对我国经济的影响是长远的，是一个持续的过程，并不是在某一年过后对经济就不再产生影响，同时上一期或前几期的 FDI 也会对今后的经济发展产生影响，故我们选用外商直接投资的存量来衡量外商直接投资对我国经济的贡献。本文先将各地区实际利用外资总额（亿美元）按当年人民币对美元的中间价折算成人民币，再按照 GDP 的处理方式消除价格因数的影响，最后将历年 FDI 进行累计加总得到各省每年的外商直接投资存量。

K 为资本存量（亿元）。固定资产投资对高技术产业的经济发展起着决定作用，经济产出更多地依赖以往形成的固定资产存量。与 FDI 存量一样，我国一直以来也都未曾对国内资本存量进行过统计，本文采用了国内外学者运用较为广泛的永续盘存法对资本存量进行测算。借鉴张军（2004）的方法，采用永续盘存法对固定资产原价进行估算，选用 1995 年年末各省市的固定资产原价作为初始资本，计算公式如下：

$$K_f^\tau = K_f^{\tau-1}(1-\delta_i) + I_f^\tau \tag{7.6}$$

TRADE 为贸易总额（亿元）。由于统计年鉴中未直接给出我国各地区的贸易总额，本文先采用各地区的进出口额（亿美元）按当年汇率中间价将其折算成以人民币表示的各省进出口额（亿元），再算出各省进口额及出口额占当年该省比重，最后再利用加权平均的处理方法得到各地区各期的加权平均贸易总额（亿元）。

HUM 为人力资本。人力资本是指劳动力规模与劳动力素质的乘积。关于劳动力素质的计算，本文参照彭国华（2005）的方法。首先计算出各年份的劳动力平均接受教育年数。接着采用被广泛引用的国外学者普萨哈罗普洛斯（Psaeharopoulos, 1994）及最新的普萨哈罗普洛斯等（2004）对中国教育回报率的估计数据，将平均受教育年限转化为劳动力素质（lnHUM）。计算公式为：

$$\ln HUM = \begin{cases} 0.18 \times X & (0 \leqslant X < 6) \\ 0.18 \times 6 + 0.134 \times (X-6) & (6 \leqslant X < 12) \\ 0.18 \times 6 + 0.134 \times 6 + 0.151 \times (X-12) & (X \geqslant 12) \end{cases}$$

$$\tag{7.7}$$

公式（7.7）中，HUM 表示劳动力素质，X 表示劳动力平均接受教育年数。0.18、0.134、0.151 分别表示接受教育年数为 0~6 年、6~12 年及 12 年以上时的教育回报率。最后计算人力资本存量，计算公式为：

$$L = \exp(\ln HUM) \times l \tag{7.8}$$

公式（7.8）中，lnHUM 表示由公式（7.4）得到的劳动力素质，l 表示劳动力规模。

INO 为实用新型专利申请受理量（项），代表各省的技术创新能力。技术创新能力指的是将一个领域的知识转化为新产品，新服务和新工艺的能力。它代表的不是科技能力，也不是科技竞争能力，更多的是代表了新技术的经验应用能力。技术创新能力主要由创造知识的能力、获取知识的能力、企业的技术创新能力及创新环境与创新的绩效等要素构成。此外，创新是一个非静态的过程，加之它是由众多要素综合作用的结果，所以要客观地评估区域创新能力并不容易。在前人的研究当中，通常使用研发投入或专利数量作为区域创新能力的代理指标。在研究初期，经济学家通常利用 R&D 来近似表示创新能力，但从 20 世纪 70 年代以后专利作为衡量创新能力的新指标得到了广泛应用。一个地区是否具有创新能力或者该创新是否具有潜在的经济价值，最直观的反应便是该地区新技术的发明创造者向当地专利审查机构申请的专利数量。同时专利数据具有易得到、较完整与很准确的特点。为了剔除专利中只是简单对产品外包装进行改进或创新的这类不能真正体现某地区的创新能力的专利，本文采用实用新型专利申请受理量作为区域创新能力的代替指标。

L 为劳动力投入量。劳动力投入量用我国各地区年末从业人员数表示。在实际的软件操作中为方便操作，本文将上述数据都除以了劳动力的投入量。使用劳动力投入量的数据代替全国的人口数据可能会更好地体现我国的劳动者对经济发展的贡献。

本文所有数据来自于 2003～2012 年的《中国统计年鉴》以及《新中国 60 年统计资料汇编》，实际数据为 2002～2011 年 10 年的省际面板数据。西藏自治区的数据因为历史原因存在严重的缺失，所以未能将其纳入样本范围；海南和新疆分别因为专利数据与人力资本数据的部分缺失，也未将其纳入样本范围；此外，重庆市也只有直辖后的数据，故将其数据并入四川省数据后纳入样本范围。为了消除价格因素的影响，所有与价格有关的变量都以 1990 年为基期进行换算，这样总共有 27 个省、市、自治区进入样本，10 年共计 270 个观测值。

第六节 实证结果

一、单位根检验

面板数据包括了时间序列数据和截面数据，在回归时必须进行数据的平稳性检验，以防止出现伪回归问题。Levin 检验、ADF 检验、PP 检验是常见的 3 种面板数据平稳性检验方法，考虑到不同方法的检验原理不同，结果也不尽相同，本文以三种方法检验结果一致为准。各变量的水平值经验表明，不能拒绝存在单位根的原假设。一阶差分的 3 种检验均表明，在 5% 的显著水平上拒绝单位根的存在，即经过一阶差分，所有数据均为平稳时间序列，如表 7-1 所示。

表 7-1 面板数据单位根检验

变量	Levin 检验值		ADF 检验值		PP 检验值	
	水平值	一阶差分	水平值	一阶差分	水平值	一阶差分
log(Y)	1.357 (0.913)	-6.653 (0.000)	36.186 (0.723)	61.702 (0.025)	81.418 (0.000)	80.118 (0.000)
log(FDI)	-0.104 (0.457)	-8.428 (0.000)	38.736 (0.615)	62.910 (0.000)	56.979 (0.061)	82.147 (0.000)
log(K)	3.940 (1.000)	-6.037 (0.000)	14.050 (1.000)	90.834 (0.000)	21.473 (0.996)	96.798 (0.000)
log(TRADE)	-1.608 (0.054)	-14.848 (0.000)	29.999 (0.917)	122.845 (0.000)	33.535 (0.821)	168.749 (0.000)
log(HUM)	-6.282 (0.000)	-15.579 (0.000)	77.945 (0.000)	148.380 (0.000)	82.129 (0.000)	187.711 (0.000)
log(INO)	-5.341 (0.000)	-14.526 (0.000)	68.936 (0.006)	136.758 (0.000)	105.491 (0.000)	202.329 (0.000)

二、全国层面 FDI 技术溢出效应

本节首先对 FDI 在全国层面的技术溢出效应进行了验证，然后又分别利用不同地区的面板数据对 FDI 的技术溢出效应进行检验，即先从整体再到局部分析了 FDI 的技术溢出效应。

下面采用面板数据进行回归分析，究竟是采用混合回归还是采用面板数据回归，必须首先构造一个 F 检验加以判断，检验结果显示应该选取面板数据回归进行分析。先采用随机效应模型进行估计，然后进行 Hauseman 检验，Hauseman 检验值为 9.028，在 10% 的水平接受了随机效应的原假设，应该采用随机效应模型进行估计。为了进一步消除异方差，采用截面加权，结果如表 7 - 2 的随机效应栏所示，回归拟合优度较高，R^2 值为 0.913，所有变量都通过了统计检验。

表 7 - 2　　　　　　　　　面板数据回归结果

变量	含义	随机效应
C	常数	1.354 *** (6.984)
Log(FDI)	外商直接投资存量	0.166 *** (7.114)
Log(K)	资本存量	0.528 *** (17.032)
Log(TRADE)	贸易总额	0.127 ** (11.974)
Log(HUM)	人力资本存量	0.063 *** (3.564)
Log(INO)	技术创新能力	0.105 *** (5.873)
Hauseman	—	9.028
p	—	0.104
R^2	—	0.913

注：* 表示在 10% 的水平下统计检验显著；** 表示在 5% 的水平下统计检验显著；*** 表示在 1% 的水平下统计检验显著。

以上研究发现：外商直接投资对我国的技术溢出效应整体为正，只是显著程度并不是很高，当外商直接投资的对数变动 1 个单位时，我国人均 GDP 的对数变动 0.166 个单位。这说明，目前外商直接投资能在整体上给我国带来正的技术溢出效应，但效果并不十分显著，只在 5% 的置信水平上显著。所有解释变量中系数均为正值，其中，人均资本存量的系数最大为 0.528，这说明目前阶段 FDI、贸易总额、人力资本及资本存量在一定程度上都能促进我国经济的发展，并且人均资本存量对我国经济发展的影响最为显著。另外，所有变量的 P 值都小于 5%，拒绝了系数为 0 的假设。

三、地区层面 FDI 技术溢出效应

为了更好地分析不同地区之间 FDI 技术溢出效应的差异，对外商直接投资存量这一变量进行变系数估计。估计结果如表 7-3 所示。

表 7-3　　　　　　　　不同地区 FDI 的技术溢出效应

地区	省份	回归系数	省份	回归系数
东部	北京	0.346 ** (3.943)	江苏	0.326 *** (4.787)
	天津	0.255 ** (3.717)	浙江	0.264 *** (3.951)
	河北	0.168 *** (2.625)	福建	0.184 ** (1.550)
	辽宁	0.276 *** (3.854)	山东	0.253 * (2.051)
	上海	0.336 ** (4.458)	广东	0.262 ** (2.542)
中部	山西	0.005 (0.231)	江西	0.082 *** (1.352)
	吉林	0.141 *** (3.192)	河南	0.257 *** (5.424)

地区	省份	回归系数	省份	回归系数
中部	黑龙江	0.188 *** (5.776)	湖北	0.151 (1.343)
	安徽	0.197 *** (5.967)	湖南	0.166 *** (5.422)
西部	内蒙古	0.139 *** (3.790)	陕西	0.074 * (0.932)
	广西	0.054 * (1.353)	甘肃	0.0768 *** (5.703)
	四川	0.193 *** (4.612)	青海	0.036 ** (1.497)
	贵州	0.050 ** (1.523)	宁夏	0.007 *** (0.290)
	云南	0.147 *** (5.721)		
C	1.121 *** (4.293)			
R-squared	0.924			
Adjusted R-squared	0.913			
F-statistic	128.793			
Prob	0.000			

注：＊表示在 10% 的水平下统计检验显著；＊＊表示在 5% 的水平下统计检验显著；＊＊＊表示在 1% 的水平下统计检验显著。

根据东、中、西部地区的实证结果，FDI 在我国各省间的技术溢出效应存在着明显的区域性差异。从东部地区看，东部地区包括了我国 10 个沿海省份，除了河北与福建两省，其他各省的 FDI 技术溢出的弹性均大于 0.257，这说明东部地区的 FDI 技术溢出效应十分显著。首先，由表 7-3 我们发现，北京、上海、江苏三个地区 FDI 的弹性系数都超过了 0.3，溢出效应尤为显著，这说明这三个省市的 FDI 活动非常活跃，其中北京市的溢出效应为 0.346，在所有省市中排名第一，并且能通过各个渠道很好的促进当地的经济发展；其次，天津、辽宁、浙江、山东及广东五省的FDI弹性系数均大于0.25，很明显，这说明这五个省市的FDI溢出效应虽不及北京、上海及江苏三个省市，但也能很好地利用外资，有利地促进当地经济的发展；最后，河北与福建的FDI弹性分别为0.168、0.184。这说明河北与福建的FDI活动有正向的溢出效应，但并不及沿海其他省份那么显著，可能是因为相较于沿海其他省份，河北及福建的FDI活动并不十分活跃，并且河北省与福建省的P值为0.002、0.024，分别通过了1%、5%水平下的显著性检验。所以，从总体上来看，东部地区整体FDI的技术溢出效应非常显著。

从中部地区看，中部地区包括了我国8个内陆省份，除了山西和江西以外，各省的FDI弹性系数均介于0.15~0.25之间，这说明中部地区的FDI溢出效应比较明显。首先，河南省的FDI弹性系数超过0.2，达到了0.257，溢出效应在中部8省中尤为显著，这可能与国家的中原崛起政策和当地政府的大力招商引资有关。这说明河南省的FDI活动已比较活跃并且在不断地接近东部省份的水平，其技术溢出效应亦非常明显；其次，吉林、黑龙江、安徽、湖北及湖南五省的弹性系数都介于0.15~0.20之间，FDI溢出效应的显著程度一般，这说明这五个省市虽已经在一定程度上利用了FDI，但力度较小，未能有力的促进当地经济的发展；最后，江西FDI的弹性系数为0.082，这说明江西的FDI活动有正的溢出效应，但并不及中部其他省份那么显著。这可能是因为相较于中部其他省份，江西的FDI活动并不十分活跃。总的来看，中部地区整体溢出效应较为显著。

从西部地区看，西部地区包括了我国9个西部省份，各省的值除四川省外均介于0~0.15之间，这说明西部地区的FDI溢出效应并不十分显著。首先，四川省FDI的弹性系数为0.193，溢出效应在所有西部省份中最为显著，达到了中部省份的水平，这可能是将重庆并入四川省计量的结果，重庆与成都是我国西部重要的中心城市，具有较强的吸引外资的能力。此外，在近几年西部大开发的大背景下，社会经济发展十分迅猛，这也是四川省的FDI溢出效应要明显优于其他西部省份的重要原因；其次，内蒙古、广西、云南、陕西、甘肃、青海及宁夏八省的弹性系数均介于0~0.15之间，且P值也都通过了1%、10%水平的检验，FDI溢出效应并不十分显著。这说明这八个省市未能充分利用外商投资，或者说未能很好地吸引到外商投资，在吸引和利用外资方面，西部省份还有很大的发展空间，所以我们得出西部地区整体溢出效应并不显著的结论。

第七节　结论与政策建议

一、结论

在对我国整体经济进行研究分析后，本章发现 FDI 对我国的技术溢出效应较为显著，但存在明显的区域差异。从地区层面看，在我国不同地区 FDI 技术溢出效应的表现是不一样的。在以北京和上海等为代表的东部沿海发达地区，外商直接投资的流入产生了非常积极的正溢出效应；而在以河南、湖南为代表的中部地区，外商直接投资的流入产生了较为积极的技术溢出效应，FDI 在东部和中部地区较为明显的正溢出效应较好地促进了当地的经济发展和技术进步；而以陕西、甘肃及宁夏等为代表的西部地区，外国直接投资的流入并没有呈现出十分显著的正溢出效应。所以我们不难看出，外商直接投资的溢出效应在我国存在着较为明显的区域差异，总体上呈献出东高西低的态势。

二、政策建议

根据上一小节中实证分析的结论，我们最终可以得到对自主创新有推动作用的因素、对自主创新没有显著促进作用的因素以及比较出区域自主创新能力较强的地区。根据结论以及结合我国的特点，针对整个中国的情况提出了以下几点政策建议：

（一）对于全国的政策建议

基于 FDI 流入对我国目前经济发展水平总体上已经引发的正向技术溢出效应，外资的流入已经对地区经济发展和技术进步起到显著的积极作用，尤其在经济发展水平较高的东部地区表现得更为明显。然而，就各个地区而言，这种积极的技术溢出仍然不是一个普遍现象。为了充分发挥

FDI 技术溢出的正外部性，加快地区技术进步进程，最有效的途径仍然是促进本地区经济发展，努力提高地区经济的总量水平和人均水平，增强对 FDI 技术的吸收能力。同时，继续扩大市场化程度和经济开放程度，将引进外资的规模尽可能控制在合理范围之内，并进行有效监管，提高引进外资的质量。具体到如何做，分为以下几个方面：

首先，进一步扩大经济开放程度，注重引进外资的质量。完善对外开放的制度保障，按照市场经济和世贸组织规则的要求，加快内外贸一体化进程。抓住新一轮全球生产要素优化重组和产业转移的重大机遇，扩大利用外资规模，提高利用外资水平。增强参与国际合作和竞争的能力，扩大企业外贸经营自主权，使更多企业拥有进出口权，改革进出口审批制度，逐步取消进出口配额，改革进出口贸易融资机制，支持进出口企业的资金融通。对外开放的地域和领域不断扩大，充分利用国际国内两个市场、两种资源，优化资源配置。在未来较长一段时间内，投资仍然是地方各级政府的主要任务之一，但不能不对引进外商投资项目进行筛选，一些地方政府仍存在盲目追求外资投资数量，不重视质量的行为，针对这一现象我国各级政府应当尽快完成从"招商引资"向"招商选资"过程的过渡，强调提高对外资的技术含量要求，这就需要对现行体制进行进一步的完善与改革。在不同的行业，外商直接投资对我国的技术溢出效应是不同的，因此，如果从技术溢出效应的角度来看这个问题，正向技术溢出效应大的产业则应该更多吸引外商资本。国务院颁布的《关于鼓励外商投资的规定》以及后续出台的《外商投资产业指导目录》，就明确了对技术先进型行业实行优惠政策，对产能过剩、技术含量不高的产业进行限制甚至禁止引进的政策。总之，我国政府应该根据中国现有行业特征，制定更详细的外商投资直接投资行业的指导目录。

其次，中国需要制定更为审慎的引进外资的政策。改革开放以来，中国一直在寻求经济结构的转型，在改革的早期阶段，制度改革对经济增长的贡献要远远大于技术进步，20 世纪 90 年代以来，对外贸易和技术溢出效应逐步显现。随着改革的进一步深入，改革所带来的收益正在不断减少，而企业通过自身的技术进步所带来的收益正在不断增加。但是，如果认为只要吸引到外商投资项目就能得到积极的溢出效应，则很可能得到南辕北辙的结果。中国应该制定更谨慎的吸引外商投资的政策，控制将产生负溢出效应的外商投资，为本土企业创造更好地成长壮大的条件。对可能会产生积极的溢出效应的外商投资项目，则可以逐步放松管制，这主要体现在以下两个方面，一是除国家的支柱产业外，在确保安全的前提下，允许外资进入更广泛的产业领域；二是，对于特定行业，可以减少经营条件的限制，包括放宽在单个企业的外资股权比例限制。对于那些将带来积极的溢出效应的行业，则可优先考虑对其实施相对宽松的政策。

最后，我国政府要继续加大内部改革力度，继续深化国有企业改革，从根本上抑制"国进民退"这种异常现象。目前，中国在某些领域还存在较高的市场进入壁垒，融资能力不足仍然是约束本土企业发展壮大的重要因素。因此，中国仍然需要进一步改革金融体系，提高金融市场融资能力，拓宽融资渠道，在法律和法规及市场体系的完整性等诸多方面投入更多的精力，以促进本土企业的进一步发展。

（二）对各地区的政策建议

对于经济发展水平较高、基础相对较好的东部地区，应重点关注地区经济发展的平衡性以及产业结构的升级与调整，促进地区经济协调健康的发展；对于经济发展水平相对落后、基础较差的中西部地区，应当克服区位弱势，除继续通过改善交通、通信、能源、水利等基础设施之外，发展教育、提高地区人力资本素质无疑是提高外来技术溢出的吸收能力，提升区域经济增长速度的一个重要切入点。政府应当加大对中部、西部地区的扶持力度，不仅要提供必要的财政支持，更重要的是有适度的政策倾斜，鼓励和促进这些地区扩大对外开放程度，促进市场化程度进一步提高，不断改善投资环境和配套条件，拓宽渠道积极引入 FDI，从而使 FDI 技术溢出效应在我国中西部地区得以充分发挥。无论是相对发达的东部地区，还是发展相对落后的中西部地区，不仅要因地制宜制定经济发展战略，充分发挥自身优势发展本地经济，在精心打造引资平台、创造良好投资环境吸引 FDI 的同时，更要努力增强自身的吸收能力，充分利用外资，以更好地推动当地的经济发展和技术进步。而具体到如何做，分为以下几个方面：

首先，政府部门应该有步骤的引导外商直接投资从东部地区向中西部地区进行转移，劳动密集型产业尤为重要。一方面，当地政府要注重完善投资软环境，如进一步完善相关政策法规，提高政府行政效率及增强政策法规的透明度等；另一方面，要注重基础设施的改善和配套资源的完善，以提升投资硬环境，进一步增强本土企业与外商投资企业之间的相互联系。此外，在对项目进行筛选时，需要配合国家西部大开发及中部崛起战略，以各地区的明确分工为基础，不让中西部走东部的老路。中西部地区应该借助于自身地理、人文、资源等方面的优势，选择那些能发挥本区域特色的新行业，新领域，为未来的发展打下自身特有的竞争优势，否则相对于东部地区，将会在其走过的老路上不断重复。

其次，针对目前不同地区的发展水平的差异，采用不同的吸引投资政策。引进外商直接投资时，并不总是需要以引进那些含有高端技术外商投资项目，就目前我国的东、中、西的技术差异的现状而言，中部和西部地区应该更多地考虑经济发展水平、生产环境、消费结构及要素禀赋等因素，从而选择那些最易发挥该地区的生产潜力的外商直接投资项目，然后再进行模仿学习。引进外资时，还要重视并积极引进产业关联度大的项目，最好能形成规模效应，进而促进产业结构的调整，最终实现产业结构升级的目标。

最后，对我国而言，一方面，由于东部沿海与中、西部经济和技术差距较大，区域经济和科技发展水平极端不均衡，另一方面，中国大部分的工业企业，主要从事加工及制造业，在企业管理和技术差距等方面与跨国公司有很大的差距。因此，中国政府应当颁布相关政策以鼓励企业的自主创新。从宏观的角度来看，外商直接投资激励措施与教育、人力资本的积累、R&D活动必须相互补充促进，从而提高企业的技术吸收能力和自主创新能力。如果技术差距较小，政府应引导外商投资企业选择投资于我国的技术更先进的东南沿海地区，如果技术差距较大，则应引导外商投资企业选择投资于我国的技术相对落后的中西部地区，以最大限度地利用外国直接投资的技术溢出效应。从微观层面看，根据具体情况在不同地区不同行业采用"多层次、多样化"的技术进步模式。

本章参考文献

[1] Haddad M., Harrison A., Are There Spillovers from Direct Foreign Investment? Evidence from Panel Data for Morocco, Journal of Development Economics, 1993, Vol. 42: 51 – 74.

[2] Aitken B., Harrison A., Do Domestic Firms Benefit from Direct Foreign Investment? Evidence from Venezuela, American Economic Review, 1999, Vol. 89, No. 3, 605 – 618.

[3] Kokko A. Technology, Market Characteristics and Spillovers. Journal of Development Economics, 1994 (43): 279 – 293.

[4] Kokko A. , Tansini R. , Zejan M. C. Local Technological Capability and Productivity Spillovers from FDI in the Uruguayan Manufacturing Sector. The Journal of Development Studies, 1996, 32 (4): 602 – 611.

[5] Aitken B. and Harrison A. Do Domestic Firms Benefit from Direct Foreign Investment? Evidence from Venezuela. American Economic Review, 1999, 89 (3): 605 – 618.

[6] Kinoshita, Y. , R&D and Technology Spillovers via FDI: Innovation and Absorptive Capacity, CEPR Working Paper, 349a, University of Michigan. 2001.

[7] Girma, S. , Greenaway, D. , and Wakelin, K. , 2001: Who Benefits from Foreign Direct Investment in the UK? Scottish Journal of Political Economy, Vol. 48, No. 2.

[8] Narula, R. and Dunning, J. H. , 2010: Multinational Enterprises, Development and Globalization: Some Clarifications and a Research Agenda, Oxford Development Studies, Vol. 38, No. 3.

[9] Javorcik, B. S. and Spatareanu, M. , 2011: Does it Matter Where you Come from? Vertical Spillovers from Foreign Direct Investment and the Origin of Investors, Journal of Development Economics, Vol. 96, No. 1.

[10] Damijan, J. P. , Rojec, M. , Majcen, B. , and Knell, M. , 2012: Impact of Firm Heterogeneity on Direct and Spillover Effects of FDI: Micro Evidence from Ten Transition Countries, Journal of Comparative Economics, Vol. 41, iss. 3.

[11] Du, L. , Harrison, A. , and Jefferson, G. H. , 2012: Testing for Horizontal and Vertical Foreign Investment Spillovers in China, 1998 – 2007, Journal of Asian Economics, Vol. 23, No. 3.

[12] 何洁. 外国直接投资对中国工业部门外溢效应的进一步精确量化 [J]. 世界经济, 2000, (12): 29 – 35.

[13] 胡祖六. 关于中国引进外资的三大问题 [J]. 国际经济评论, 2004, (2): 24 – 28.

[14] 王红领, 李稻葵, 冯俊新. FDI 与自主研发: 基于行业数据的经验研究 [J]. 经济研究, 2006 (2): 44 – 56.

[15] 孙文杰, 沈坤荣. 技术引进与中国企业的自主创新: 基于分位数回归模型的经验研究 [J]. 世界经济, 2007, (11): 32 – 43.

[16] 陈劲, 陈钰芬, 余芳珍. FDI 对促进我国区域创新能力的影响 [J]. 科研管理. 2007, 28 (1): 7 – 13.

[17] 范承泽, 胡一帆, 郑红亮. FDI 对国内企业技术创新影响的理论与实证研究 [J]. 经济研究, 2008, (1): 89 – 102.

[18] 周伟华, 杜健. 外商直接投资与我国产业技术边缘化的实证研究 [J]. 国际贸易问题. 2008, (10): 91 – 99.

[19] 邢斐, 张建华. 外商技术转移对我国自主研发的影响 [J]. 经济研究, 2009, (6): 94 – 104.

［20］王鹏，张剑波. 外商直接投资、地区差异与创新规模及层次——基于泛珠三角区域内九省区面板数据的实证研究［J］. 国际贸易问题. 2012，（12）：84－93.

［21］王恕立，李龙. 外向 FDI 影响中国自主创新的机制及实证检验［J］. 世界经济研究. 2012，（7）.

［22］彭峰，李燕萍. 技术转移方式、自主研发与高技术产业技术效率的关系研究［J］. 科学学与科学技术管理，2013，34（5）：44－52.

外商直接投资与内外生经济增长

第七章 FDI 技术溢出对我国区域自主创新能力的影响研究

第八章

不同行业 FDI 对经济的影响研究

第一节 引 言

改革开放以来，中国经济的增长备受世界瞩目。经济的快速增长、政治局面的相对稳定和投资环境的逐渐优化，使得我国成为国际直接投资的理想国家之一。自 2001 年加入世界贸易组织以来，我国已经拥有了全方位、多层次、宽领域的开放格局，形成了以法律框架的制度性开放，促成了中国与世界贸易组织成员间双向开放的市场，吸引大量国际直接投资涌入中国，从而流入中国各行各业。据中国统计局《2012 年中国统计年鉴》公布，2011 年中国实际利用外资额达到 7215.52 亿元，其中绝大部分流入我国制造业、房地产业、批发与零售业、租赁和商务服务业、农林牧渔业等行业，这促进了我国经济的增长，2011 年国内生产总值达 468562.4 亿元。

大量外商直接投资涌入各行各业产生了极大的技术溢出效应，带动了技术进步，从而促进各行业的发展。现有研究表明，不同行业 FDI 流入不仅会对金融汇率变动产生影响，还会促使人民币产生不同程度的升值、各地区的实际工资水平的正效应，直接或者间接对我国经济增长产生了影响。因此，探讨我国不同行业 FDI 对经济增长的贡献测度具有极重要的理论价值和实际意义。

主要考虑到目前针对 FDI 与我国总体经济增长的研究比较多，而从行业角度测度 FDI 对经济贡献研究比较欠缺。本章立足从行业角度探讨 FDI

对我国经济贡献的大小，以各大产业中的核心行业为研究对象，引用2003～2011 年的发展数据，采用面板回归来测度不同行业 FDI 对经济增长的贡献弹性，继而根据实证结果有针对性地提出具有可操作性的对策建议。

第二节　文　献　综　述

一、FDI 促进经济增长的文献综述

FDI 与经济增长关系的研究一直是经济学者们广泛关注和热烈讨论的一个焦点问题。我们对 FDI 影响经济增长的文献从国外学者分析国外 FDI 对经济增长的作用、一部分国外学者分析 FDI 影响中国经济以及国内学者分析流入我国 FDI 影响我国经济发展方面做一个总体性的概述。

国外关于 FDI 与经济增长的关系研究，理论研究较实证研究早，并且比较丰富。有的学者是直接从 FDI 流入与东道国经济增长来说明的。例如，新古典增长理论的代表罗伯特·索洛（1956）认为 FDI 带来的资本、技术冲击会影响东道国短期的经济发展；新增长理论认为 FDI 在东道国的投资会引发外部效应，新的 FDI 带来长期的外部效应可以实现东道国长期内生持续增长；新制度经济学理论认为西方 FDI 要求变革东道国的经济体制，能够促进经济整体发展。美国经济学家 H. B. 钱纳里（2006）基于"双缺口"理论认为 FDI 对于发展中国家能够弥补"外汇缺口"和"资金缺口"，促进东道国经济发展；陈（Chen，1995）认为，外资企业的技术、管理和营销等方面的知识将会产生外溢，使东道国受益从而促进经济增长。在实证方面，格雷戈里奥（Gregorio，1992）通过对 12 个拉美国家的研究，表明 FDI 与这些国家经济增长显著正相关；巴腊苏巴曼扬等（1996）、鲍伦斯坦等（1998）的研究表明 FDI 的流入提高了许多发展中国家的经济增长率。还有一部分学者从 FDI 流入后对于东道国的溢出效应来分析 FDI 对于经济增长的作用。凯勒（Keller，2003）研究发现 FDI 对于东道国的经济发展取决于其 FDI 溢出效应的吸收能力，而这种能力又是由东道国的技术水平和资本存量决定的。而且，不同产业对 FDI 溢出效应的吸收能力是不同的。伍德沃德（Woodward，2003）研究发现 FDI 流入可

分为水平的溢出效应和上下游产业垂直溢出效应两种情况。东道国自身的产业结构对于这种 FDI 的吸收效果非常重要。布仁纳利和威格斯（Brennery and Weigehz, 2001）分析了 FDI 流入对于东道国经济发展的不利影响。主要是加重流入国家的贫富分化，并且会进一步扩大行业间的工资差距。因为 FDI 大量流入的行业工资水平是高于其他的行业工资水平的，由此造成了行业间的工资水平差距。阿斯曼·圣尼和宋·雷克·罗尔等（Azman Saini and Siong Hook Law et al., 2010）采用 91 个国家 1975~2005 年的数据进行门限回归实证检验，结果表明，只有当金融市场的发展水平超过了特定临界值时，FDI 对经济增长有促进作用，否则该作用不存在。纳迪亚·多特查和梅里·安滕（Nadia Doytcha and Merih Uctum, 2011）利用 GMM 模型研究 FDI 流向从制造业向服务业的转变，是否可以加快经济的增长。结果表明，如果这种转变是由非金融性的 FDI 带头引起的，那么它会限制某些特定区域和特定类型经济体制的工业化发展；反之，则会加速经济增长。

中国吸引 FDI 数量巨大，效果显著，越来越多的外国学者研究我国的情形，分析 FDI 流入对于国内经济各方面的影响。例如：陈宗、劳伦斯·常和张一鸣（Chung Chen, Lawrence Chang and Yiming Zhang, 1995）研究了 FDI 流入对于我国经济的不利影响，主要认为 FDI 流入加剧了地区经济发展的不平衡以及加剧了各地区工资分配的不平衡。罗杰·H·戈顿和大卫·D·李（Roger H. Gordon and David D. Li, 1999）从人力资本的角度实证研究外资企业的生产率与国有企业的生产率。研究发现，外资企业的生产率要高于国有企业。海德等（Head et al., 1995）的研究认为 FDI 大量流入中国的原因，是由于中国特有的金融扭曲。由于我国许多营利性的生产企业（主要是非国有企业）生产缺乏资金，政府对信贷的过分干预阻碍了这些企业的进一步发展，于是这些企业开始通过吸引外资来促使企业的发展与再生产。不同地区不同行业因为对资金的需要是不同的，因此造成了 FDI 流入不同产业的量也是不一样的。史密斯等（Smith et al., 1994）通过研究发现 FDI 流入中国一个重要的原因就是人民币升值的趋势，外资希望人民币升值会为自己的企业带来若干利益，从而大量涌入中国。但是这种趋势受行业的限制，FDI 主要流入包括基础设施建设和房地产这些主要行业。迪默里斯（Dimelis, 2005）通过研究发现东道国的政府行业政策在很大程度上影响 FDI 在各行业的分布，即政策性因素对 FDI 溢出效应的影响是显著的，因此，FDI 的溢出效应受政府政策的制约。孙江永、冼国明（2011）运用非均衡面板数据的广义矩阵估计，选择中国的纺织业为研究对象，从产

外商直接投资与内外生经济增长

业关联和技术差距的角度考察了外商直接投资的技术溢出效应。

而我国学者主要是运用计量经济模型回归分析 FDI 与 GDP 之间的关系。陈浪南、陈景煌（2002）通过实证研究表明 FDI 存量增长率与 GDP 增长率存在线性相关关系。孙樱铭（2008）研究指出我国 FDI 每增加 1%，会拉动 GDP 平均增长 0.524%；萧政、沈艳（2002）运用三阶段最小二乘法发现 FDI 每增加 1% 会使 GDP 在当年增加 0.049%，长期 GDP 会增长 5.448%，FDI 和 GDP 之间存在着互动关系；夏京文（2001）对我国 1983～1997 年的 GDP 与实际 FDI 数额做出一元线性回归分析结果决定系数高达 0.96；杜江、高建文（2002）的研究能够以 96.6% 的概率确信 FDI 带动了中国经济发展。杨林（2013）分析现阶段中国是否应该继续大量引进 FDI，以及 FDI 流入中国经济。从产出与投资角度实证分析 FDI 的溢出效应，并且分行业 FDI 对内资企业的影响做了分析。最后针对此提出了不同区域对 FDI 要采取不同的政策，对不同来源的 FDI 应采取不同的策略，以及积极发展内资企业，防范 FDI 集体撤走的风险的政策建议。费宇、王江（2013）运用面板平滑转换（PSTR）模型研究国外直接投资（FDI）对我国各地区经济增长的非线性效应。选取了 FDI 及影响 FDI 的市场规模、基础设施、产业结构等 8 个变量作为解释变量构建单因素和多因素 PSTR 模型。结果表明，我国经济增长与 FDI 之间存在着平滑转换机制效应；FDI 对经济增长的影响是非线性的；FDI 是我国各地区经济增长的充分条件，但不是必要条件。

二、不同行业 FDI 促进经济增长的文献综述

我国是一个发展中国家，经济技术相较于欧美等发达国家还比较落后。外商直接投资在我国的行业分布比较广泛，进入我国各省市的 FDI 行业不同，对于我国地区经济增长的贡献也就不同。分行业分析我国 FDI 对于我国经济增长的贡献，有助于我国有针对性的吸引外商直接投资。国内外学者关于不同行业来源的 FDI 对经济增长贡献的影响分析主要在以下几个方面。

国外学者探讨不同行业来源的 FDI 对于经济增长的作用，并未直接阐述不同行业 FDI 对经济的作用，而是通过阐述其对东道国的技术溢出效应来说明其对这个地区发展的作用。不同行业 FDI 对经济增长的作用不同主

要是因为其技术含量不同，技术溢出效应也不同。例如：刘等（Liu et al.，2000）通过对 1991～1995 年间英国制造业行业面板数据的分析，发现英国制造业存在明显的 FDI 正溢出效应。而且，在技术差异小的行业 FDI 溢出效应明显，也就是带动东道国企业发展的作用明显。而科科（1994）也认为技术差距小的行业 FDI 的溢出效应明显。而具体原因则是由于技术差距小，当地企业具有较高的吸收能力。吉尔马和维克林（2001）采用 1991～1996 年为期 6 年的英国制造业的数据实证研究不同行业 FDI 的技术溢出效应。研究表明，不同行业 FDI 技术溢出还与行业 FDI 的竞争程度有关系。竞争程度越高，行业技术溢出效果越明显。当地企业与流入 FDI 技术差距越大，技术溢出越小。巴里奥斯和施特罗布尔（Barrios & Strobl，2001）以 1990～1994 年的企业数据考察西班牙制造业，发现 FDI 流入对于以出口为主的当地企业具有明显的正溢出效应。维尼什·卡图里亚（Vinish Kathuria，2002）分析 FDI 的技术溢出效应，主要是从印度的工业企业开始分析，分析了企业的吸收能力与流入 FDI 的相对行业的获益能力的关系。

国内学者研究不同行业 FDI 对经济增长的贡献影响，主要立足于我国各不同省市。研究主要涉及三个方向，其中一部分学者分析行业 FDI 对于地区经济的作用。例如：周颖、周峰、彭补拙（2001）研究了进入中国 FDI 的行业空间分布，分析了 FDI 的行业投资的空间分布特征。研究结论得出：FDI 主要分布在我国东部沿海地区，但是这一地区的 FDI 结构效果不是很好，小规模劳动密集型制造业 FDI 已近饱和。中西部地区 FDI 投资结构对其吸引 FDI 的能力不大。文章并简单介绍了具有空间差异的 FDI 行业分布对我国各地区经济发展的影响。张帆（2013）运用面板数据，基于不同技术含量的角度进行分析，研究表明：中高技术和高技术行业 FDI 和产业集聚对产业效率的提升存在显著的正向影响，低技术行业 FDI 和产业集聚对产业效率的影响为负，而中低技术行业 FDI 和产业集聚对产业效率的影响不显著。韩梅（2007）以 20 个工业行业的样本数据为例从行业角度研究 FDI 技术溢出的吸收能力问题。研究认为我国行业 FDI 技术溢出吸收能力在整体水平上存在明显的差距。还有一部分学者分析了不同行业 FDI 流入对于金融汇率变动方面的影响。例如：潘素昆和文靖（2012）选取 1997～2008 年的行业数据，运用最小二乘法实证分析了各行业 FDI 对人民币汇率的影响。发现大部分 FDI 流入都会导致人民币升值，不同行业升值的程度不同。比如农、林、牧渔业和建筑业会引起人民币实际汇率的升值，进而影响我国经济的发展。其他学者分析了不同行业不同省市的 FDI 流入对于当地工资水平的影响。例如：杨泽文和杨全发（2004）利用我国 2001 年分地区分行业的数据实证分析了 FDI 对我国实际工资水平的影响。最后得出不同行业 FDI 对各地区的实际工资水平呈现出正效应影响的结论。

三、研究评述

国外学者研究 FDI 与经济增长的关系比较早，具有丰富的理论基础和实证研究。中国是 FDI 流入较多的国家之一，因此越来越多学者研究 FDI 流入对我国国内各经济体系的影响。国内学者主要是运用计量经济模型回归分析 FDI 与 GDP 之间的关系。国外学者通过阐述其对东道国的技术溢出效应来说明其对这个地区发展的作用。不同行业 FDI 对经济增长的作用主要体现其技术含量不同，其技术溢出效应不同，探讨不同行业来源的 FDI 对于经济增长的作用，并未直接阐述不同行业 FDI 对经济的作用。本章引用行业数据运用计量经济模型直接阐述 FDI 对经济的影响作用。

第三节　不同行业 FDI 的现状分析

一、FDI 发展现状分析

本章选取的地区有北京、天津、河北、辽宁、黑龙江、江苏、安徽、江西、山东、河南、广东、贵州、云南、陕西、甘肃、青海、新疆，共 17 个地区。其中山西、内蒙古、吉林、上海、福建、浙江、湖北、湖南、广西、海南、重庆、四川、宁夏、西藏这 14 个地区没有考虑进来。山西年鉴只能找到个别年份，本章所研究的是 2003～2011 年，故山西省没有考虑进来；内蒙古、吉林、上海、福建、四川、湖南、西藏这 7 个地区的 FDI 没有分行业来分；海南省统计年鉴里只有 2012 年的 FDI 是按行业划分的，之前行业数据是没有划分的，因此海南这个地区也没有考虑进来；本章是在农林牧渔业、制造业和房地产业的基础上探讨的,而重庆、广西、宁夏这三个地区没有将第二产业细分出来,故也没将这三个地区考虑在内;浙江省、湖北省 2006 年以前没有按行业划分 FDI,因此这两个地区也没有选择进来。本章中涉及的指标数据都是由这 17 个地区得到的。

表 8-1 和图 8-1 中显示这 17 个地区 FDI 数量从 2006 年到 2011 年的变化情况,FDI 由 2003 年 527.90 亿美元增长到 2011 年的 1419.64 亿美元,9 年时间 FDI 翻了 2 倍还多。在 2003~2011 年,这 17 个地区的 FDI 在 2004 年是减少的,其余年份均是增长的,2005 年以后 FDI 几乎以直线的增长趋势进行增长。

表 8-1   **历年 FDI 及其产业分布结构情况**   单位:亿美元

年份	第一产 FDI	第二产业 FDI	第三产 FDI	FDI
2003	9.73	406.68	111.50	527.90
2004	10.51	373.09	108.39	491.99
2005	9.85	406.05	123.52	539.42
2006	9.41	500.70	171.15	681.25
2007	14.45	557.79	283.81	856.05
2008	20.86	598.88	342.05	961.79
2009	24.62	630.02	381.82	1036.47
2010	26.51	708.15	473.22	1207.88
2011	34.71	837.17	547.76	1419.64

资料来源:中国 17 个地区统计年鉴。

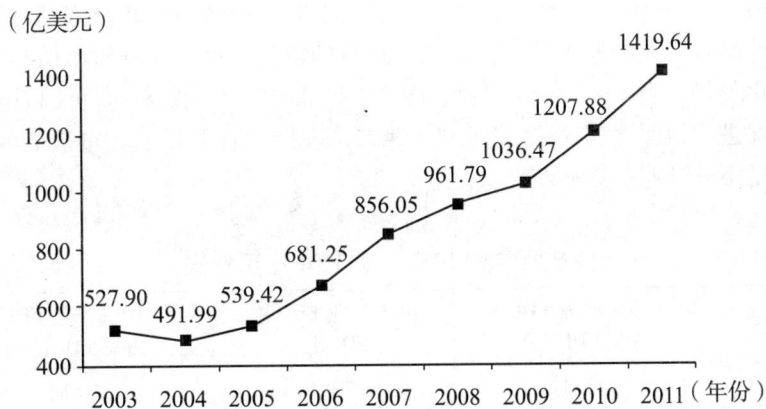

图 8-1   **FDI 历年变化趋势图**

外商直接投资与内外生经济增长

由表 8-1 和图 8-2 可以得知，第二产业的 FDI 是最大的，其次是第三产业，最后是第一产业。图 8-2 可以看出不同产业结构 FDI 的变化趋势，其中变化最大的是第三产业，由 2003 年的 111.50 亿美元增长到 2011 年的 547.76 亿美元，增加了 436.27 亿美元，其次是第二产业，从 2003 年到 2011 年增加了 430.49 亿美元。第一产业 FDI 从 2003 年的 9.73 亿美元增加到 2011 年的 34.71 亿美元，涨幅为 24.98 亿美元。

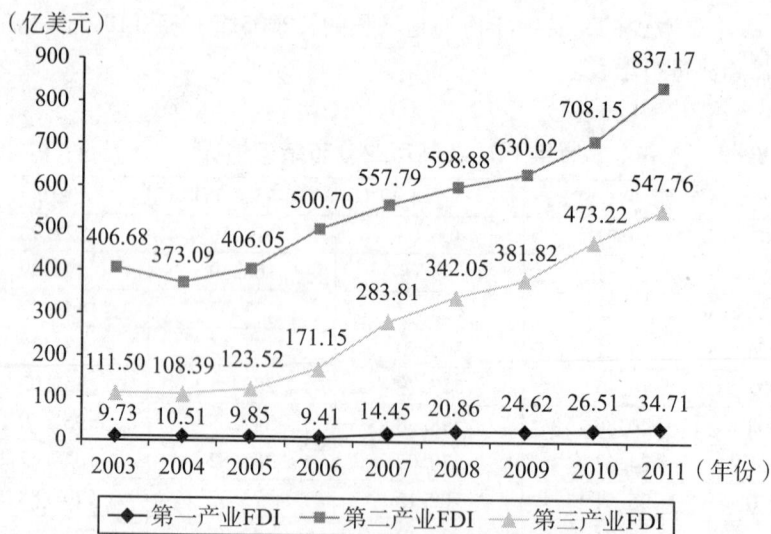

图 8-2　不同产业结构的 FDI 变化趋势图

表 8-1 和图 8-2 仅仅从总量上说明不同产业结构 FDI 流入情况，并未反映出各产业结构占总 FDI 流入的比重的情况，也不能分析出历年各产业变化趋势。表 8-2 和图 8-3、图 8-4、图 8-5、图 8-6 可以针对以上情况进行说明。表 8-2 中反映了第二产业所占总 FDI 的比重是最大的，其次是第三产业、第一产业次之。

表 8-2　　　　各产业结构 FDI 占总 FDI 比重情况　　　　单位：%

年份	第一产业 FDI 占总 FDI 比重	第二产业 FDI 占总 FDI 比重	第三产业 FDI 占总 FDI 比值
2003	1.84	77.04	21.12
2004	2.14	75.83	22.03

第八章　不同行业 FDI 对经济的影响研究

续表

年份	第一产业 FDI 占总 FDI 比重	第二产业 FDI 占总 FDI 比重	第三产业 FDI 占总 FDI 比值
2005	1.83	75.27	22.90
2006	1.38	73.50	25.12
2007	1.69	65.16	33.15
2008	2.17	62.27	35.56
2009	2.38	60.79	36.84
2010	2.19	58.63	39.18
2011	2.45	58.97	38.58

资料来源：中国 17 个地区统计年鉴。

图 8 - 3 可知，不同产业结构 FDI 比重与不同产业结构 FDI 反映的现象不同，第二产业所占总 FDI 流入比重几乎是逐渐下降的，由 2003 年的 77.04% 减少到 2011 年的 58.97%，减少了 18.07 个百分点。历年第三产业所占总 FDI 流入比重是稳中增加的，由 2003 年的 21.12% 增加到 2011 年的 38.58%，增加了 17.46 个百分点。第一产业所占总 FDI 流入比重变化不大，由 2003 年的 1.84% 增加到 2011 年的 2.45%，增加了 0.61%。

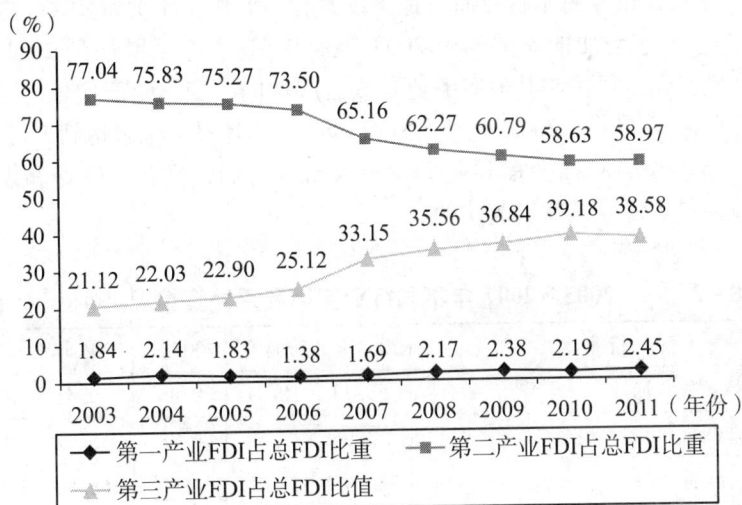

图 8 - 3 不同产业结构 FDI 比重图

二、不同行业 FDI 的现状分析

根据国家行业划分标准，将行业划分为农、林、牧、渔业，采矿业，制造业，电力、燃气及水的生产与供应业，建筑业，运输、仓储和邮政业，信息传输、计算机服务和软件业，批发与零售业，住宿与餐饮业，金融业，房地产业，租赁和商务服务业，科学研究、技术服务和地质勘查业，水利、环境和公共设施管理业，居民和其他服务业，教育，卫生、社会保障和社会福利业，文化、体育和娱乐业，国际组织。国际组织 FDI 只有个别地区有，而且 FDI 投入金额少，就将其归入其他行业里。

表 8-3、表 8-4 中给出各行业 FDI 的投入金额，制造业 FDI 是最多的，其次是房地产业。2003～2011 年农、林、牧、渔业 FDI 以小幅度的增长速度增长。采矿业 FDI 在 2003～2011 年有增有减，总体 FDI 的投入是增加了。电力、燃气及水的生产与供应业、建筑业、批发与零售业和租赁与商务服务 FDI 也是逐年增长的，并且增长速度也是较快的。住宿和餐饮业 FDI 在 2003 年到 2011 年期间有增长，也有减小，总体来说没有较大变动。金融业 FDI 在 2010 年、2011 年这两年增加的较多。科学研究、技术服务和地质勘查业 FDI 从 2003 年的 0.92 亿美元增长到 2011 年的 20.98 亿美元，增长速度相对本行业而言是比较大的。水利、环境和公共设施管理业 FDI 总体呈增加的态势，由 2003 年的 0.61 亿美元增加到 2011 年的 10.51 亿美元。居民和其他服务业是跌宕起伏的，变化幅度比较多。教育行业 FDI 投入最小，2003 年到 2011 年期间，累计投入也未达到 1 亿美元。卫生、社会保障和社会福利业 FDI 投入略有增加，文化、体育和娱乐业 FDI 投入是有增有减跌宕起伏的。

表 8-3　　　　2003～2007 年不同行业实际利用外资情况　单位：亿美元

行业	2003 年	2004 年	2005 年	2006 年	2007 年
农、林、牧、渔业	9.73	10.51	9.85	9.41	14.45
采矿业	3.56	3.59	4.88	5.01	10.73
制造业	380.95	353.23	384.46	468.50	522.36
电力、燃气及水的生产与供应业	16.68	10.56	11.96	19.71	18.85

续表

行业	2003 年	2004 年	2005 年	2006 年	2007 年
建筑业	5.49	5.71	4.75	7.47	5.84
运输、仓储和邮政业	5.87	9.46	9.84	14.81	19.65
信息传输、计算机服务和软件业	2.01	5.92	12.38	9.44	15.92
批发与零售业	13.41	8.06	9.27	17.55	21.23
住宿和餐饮业	1.83	5.17	4.73	6.51	9.59
金融业	1.42	0.29	0.56	0.89	0.43
房地产业	41.59	45.85	49.93	78.37	164.28
租赁和商务服务业	14.04	18.42	22.77	29.23	26.69
科学研究、技术服务和地质勘查业	0.92	1.66	2.19	3.91	5.36
水利、环境和公共设施管理业	0.61	1.22	1.79	2.06	3.51
居民和其他服务业	12.69	5.35	2.29	2.42	3.26
教育	0.13	0.32	0.94	0.13	0.07
卫生、社会保障和社会福利业	0.91	2.65	2.03	2.47	5.57
文化、体育和娱乐业	5.40	1.54	0.38	0.16	0.13
其他行业	10.68	2.48	4.44	3.18	8.13

资料来源：中国 17 个地区统计年鉴。

表 8-4　　　**2007~2011 年不同行业实际利用外资情况**　单位：亿美元

行业	2008 年	2009 年	2010 年	2011 年
农、林、牧、渔业	20.86	24.62	26.51	34.71
采矿业	11.95	9.38	9.07	14.12
制造业	548.42	575.43	639.66	770.02
电力、燃气及水的生产与供应业	25.07	31.94	43.92	36.59
建筑业	13.44	13.28	15.50	16.44
运输、仓储和邮政业	21.86	28.35	34.13	35.54
信息传输、计算机服务和软件业	23.19	23.24	22.81	25.49
批发与零售业	41.00	50.03	59.94	85.05

行业	2008 年	2009 年	2010 年	2011 年
住宿和餐饮业	9.50	7.79	8.49	8.63
金融业	3.40	3.03	19.39	16.41
房地产业	168.46	160.30	211.67	256.85
租赁和商务服务业	35.33	47.56	50.11	57.73
科学研究、技术服务和地质勘查业	6.74	27.78	24.26	20.98
水利、环境和公共设施管理业	6.08	7.47	10.87	10.51
居民和其他服务业	4.51	14.47	17.46	13.16
教育	0.05	0.02	0.29	0.02
卫生、社会保障和社会福利业	2.29	3.09	3.68	5.22
文化、体育和娱乐业	0.58	1.84	0.63	1.09
其他行业	19.09	6.88	9.51	11.09

资料来源：中国 17 个地区统计年鉴。

图 8 - 4 中显示的是 2011 年各行业 FDI 投入的具体情况，按降序的方式，可以看出 2011 年，这 17 个地区行业 FDI 投入由高到低的行业依次是制造业，房地产业，批发与零售业，租赁和商务服务业，电力、燃气及水的生产与供应业，运输、仓储和邮政业，农、林、牧、渔业，信息传输、计算机服务和软件业，科学研究、技术服务和地质勘查业，建筑业，金融业，采矿业，居民和其他服务业，其他行业，水利、环境和公共设施管理业，住宿和餐饮业，卫生、社会保障和社会福利业，文化、体育和娱乐业，教育业。这个排序仅仅是针对 2011 年的，并且反映的是这 17 个地区的各行业 FDI 排名，并不代表其他年份的 FDI 行业投入。

表 8 - 5、表 8 - 6 中给出 2003 ~ 2011 年不同行业 FDI 所占总 FDI 流入比重，2011 年中制造业所占比例是最大的，其值为 54.24%。其次是房地产业，值为 18.09%。批发与零售业占比排第三位，值为 5.99。农、林、牧、渔业所占比重为 2.45%，所占比重最小的是教育行业，几乎为 0%。

外商直接投资与内外生经济增长

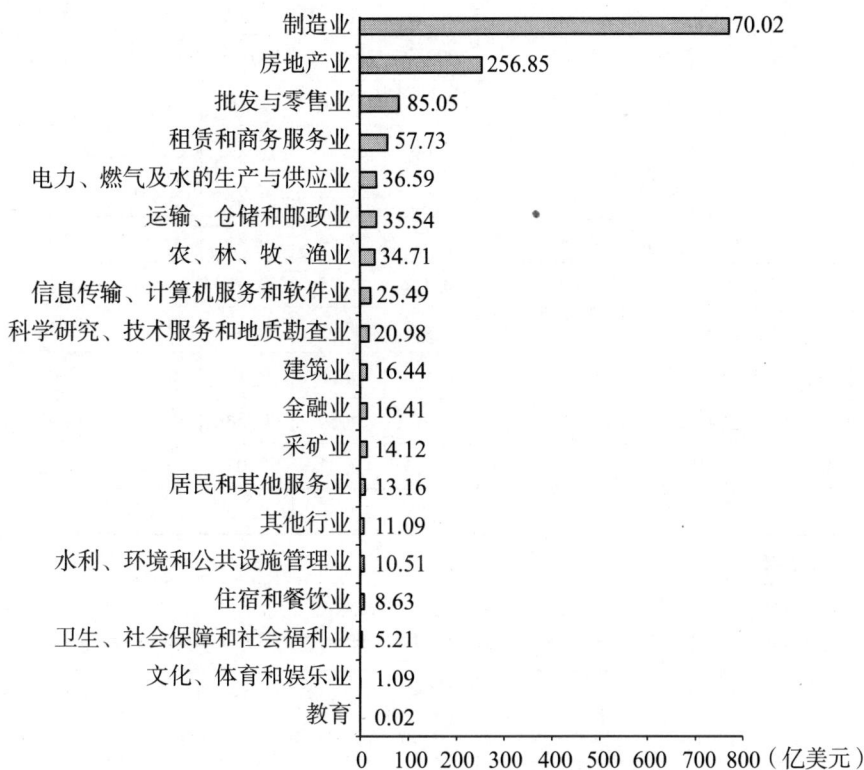

制造业 70.02
房地产业 256.85
批发与零售业 85.05
租赁和商务服务业 57.73
电力、燃气及水的生产与供应业 36.59
运输、仓储和邮政业 35.54
农、林、牧、渔业 34.71
信息传输、计算机服务和软件业 25.49
科学研究、技术服务和地质勘查业 20.98
建筑业 16.44
金融业 16.41
采矿业 14.12
居民和其他服务业 13.16
其他行业 11.09
水利、环境和公共设施管理业 10.51
住宿和餐饮业 8.63
卫生、社会保障和社会福利业 5.21
文化、体育和娱乐业 1.09
教育 0.02

0　100　200　300　400　500　600　700　800（亿美元）

图 8 - 4　2011 年各行业 FDI 流入图

表 8 - 5　　2003～2007 年不同行业 FDI 所占总 FDI 比重　　单位：%

行业	2003 年	2004 年	2005 年	2006 年	2007 年
农、林、牧、渔业	1.84	2.14	1.83	1.38	1.69
采矿业	0.67	0.73	0.91	0.74	1.25
制造业	72.16	71.79	71.27	68.77	61.02
电力、燃气及水的生产与供应业	3.16	2.15	2.22	2.89	2.20
建筑业	1.04	1.16	0.88	1.10	0.68
运输、仓储和邮政业	1.11	1.92	1.82	2.17	2.30
信息传输、计算机服务和软件业	0.38	1.20	2.30	1.39	1.86
批发与零售业	2.54	1.64	1.72	2.58	2.48
住宿和餐饮业	0.35	1.05	0.88	0.96	1.12

行业	2003 年	2004 年	2005 年	2006 年	2007 年
金融业	0.27	0.06	0.10	0.13	0.05
房地产业	7.88	9.32	9.26	11.50	19.19
租赁和商务服务业	2.66	3.74	4.22	4.29	3.12
科学研究、技术服务和地质勘查业	0.17	0.34	0.41	0.57	0.63
水利、环境和公共设施管理业	0.11	0.25	0.33	0.30	0.41
居民和其他服务业	2.40	1.09	0.42	0.36	0.38
教育	0.03	0.06	0.17	0.02	0.01
卫生、社会保障和社会福利业	0.17	0.54	0.38	0.36	0.65
文化、体育和娱乐业	1.02	0.31	0.07	0.02	0.02
其他行业	2.02	0.50	0.82	0.47	0.95

资料来源：中国 17 个地区统计年鉴。

表 8-6　　　2008～2011 年不同行业 FDI 所占总 FDI 比重　　单位：%

行业	2008 年	2009 年	2010 年	2011 年
农、林、牧、渔业	2.17	2.38	2.19	2.45
采矿业	1.24	0.90	0.75	0.99
制造业	57.02	55.52	52.96	54.24
电力、燃气及水的生产与供应业	2.61	3.08	3.64	2.58
建筑业	1.40	1.28	1.28	1.16
运输、仓储和邮政业	2.27	2.74	2.83	2.50
信息传输、计算机服务和软件业	2.41	2.24	1.89	1.80
批发与零售业	4.26	4.83	4.96	5.99
住宿和餐饮业	0.99	0.75	0.70	0.61
金融业	0.35	0.29	1.61	1.16
房地产业	17.52	15.47	17.52	18.09
租赁和商务服务业	3.67	4.59	4.15	4.07
科学研究、技术服务和地质勘查业	0.70	2.68	2.01	1.48
水利、环境和公共设施管理业	0.63	0.72	0.90	0.74

外商直接投资与内外生经济增长

第八章　不同行业 FDI 对经济的影响研究

续表

行业	2008 年	2009 年	2010 年	2011 年
居民和其他服务业	0.47	1.40	1.45	0.93
教育	0.00	0.00	0.02	0.00
卫生、社会保障和社会福利业	0.24	0.30	0.30	0.37
文化、体育和娱乐业	0.06	0.18	0.05	0.08
其他行业	1.98	0.66	0.79	0.78

资料来源：中国 17 个地区统计年鉴。

三、典型行业 FDI 现状

（一）第一产业——农、林、牧、渔业

农、林、牧、渔业代表着第一产业，故此本章选取农、林、牧、渔业作为代表行业。表 8－7 和图 8－5 显示的是 2003～2011 年农、林、牧、渔业所占总 FDI 流入比重。

表 8－7　　　农、林、牧、渔业 FDI 所占总 FDI 比重　　　单位：%

年份	农、林、牧、渔业 FDI 所占总 FDI 比重
2003	1.84
2004	2.14
2005	1.83
2006	1.38
2007	1.69
2008	2.17
2009	2.38
2010	2.19
2011	2.45

资料来源：中国 17 个地区统计年鉴。

外商直接投资与内外生经济增长

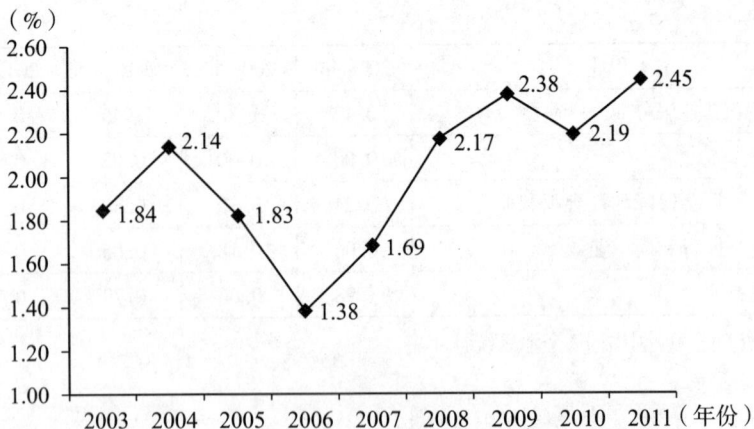

图8-5 农、林、牧、渔业 FDI 所占总 FDI 比重

表8-7和图8-5中显示的是2003~2011年农、林、牧、渔业 FDI 所占总 FDI 流入比重变化情况，总体看来农、林、牧、渔业所占比例呈先升后降，再升的发展态势。在2006年农、林、牧、渔业所占比例达到最低点，占比为1.38%，总体来说农、林、牧、渔业所占比例在2003~2012年是增加的，由2003年的1.84%增加到2011年的2.45%。

（二）第二产业——制造业

制造业是我国国民经济的支撑产业，是我国经济增长的主导部门，也是我国经济转型的基础，它是第二产业的代表行业，因此，本章选取第二产业的代表行业制造业进行分析。

表8-8和图8-6显示的是2003~2011年制造业所占第二产业及总产业 FDI 比重，2003~2011年制造业占总 FDI 比重逐年减少，在2003~2005年减少幅度比较小，2006~2010年制造业 FDI 所占总 FDI 比重降幅变大。2003年制造业占第二产业 FDI 比重为93.67%，2011年制造业占第二产业 FDI 比重为91.98%，减少了1.69个百分点。

表8-8 制造业 FDI 所占总 FDI 流入比重 单位：%

年份	制造业 FDI 占第二产业 FDI 的比重	制造业 FDI 占总 FDI 比重
2003	93.67	72.16
2004	94.68	71.79

续表

年份	制造业 FDI 占第二产业 FDI 的比重	制造业 FDI 占总 FDI 比重
2005	94.68	71.27
2006	93.57	68.77
2007	93.65	61.02
2008	91.57	57.02
2009	91.33	55.52
2010	90.33	52.96
2011	91.98	54.24

资料来源：中国 17 个地区统计年鉴。

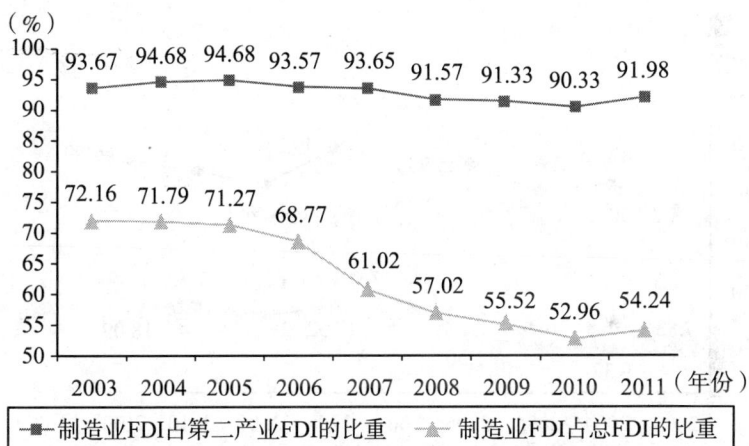

图 8-6 制造业 FDI 所占总 FDI 比重

（三）第三产业——房地产业

房地产业作为国民经济新的增长点，为中国经济的快速增长做出了贡献。根据表 8-9 和图 8-7 可以知道房地产业 FDI 流入较多，同时占比也相对较大。因此，选取房地产业作为第三产业的代表行业。

表 8 - 9 　　　　　　　　　房地产业 FDI 所占总 FDI 比重 　　　　　　　　单位：%

年份	房地产业 FDI 占第三产业 FDI 比重	房地产业 FDI 占总 FDI 的比重
2003	37.30	7.88
2004	42.30	9.32
2005	40.42	9.26
2006	45.79	11.50
2007	57.88	19.19
2008	49.25	17.52
2009	41.98	15.47
2010	44.73	17.52
2011	46.89	18.09

资料来源：中国 17 个地区统计年鉴。

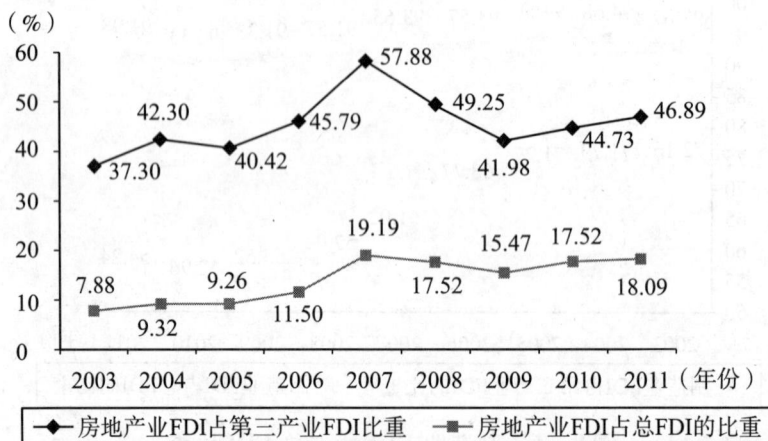

图 8 - 7 　房地产业 FDI 所占第三产业及总 FDI 比重

　　表 8 - 9 和图 8 - 7 中给出 2003 ~ 2011 年房地产业 FDI 所占第三产业及总 FDI 比重。首先，房地产业 FDI 占第三产业 FDI 比重是跌宕起伏的，在 2005 年有着小幅减少，随后以较快的速度增加，2007 年、2008 年这两年比 2006 年减少了 15.9%，减少幅度比较大，其他年份占比均是呈增长的态势。其次，房地产业占总 FDI 流入比重由 2003 年的 7.88%，增加到 2011 年的 18.09%，增加了 10.21 个百分点。总体而言，房地产业 FDI 占

外商直接投资与内外生经济增长

224

总 FDI 比重是增加的，其中，在 2007 年房地产业 FDI 占总 FDI 比重是最大的，达到 19.19%。房地产业 FDI 占总 FDI 流入比重在 2005 年、2008 年、2009 年间都呈现减少的态势。

第四节　研究方法

一、影响机制

图 8-8 所示各行业 FDI 对我国经济增长的影响机制，经济增长主要是由要素投入量、要素投入效率和相关制度及效应三种机制决定的。

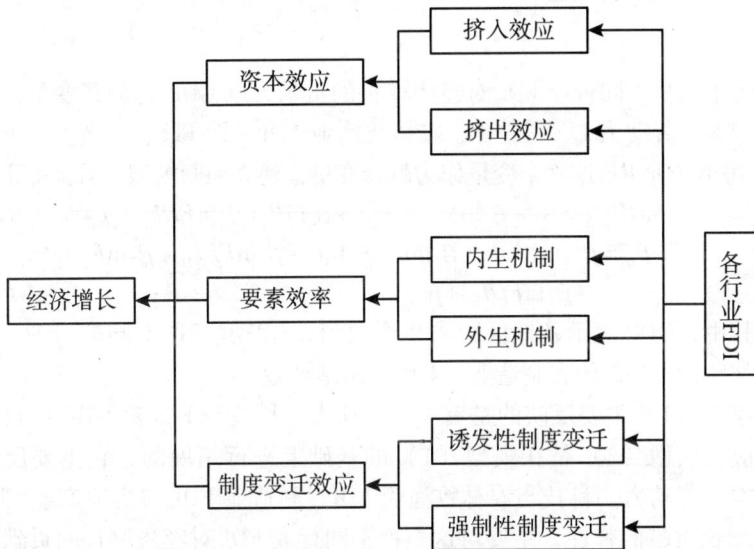

图 8-8　各行业 FDI 对我国经济增长的影响机制

流入各行业的 FDI 直接或者间接对以上这三个方面产生影响，进而对经济增长产生影响。首先，资本效应方面，行业 FDI 主要表现为挤入效应和挤出效应。挤入效应作用机制体现在直接要素投入增加量以及间接拉动上下游相关企业的投资；挤出效应机制主要是从技术方面、品牌方面以及初始进入挤出等方面作用的。其次，要素效率方面，行业FDI作用机制主要是从外生机制和内生机制两方面进行解释说明的。外生机制主要是由于行业FDI优化资源配置和节约规模经济，这些对提高要素替代弹性起到了一定的作用。内生机制方面，行业FDI促进人力资本培养和R&D投资，会促使知识和技术的积累。最后，制度变迁效应方面，行业FDI的作用机制分为诱发性制度变迁和强制性制度变迁。主要受利益驱动的诱发性制度变迁，在一种制度变迁的收益大于制度变迁的成本的情况下，就产生一种自下而上的主动变迁。对于存在交易成本和搭便车效应，就会使得单纯的自下而上变迁是无效率的，政府提供公共产品相对于无效率的自下而上是有效率的，因此政府从长远利益考虑，从而制定和改革对利用和控制行业FDI有利的政策，从而使得国内外政策得以接轨，这就形成了强制性制度变迁。

二、模型设定

为了反映不同行业FDI对经济增长的贡献，以GDP为解释变量，以资本存量K、劳动力L、科技P、农林牧渔业FDI（即PI）、制造业FDI（即M）、房地产业RE这六个变量作为解释变量，建立回归模型，具体如下：

$$\ln GDP_{it} = \beta_1 + \beta_2 \ln K + \beta_3 \ln L + \beta_4 \ln P + \beta_5 \ln FDI_{it} + \mu_{it} \quad (8.1)$$

$$\ln GDP_{it} = \beta_1 + \beta_2 \ln K + \beta_3 \ln L + \beta_4 \ln P + \beta_6 \ln FDI_{1t} + \beta_7 \ln FDI_{2t}$$
$$+ \beta_8 \ln FDI_{3t} + \mu_{it} \quad (8.2)$$

其中，GDP表示各地区国内生产总值，i表示三种不同的行业，1代表农林牧渔业，2代表制造业，3代表房地产业。

模型（1）主要反映的是资本、劳动力、科技与FDI对GDP增长贡献的效应。模型（2）是在模型（1）的基础上进行拓展的，它主要反映的是资本、劳动力、科技与农林牧渔业FDI、制造业FDI和房地产业FDI对GDP增长贡献的弹性，主要对这三种不同行业FDI对经济增长的贡献进行测度与比较分析。

三、面板数据

面板数据是截面数据与时间序列数据的结合体，面板数据能克服由于时间序列分析而产生多重共线性的困扰。它能够提供更多的信息、更少的共线性、更多的变化、更多的自由度和取得更高的估计效率。另外，它具有对遗失重要变量不太敏感的特点。因此运用面板数据一方面能够有效地降低多重共线性的影响，避免由多重共线性带来的估计误差。另一方面，它也在一定程度上解决了由于统计检验值不高、参数经济含义不合理等问题。在研究行业 FDI 与经济的关系时，对经济贡献的影响因素是很多的，有极大可能遗漏一些较为重要的变量。影响经济增长的资本、劳动力、技术等各变量之间往往呈现高度相关性，肯定出现多重共线性问题，采用面板数据进行处理是一种理想的选择。

在实际应用中，面板数据又可以分为混合回归模型、变截距模型、变系数模型，本文重点采用混合回归模型进行估计。

四、分位数回归

分位数回归（Quantile Regression）由康克和巴塞（Koenker & Basset，1978）[27] 首先提出，它是均值回归基础上的一种拓展，其特点是基于因变量的条件分布来拟合自变量。与普通最小二乘法（OLS）相比，分位数回归能够更加精确地描述自变量对因变量的条件分布形状与变化范围的影响，因为分位数回归估计的是自变量对因变量的某个特定分位数的边际效果。在分位数回归估计中，传统的求导方法已经不再适用，一般采用平滑算法、单纯形法、内点算法等方法进行估计。

采用分位数回归对科学、技术及经济增长贡献的弹性进行估计，可以更加精确地估计在不同经济增长水平下，科学与技术的弹性系数，并且对弹性系数的变化规律进行更好的总结，便于进行深入分析。

第五节　变量与数据

采用目前国际上通行的办法，采用 GDP 作为经济增长变量，Y 代表 GDP 是因变量。自变量有资本存量 K、劳动力 L、技术 P、不同行业 FDI 中的农林牧渔业 PI、制造业 M、房地产业 RE。

一、变量

（一）经济增长

经济增长用 GDP 表示。产出指标为各省、市、自治区的实际 GDP （单位：亿元），如表 8 – 10 所示。

表 8 – 10　　　　　　　2003～2012 年各地区 GDP　　　　　单位：亿元

	2003 年	2004 年	2005 年	2006 年	2007 年	2008 年	2009 年	2010 年	2011 年
北京	3663	6060	6970	8118	9847	11115	12153	14114	16252
天津	2448	3111	3906	4463	5253	6719	7522	9224	11307
河北	7099	8478	10012	11468	13607	16012	17235	20394	24516
辽宁	6003	6672	8047	9305	11164	13669	15212	18457	22227
黑龙江	4430	4751	5514	6212	7104	8314	8587	10369	12582
江苏	12461	15004	18599	21742	26018	30982	34457	41425	49110
安徽	3972	4759	5350	6113	7361	8852	10063	12359	15301
江西	2830	3457	4057	4821	5800	6971	7655	9451	11703
山东	12436	15022	18367	21900	25777	30933	33897	39170	45362
河南	7049	8554	10587	12363	15012	18019	19480	23092	26931
广东	13626	18865	22557	26588	31777	36797	39483	46013	53210
贵州	1356	1678	2005	2339	2884	3562	3913	4602	5702
云南	2465	3082	3462	3988	4773	5692	6170	7224	8893
陕西	185	220	249	4744	5757	7315	8170	10123	12512
甘肃	2399	3176	3934	2277	2702	3167	3388	4121	5020
青海	1305	1688	1934	649	797	1019	1081	1350	1670
新疆	385	537	613	3045	3523	4183	4277	5437	6610

（二）资本

资本存量 K 没有直接数据，定量地计算或衡量资本效率的必备指标是资本存量。测算资本存量的基本方法是戈登史密斯（Goldsmith，1951）所开创的永续盘存法（PIM），OECD 国家官方均采用该种方法测算资本存量，使得永续盘存法成为测算资本存量的主流方法。周（Chow，1993）、单豪杰（2008）等学者均采用这种方法来测算中国的资本存量。本文参照单豪杰（2006）采用永续盘存法对 1978～2006 年我国省际资本存量进行估算，本章在该基础之上采用永续盘存法对资本存量进行后续计算。GDP 数据和资本存量数据根据物价指数进行了平减和调整。表 8 – 11 表示各地区资本存量。

表 8 – 11　　　　　2003～2011 年各地区资本存量

	2003 年	2004 年	2005 年	2006 年	2007 年	2008 年	2009 年	2010 年	2011 年
北京	5748	6444	7094	7697	8397	8793	9432	10281	11140
天津	1302	1468	1676	1936	2270	2720	3392	4226	5185
河北	3824	4292	4946	5732	6665	7859	9228	10689	12490
辽宁	897	1040	1223	1463	1758	2255	2642	3113	3643
黑龙江	1507	1658	1843	2089	2412	2792	3388	3945	4566
江苏	8085	9365	11030	12870	14822	16998	19758	22908	26290
安徽	793	912	1049	1216	1415	1650	1926	2259	2643
江西	3109	3723	4432	5232	6096	6978	8270	9643	11153
山东	7198	8381	9908	11663	13478	15448	18217	21269	24455
河南	3686	4213	5038	6174	7658	9391	11686	14287	17053
广东	7321	8351	9679	11163	12852	14527	16856	19574	22429
贵州	771	876	993	1129	1284	1461	1684	1957	2286
云南	182	205	237	276	321	357	414	508	623
陕西	2119	2422	2815	3345	3935	4768	5715	6932	8253
甘肃	1583	1826	2096	2398	2750	3267	3740	4308	4988
青海	271	313	360	410	465	524	615	738	889
新疆	1440	1632	1860	2146	2427	2676	2966	3370	3833

(三) 劳动力

劳动力指标。借鉴李小平和朱钟棣（2005）的研究方法，使用从业人员总数代替劳动投入。当年就业人数按照（当年年末就业人数＋上年年末就业)/2 计算得到。劳动力采用劳动者的人数，用 L 表示。表 8－12 是 17 个地区劳动力人数。

表 8－12　　　　　2003～2011 年各地区劳动力人口数　　　单位：万人

	2003 年	2004 年	2005 年	2006 年	2007 年	2008 年	2009 年	2010 年	2011 年
北京	858.60	895.02	920.35	1003.20	1111.42	1173.80	1255.08	1317.66	1382.83
天津	419.68	421.96	426.88	429.88	432.74	503.14	507.26	520.78	528.06
河北	3389.47	3416.37	3467.27	3503.14	3567.19	3651.66	3899.73	3790.19	3865.69
吉林	1044.62	1115.59	1099.41	1089.50	1096.19	1143.51	1184.71	1248.67	1293.52
黑龙江	1622.42	1623.33	1625.84	1639.38	1659.86	1670.16	1687.47	1743.39	1799.14
江苏	3610.25	3719.70	3877.73	3916.37	4193.17	4384.07	4536.13	4731.73	4948.07
安徽	3415.96	3453.20	3484.67	3501.53	3597.62	3594.59	3689.75	3846.76	3957.88
江西	1972.25	2039.81	2107.48	2185.38	2195.65	2223.29	2244.15	2306.09	2341.17
山东	4850.64	4939.71	5110.80	5199.28	5262.20	5352.50	5449.77	5654.67	5729.92
河南	5535.68	5587.45	5662.41	5699.76	5772.72	5835.45	5948.78	6041.56	6129.26
广东	4119.51	4315.96	4702.10	4986.20	5292.84	5478.00	5643.34	5776.93	5954.36
贵州	2118.42	2168.84	2215.83	2274.29	2283.05	2301.63	2341.11	2402.17	2449.99
云南	2349.64	2401.38	2461.32	2589.01	2600.82	2679.50	2730.20	2814.11	2877.63
陕西	1911.33	1884.72	1882.88	1903.83	1922.00	1946.56	1919.48	1952.03	1954.77
甘肃	1304.03	1321.72	1347.57	1358.39	1374.38	1388.68	1406.62	1431.86	1448.45
青海	254.26	263.08	267.62	272.29	276.29	276.79	285.54	294.10	302.60
新疆	721.30	744.50	764.30	783.36	800.84	813.70	829.17	852.59	870.02

(四) 技术

本章选取授权的发明专利数量作为技术的替代变量。根据中国统计年

外商直接投资与内外生经济增长

鉴和中国科技年鉴的统计数据可知，授权专利数量共三种：发明专利、实用新型、外观设计，后两种专利创新力度不足，故选取发明专利作为衡量标准。发明专利是科技成果最好的体现，经申请获得授权后就会得到认可，而且它具有独享性，符合科技的特征。本文用 P 代表授权的发明专利数。

　　科学与技术对经济增长发生作用一般都有滞后期。根据经验估计，科学的滞后期一般有 3 ~ 5 年甚至更长，考虑到论文发表本身就有 1 ~ 2 年的滞后期，所以实际取 3 年作为科学的滞后期。技术不设定滞后期，因为发明专利从申请到得到授权本身就有 1 ~ 3 年的滞后期，加上部分专利在尚未申请时就已经投入应用，另外还有一些专利根本就没有投入应用，这样处理实际上已经考虑了技术的滞后期问题。表 8 – 13 所示为各地区授权的发明专利数。

表 8 – 13　　　　2003 ~ 2011 年各地区授权发明专利数　　　单位：件

	2003 年	2004 年	2005 年	2006 年	2007 年	2008 年	2009 年	2010 年	2011 年
北京	2261	3216	3476	3864	4824	6478	9157	11209	15880
天津	241	432	763	967	1164	1610	1889	1930	2528
河北	275	357	371	407	462	549	691	954	1469
辽宁	644	911	942	1063	1220	1516	1993	2357	3164
黑龙江	229	326	407	565	668	740	1142	1512	1953
江苏	626	1026	1241	1631	2220	3508	5322	7210	11043
安徽	139	150	238	272	317	489	795	1111	2026
江西	97	105	142	157	176	218	386	411	679
山东	580	788	903	1092	1435	1845	2865	4106	5856
河南	256	306	356	450	563	668	1129	1498	2462
广东	953	1941	1876	2441	3714	7604	11355	13691	18242
贵州	79	179	162	188	233	270	322	441	596
云南	173	235	306	355	368	383	476	652	1006
陕西	169	459	445	602	755	962	1342	1887	3139
甘肃	83	127	116	145	180	211	227	349	552
青海	17	21	24	30	28	23	35	41	70
新疆	75	75	88	107	90	82	120	189	302

（五）三个行业 FDI

不同行业 FDI 选取的是 17 个地区数据，其中行业选择的是三大产业中最具代表性的行业，分别是农、林、牧、渔业，制造业，房地产业。用 PI 代表农、林、牧、渔业，如表 8－14 所示，用 M 代表制造业，如表 8－15 所示，用 RE 代表房地产业，如表 8－16 所示。

表 8－14　　　　　2003～2011 年各地区农、林、牧、渔业 FDI

单位：万美元

	2003 年	2004 年	2005 年	2006 年	2007 年	2008 年	2009 年	2010 年	2011 年
北京	196	1022	354	544	4774	2032	3833	1246	214
天津	21	560	2292	1096	472.1	662.22	4204	1433	2571
河北	2334	2776	4686	3237	4138	5471	1044	7327	7010
辽宁	14206	17512	2353	5367	8636	15759	14150	18622	33769
黑龙江	170	1496	481	1228	2769	10466	7509	6362	24250
江苏	13609	9487.116	7769	10818	27423	48260	54201	84855	67255
安徽	14166	12674	22415	17158	16497	27219	23235	24439	41513
江西	6765	12335	15824	17475	18208	27721	41620	53861	46425
山东	23695	26928	26750	23587	29042	38423	44285	19805	32213
河南	1994	3175	2190	568	5637	2654	16935	24261	47254
广东	17866	13029	7720	11539	18295	20832	23922	14327	15871
贵州	0	53	239	119	70	0	0	4300	8200
云南	865	2100	588	847	972	7226	5237	1657	14700
陕西	58	9	2097	310	122	228	3548	1275	2121
甘肃	0	109	7	86	404	59	7	0	1084
青海	651	1503	2771		3807	1513	1113	57	0
新疆	662	366	0	77	3222	25	1336	1236	2669

表 8 – 15　　　　　2003~2011 年各地区制造业 FDI　　　单位：万美元

	2003 年	2004 年	2005 年	2006 年	2007 年	2008 年	2009 年	2010 年	2011 年
北京	72150	112681	113246	105590	89618	150056	75364	68496	63303
天津	108554	177444	242750	264999	261986	256708	387571	496185	570072
河北	83478	133328	146971	177992	188582	286741	273255	259917	333061
辽宁	352733	308044	176122	342981	363697	525614	695686	761130	1132689
黑龙江	86931	107815	59200	149837	155997	110040	135184	153212	152399
江苏	1353202	1004524	1093498	1371264	1581588	1762936	1727124	1846859	1872545
安徽	24958	23306	29417	79344	185514	204623	256518	312653	430498
江西	85628	120866	151803	170058	256222	257494	260989	329597	420875
山东	557506	727002	759186	802234	854407	496787	486253	566930	642015
河南	14340	44523	59972	97522	142235	183958	245443	328039	604452
广东	1022357	732503	939406	1039463	1044892	1137991	1109713	1136217	1249445
贵州	4051	4280	5542	4139	6111	7641	11370	14318	20078
云南	6387	4750	6344	8302	11977	18089	24944	25942	26000
陕西	26608	24141	27983	42759	61334	69347	57843	87767	140455
甘肃	0	1134	1756	1004	519	1550	1668	867	773
青海	8268	3506	29187	24924	16665	4952	12	587	31667
新疆	2331	2412	2195	2581	2302	9654	5355	7888	9831

表 8 – 16　　　　　2003~2011 年各地区房地产业 FDI　　　单位：万美元

	2003 年	2004 年	2005 年	2006 年	2007 年	2008 年	2009 年	2010 年	2011 年
北京	32827	36370	46326	72242	119476	78787	79682	141728	112539
天津	6366	19593	23834	53376	119845	160306	179183	92156	185285
河北	4514	13911	9102	5108	25908	20128	14190	52258	33537
辽宁	100590	119045	98312	152248	409773	448306	353215	702800	697546
黑龙江	4242	5382	5133	8396	12484	41691	14618	21732	37452
江苏	11080	73175	95978	163304	336432	334671	378416	437418	710111
安徽	4979	13139	15953	20745	45467	54096	50115	68561	101658

外商直接投资与内外生经济增长

	2003 年	2004 年	2005 年	2006 年	2007 年	2008 年	2009 年	2010 年	2011 年
江西	36998	35619	47449	49661	29794	20099	16159	20462	15498
山东	44626	44436	32266	68392	84834	72636	96565	132241	220462
河南	5248	11098	14024	30590	55089	60949	75544	55763	102534
广东	155045	70693	84437	128643	351265	331595	295304	329023	285077
贵州	713	457	151	3363	4870	1339	617	3125	2272
云南	819	1135	1211	845	5111	19666	10496	10952	29400
陕西	4706	3418	22577	25620	38969	40374	37359	47374	34247
甘肃	631	251	0	122	0	0	0	9	0
青海	2157	10541	714	1019	2639	0	0	0	0
新疆	318	206	1783	0	869	0	1495	1075	898

二、数据

所有变量数据均为面板数据，来自于 2004～2012 年中国统计年鉴、各地方统计年鉴和中国科技统计年鉴。本文选取的地区有 17 个，数据描述统计量如表 8-17 所示。

表 8-17　　　　　　　　描述统计量

	Y （亿元）	K （亿元）	L （万人）	P （件）	PI （亿元）	M （亿元）	RE （亿元）
均值	11127.29	5643.79	2613.81	1627.95	7.51	222.07	54.66
极大值	53210.18	26289.52	6129.26	18242.00	57.44	1250.23	475.76
极小值	390.21	181.91	254.26	17.00	0.00	0.00	0.00
标准差	10845.43	5654.93	1690.25	2914.35	10.10	310.36	90.11
N	17×9 = 153						

第六节　面板数据回归

一、单位根检验

由于面板数据是时间序列数据和截面数据综合起来的数据，在进行回归之前，为了防止出现伪回归结果，需要对数据的平稳性进行检验。常见的三种面板数据平稳性检验的方法是 Levin 检验、ADF 检验、PP 检验，这三种检验方法涉及的检验原理是不同的，因此出现的结果也可能不尽相同，本文以三种方法检验结果一致为标准，经过二阶差分，所有数据均为平稳时间序列，本文选取因变量和自变量作为相对指标，结果如表 8 – 18 所示。

表 8 – 18　　　　　　　　　面板数据单位根检验

变量	Levin 检验值	ADF 检验值	PP 检验值	结果
ln(GDP)	-1.385^{*} (0.083)	11.069 (0.891)	28.918^{**} (0.049)	不平稳
ln(K)	5.447 (1.000)	7.909 (0.980)	25.164 (0.121)	不平稳
ln(L)	1.247 (0.894)	4.407 (1.000)	6.259 (0.995)	不平稳
ln(P)	1.659 (0.951)	8.529 (0.970)	19.100 (0.386)	不平稳
ln(PI)	-4.436^{***} (0.000)	30.836^{**} (0.030)	46.4939^{***} (0.000)	平稳
ln(M)	-2.880^{***} (0.002)	16.865 (0.532)	25.593 (0.109)	不平稳
ln(RE)	-5.393^{***} (0.000)	23.101 (0.187)	40.429^{***} (0.002)	不平稳

变量	Levin 检验值	ADF 检验值	PP 检验值	结果
$\Delta\ln(\text{GDP})$	-13.471^{***} (0.000)	56.012^{**} (0.000)	80.802^{***} (0.000)	平稳
$\Delta\ln(\text{K})$	-4.319^{***} (0.000)	24.764 (0.132)	39.114^{***} (0.003)	不平稳
$\Delta\ln(\text{L})$	-6.774^{***} (0.000)	39.455^{***} (0.003)	51.594^{***} (0.000)	平稳
$\Delta\ln(\text{P})$	-4.987^{***} (0.000)	32.593^{**} (0.019)	38.045^{***} (0.004)	平稳
$\Delta\ln(\text{PI})$	-8.221^{***} (0.000)	49.266^{***} (0.000)	77.975^{***} (0.000)	平稳
$\Delta\ln(\text{M})$	-8.412^{***} (0.000)	48.811^{***} (0.000)	69.456^{***} (0.000)	平稳
$\Delta\ln(\text{RE})$	-9.922^{***} (0.000)	51.570^{***} (0.000)	78.227^{***} (0.000)	平稳
$\Delta\Delta\ln(\text{GDP})$	-13.245^{***} (0.000)	64.317^{***} (0.000)	106.041^{***} (0.000)	平稳
$\Delta\Delta\ln(\text{K})$	-6.882^{***} (0.000)	34.676^{**} (0.010)	44.715^{***} (0.001)	平稳
$\Delta\Delta\ln(\text{L})$	-10.749^{***} (0.000)	56.45^{***} (0.000)	81.319^{***} (0.000)	平稳
$\Delta\Delta\ln(\text{P})$	-12.751^{***} (0.000)	67.808^{***} (0.000)	107.604^{***} (0.000)	平稳
$\Delta\Delta\ln(\text{PI})$	-10.653^{***} (0.000)	56.420^{***} (0.000)	71.094^{***} (0.000)	平稳
$\Delta\Delta\ln(\text{M})$	-9.220^{***} (0.000)	53.401^{***} (0.000)	82.507^{***} (0.000)	平稳
$\Delta\Delta\ln(\text{RE})$	-9.050^{***} (0.000)	49.799^{***} (0.000)	81.476^{***} (0.000)	平稳

注：*** 表示在 1% 的水平下统计检验显著，** 表示在 5% 的水平下统计检验显著，* 表示在 10% 的水平下统计检验显著。

二、面板数据混合回归

选取 GDP 作为因变量，选取资本、劳动力、技术、农林牧渔业 FDI、制造业 FDI 和房地产业 FDI 作为自变量，得出的面板数据混合回归的结果如表 8-19 所示。由表 8-12 可知，回归拟合优度较高，R^2 值为 0.945，F 值较大，除房地产业 FDI 未通过统计检验，其他所有的变量都通过了统计检验。

表 8-19　　　　　面板数据混合回归结果

变量	含义	混合回归
C	常数	2.188 *** (9.344)
ln(K)	资本	0.156 *** (5.891)
ln(L)	劳动力	0.392 *** (12.535)
ln(P)	技术	0.331 *** (13.137)
ln(PI)	农林牧渔业 FDI	0.071 *** (4.602)
ln(M)	制造业 FDI	0.085 *** (3.300)
ln(RE)	房地产业 FDI	-0.033 (-1.331)
F		365.601
P		0.000
R^2		0.945

注：* 表示在 10% 的水平下统计检验显著；*** 表示在 1% 的水平下统计检验显著。

从要素的弹性来看，各自变量对经济贡献最大的是劳动力，其弹性系数为0.392，技术对经济增长贡献次之，其弹性系数为0.331，资本是排第三位，其弹性系数为0.156，其次是制造业 FDI，其弹性系数为0.085，农林牧渔业 FDI 弹性系数为0.071，仅次于制造业 FDI，房地产业 FDI 没有通过统计检验，其弹性系数为 -0.033。劳动力对经济的贡献是最大的，说明人口红利对经济增长的巨大作用。这与威廉·配第的两要素学说、萨伊的"三位一体论"和马歇尔的"四位一体论"，亚当·斯密认为财富增长的一个重要原因就是劳动力数量的增加、质量的提高，马克思认为劳动是创造社会财富的主要来源相吻合，这都说明劳动力是最重要的生产要素之一。技术对经济增长的贡献也比较大，仅次于劳动力，这说明我国并未完全达到科技强国水平，距实现科技强国仍有一定差距。资本对经济增长贡献居第三位，说明以投资方式拉动经济增长，它的贡献是有限的。农林牧渔业 FDI 与制造业 FDI 对经济增长具有一定的贡献，且制造业 FDI 对经济增长的贡献要大于农林牧渔业 FDI 对经济增长的贡献，这说明制造业在中国经济发展中仍占有较大比重。房地产业对经济贡献效果不显著，而且对其产生的贡献是负的，这是因为我国房地产并未形成一个良性体系。

第七节　分位数回归

为了进一步分析不同经济发展水平下资本、劳动力、技术、农林牧渔业 FDI、制造业 FDI 和房地产业 FDI 这6要素对经济增长贡献的弹性，将经济增长分为10个分位（$\tau = 0.1 \sim 0.9$），继续采用分位数回归进行分析。结果如表8-20所示。随着 τ 值变大，拟 R^2 在 $0.761 \sim 0.821$ 之间波动，拟合优度较优，房地产业 FDI 在 $\tau = 0.1 \sim 0.9$ 均未通过检验，这与前面做的面板回归的结果是一致的。农林牧渔业 FDI 在 $\tau = 0.1 \sim 0.4$ 通过检验，在 $\tau = 0.5 \sim 0.9$ 未通过检验，制造业 FDI 在 $\tau = 0.1 \sim 0.6$ 通过检验，在 $\tau = 0.7 \sim 0.9$，其他变量在所有分位都通过了统计检验。

为了进一步总结不同投入要素对经济增长贡献弹性系数的变化规律，绘图如图8-9所示。从弹性系数的大小看，总体排序和面板数据回归一致，即劳动力的弹性系数最大，其次是技术，第三是资本，第四是制造业 FDI、第五是农林牧渔业 FDI，第六是房地产业 FDI，说明结论是可靠的。

表 8 - 20   分位数回归结果

	C	ln(K)	ln(L)	ln(P)	Log(PI)	ln(M)	ln(RE)	P - R²
τ = 0.1	1.506 *** (3.882)	0.095 ** (2.388)	0.482 *** (9.933)	0.356 *** (17.185)	0.071 *** (3.922)	0.104 *** (3.278)	- 0.033 (- 1.098)	0.821
τ = 0.2	1.484 *** (3.600)	0.107 *** (2.403)	0.491 *** (9.803)	0.336 *** (12.488)	0.062 *** (3.286)	0.097 *** (2.809)	- 0.011 (- 0.287)	0.803
τ = 0.3	1.714 *** (4.431)	0.110 *** (2.726)	0.477 *** (9.339)	0.326 *** (12.168)	0.048 *** (2.064)	0.093 *** (2.629)	- 0.002 (- 0.075)	0.785
τ = 0.4	2.075 ** (5.862)	0.095 ** (2.347)	0.433 *** (9.073)	0.335 *** (11.412)	0.046 ** (1.834)	0.132 *** (3.917)	- 0.031 (- 0.875)	0.779
τ = 0.5	2.149 *** (6.911)	0.103 *** (2.825)	0.434 *** (9.610)	0.322 *** (9.864)	0.032 (1.445)	0.129 *** (4.034)	- 0.021 (- 0.613)	0.775
τ = 0.6	2.170 *** (6.200)	0.129 *** (3.031)	0.426 *** (8.309)	0.320 *** (7.581)	0.030 (1.264)	0.086 * (1.793)	0.006 (0.150)	0.768
τ = 0.7	2.266 *** (6.120)	0.186 *** (3.750)	0.395 *** (9.503)	0.315 *** (6.240)	0.019 (0.783)	0.027 (0.501)	0.030 (0.852)	0.762
τ = 0.8	2.584 ** (2.536)	0.192 *** (3.405)	0.361 *** (4.852)	0.322 ** (2.572)	0.045 (0.904)	0.008 (0.131)	0.021 (0.446)	0.761
τ = 0.9	2.497 *** (1.978)	0.271 *** (6.293)	0.315 *** (4.941)	0.341 ** (2.210)	0.064 (1.291)	- 0.036 (- 0.492)	0.011 (0.228)	0.770

注：* 表示在 10% 的水平下统计检验显著；** 表示在 5% 的水平下统计检验显著；*** 表示在 1% 的水平下统计检验显著。

随着经济发展水平的提高，劳动力对经济增长贡献的弹性系数是下降的。一般而言，经济发达地区地处我国的东部，这些地区科技发达，产业结构比较合理，因此劳动力的弹性系数总体上不高，这是正常现象。技术、资本和各行业 FDI 的弹性系数基本处于小幅波动状态。从弹性系数之和看，当 τ < 0.5 时，弹性系数之和大于 1，说明经济欠发达和中等发达地区经济增长处于规模报酬递增阶段，当 τ > 0.5 时，弹性系数之和小于 1，说明经济较发达和发达地区经济增长处于规模报酬递减阶段，某种程度上反映了宏观经济管理水平有待提高。经济较发达和发达地区之所以出现规模报酬递减，从要素弹性看，本质上是由于劳动力的弹性系数降低所致。

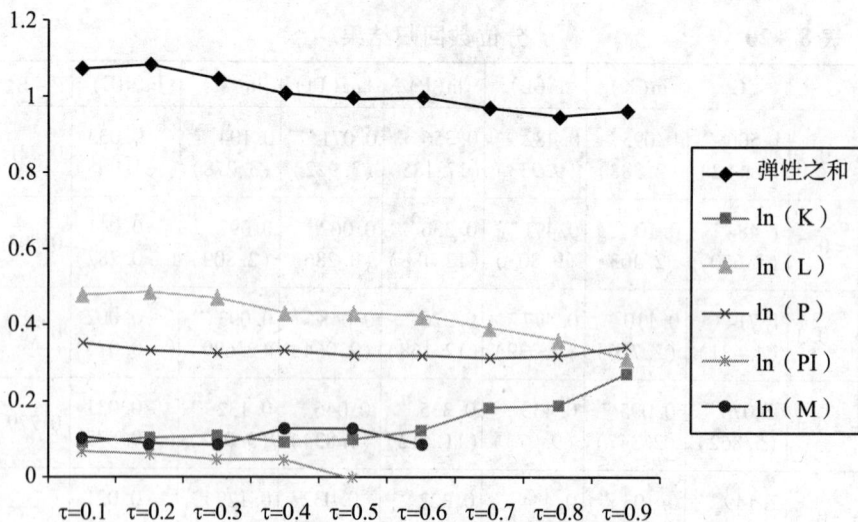

图 8－9　不同分位弹性系数的变化

第八节　结　　论

一、劳动力、技术和资本对经济贡献总体较高

劳动力、技术和资本对经济贡献总体较高，这说明我国经济增长不仅依靠劳动与资本等要素投入的绝对增加，而且也依赖于技术等创新型要素的投入。

劳动力对经济贡献最高，说明人口红利对经济增长的巨大作用，说明了劳动力的数量与质量能够带来财富的增长。

技术对经济贡献仅次于劳动力，这一方面说明技术要素的投入，不仅会提高经济增长效率，推动经济增长，而且也优化了我国劳动力结构，提高了我国劳动力质量。另一方面也说明我国距实现科技强国仍有很长的路要走。

资本对经济贡献小于劳动力、技术，这说明我国靠投资方式带动经济增长效果有限。

二、制造业 FDI 对经济贡献大于农林牧渔业 FDI 对经济增长的贡献

制造业 FDI 对经济增长有一定的贡献作用，但是其贡献小于劳动力、资本和科技。制造业 FDI 对经济有一定的促进作用但是不高。一方面，制造业作为我国国民经济的主体和支柱性产业，同时也是第二产业的支撑力量，制造业 FDI 流入量位居行业第一，制造业 FDI 对经济增长具有推动作用。另一方面，我国制造业并未完全从"重制造、轻研发"中走出来，制造产业技术开发与技术创新能力不足，产品缺乏世界品牌，管理机制和管理思想相对来说比较落后，这形成了制造业 FDI 对我国经济增长的严重阻碍。

农、林、牧、渔业 FDI 对经济增长的贡献是次于制造业 FDI 的。农林牧渔业为基础性产业，其对经济增长具有一定的贡献，但其值小于制造业。由于农业属于更多国家投资调控的领域，对该行业引入 FDI 有新的进入壁垒或者是强化甄别程序，这就使得进入我国农、林、牧、渔业行业外商直接投资额不多。但作为第一产业代表，它对我国经济增长仍具有不可忽视的作用。在今后一个时期内，在农业中利用外资步伐可以加快。

三、房地产业 FDI 对经济增长贡献不显著，其弹性系数值为负

房地产业 FDI 对经济增长贡献不显著。房地产业作为我国国民经济的另一支柱性产业，它对我国经济增长应该具有一定的贡献性，但是，实际却是相反的。这主要是由于目前我国房地产尚未形成一个良性体系，中国房地产业出现资源浪费与流失，商品房空置量不断增加且正在进一步扩大，以及由房地产业泡沫带来了一定程度的恶性循环经济。还有一个原因就是房地产业发展与金融的关系尚未处理妥当，导致房地产开发缺乏稳定可靠的资金来源，这在很大程度上阻碍了房地产业的发展。

四、总体来说不同行业 FDI 对经济增长起促进作用

农林牧渔业 FDI、制造业 FDI、房地产业 FDI 对经济增长产生或多或少的影响。虽然房地产业 FDI 对我国经济增长不显著，但总体来说，不同行业 FDI 流入我国对经济增长起到促进作用。FDI 投入不同行业中，通过不同作用机制直接或者间接促进行业经济增长，从而使得我国经济得到增长，其作用也是相当大的。

第九节　政　策　建　议

一、提高劳动力质量，进一步推进科技兴国战略，加大资本利用率

我国劳动力的质量水平整体上有所提高，但我国社会主义现代化建设发展需要更多高素质和专业化人才。然而，目前中国的教育体制还存在一定的缺陷，教育结构尚不完全合理，全国普及义务教育仍需要继续进行。"教育面向现代化，面向世界，面向未来"这条道路还很长，建设和完善具有中国特色的社会主义教育体制仍需继续努力。

进一步推进科技兴国战略，加大研发投入，奖励科技创新，同时技术等创新要素的投入要与国家的科技发展战略、科技管理以及具体的地方性科技政策相一致，与国家发展战略相统一，朝着正确的路线进行有序发展。

资本投入实际上就是直接资金的投入，要使得资本最大程度上得到利用，需要在资本投入的前期、投入的过程以及投入的结尾都应该有相应的规划。在资本投入前期，需要进行详细的可行性计划，这样保证直接资金投入具有合理的规划；在资本投入的过程中，需要制定一系列相应的项目管理、资金管理的法规、制度、措施；资本投入的结尾需要有审计、会计制度。这样会使得资本利用合理化，从而提高资本投入的利用效率。

二、加强制造业技术开发与培养技术创新能力

加强制造业技术开发，一是要有一支既有数量又有合理队伍结构的科技技术队伍，这是技术开发的关键；二是有技术开发的活动经费，这是技术开发的保障；三是有技术开发场所，这是技术开发的必要条件；四是有科学技术情报，这是技术开发的基础。

培养制造业技术创新能力，建立健全适应市场体制的制造业企业技术创新机制。首先，建立现代企业制度作为目标，营造有利于制造业技术创新的氛围。其次，完善现行的科技管理体制，成立集企业信息、情报、科技、设计、研究为一体的制造业企业技术研发中心。再次，加速建立制造业企业技术创新能力评价指标体系，充分利用能够为制造业企业技术创新服务的信息与资源。最后，通过市场营销途径，掌握市场信息的第一手资料和用户需求、取得相应的新的技术创新信息源，从而调整制造业技术创新策略，继而实现技术创新与市场需求的有效衔接。由此，不仅可以缩小国内外企业的技术差距，增强国内企业对外资技术的吸收能力，还能借以提高我国企业的自主创新能力，形成良性循环。

三、优化国内市场环境，吸引更多 FDI，提高 FDI 利用率

为了更好地吸引 FDI，我们要努力改善投资环境，无论是物质环境（"硬环境"）还是社会环境（"软环境"）全面加强基础设施建设，健全为外商投资服务体系，完善相关法律制度。另外，还要努力提高对外资的利用效率，加强国内企业的技术吸收和模仿能力，重视在外企工作过的人力资源（人才），努力学习外国企业品牌的培养、经营方法与经验。

我国大陆应该借鉴中国香港地区所采用的公开、公正、透明方式对待各类企业，在这种良好的商业环境下吸引外资流入中国。政府为国内外企业提供便利，主要体现在以下几点：一是加快审批制度并改革进程。缩小审批的范围，取消下放部分的审批事项。二是完善和落实税收政策。完善企业所得税、土地增值税政策、扩大特殊性税务处理政策的适用范围，落

实增值税、营业税等优惠政策。三是提高金融服务。改善信贷融资服务，丰富相应的融资渠道和支付方式，改善资本市场，发挥市场资本作用。四是完善土地管理政策。对土地使用给予优惠政策，加快办理相关土地转让、变更手续。五是加强产业政策引导。扶植与国家政策相一致的产业，落实相关的政策，给予相应的引导。

根据我国区域结构和产业结构特点，鼓励和引导 FDI 流入高端制造业、高新技术产业、现代服务业、新能源和节能环保产业，同时进一步加大对引进的 FDI 质量进行评估，这样不仅使得 FDI 推动我国经济发展，又可以提高自身综合利用效率。

本章参考文献

［1］Solow, Robert M. (1956): A contribution to the theory of economic growth ［J］. Quarterly Journal of Economics, 70, pp. 65 – 94.

［2］戴维·罗默. 高级宏观经济学 ［M］. 北京：商务印书馆, 1999.

［3］罗伯特·巴罗. 宏观经济学 ［M］. 北京：中国人民大学出版社, 2001.

［4］Chung Chen, Lawrence Chang and Yimin Zhang. The Role of FDI in China's Post Economic Development ［J］. World Development, 1995, 23 (4): 691 – 703.

［5］De Gregorio, J. (1992): Economic growth in Latin America ［J］. Journal of Development Economics, 39: 59 – 83.

［6］Keller W., Yeaple S. R. Multinational Enterprises, International Trade, and Productivity Growth: Firm Level Evidence from he United States ［J］. Review of Economics & tatistics, 2009, 91 (4): 821 – 831.

［7］David Woodward. The Next Crisis: Direct and Equity Investment in Developing Countries ［M］. New York: ZedBooks, 2003: 78 – 89.

［8］Brennery T., Wwigeltz N. The Evolution of Industrial Clusters: Simulating Spatial Dynamics ［J］. Advances in Complex Systems, 2001, 4 (1): 127 – 147.

［9］Balasubramanyam, V. N., Salisu, M., Sapsford, D. (1996): Foreign direct investment and growth in EP and IS countries ［J］, The Economics Journal, 106, pp: 92 – 105.

［10］Borensztein, E., De Gregorio, J., Lee, J. W. (1998): How does foreign direct investment affect economic growth ［J］, Journal of International Economics, 45, pp. 115 – 135.

［11］Chung Chen, lawrence Chang and Yimin Zhang. The Role of Foreign Direct Investment in China's Post – 1978 Economic Development. World Development, 1995, 23 (4): 691 – 703.

第八章　不同行业 FDI 对经济的影响研究

［12］Roger H. Gordon and David D. Li. The Effects of Wage Distortions on the Transition： Theory and Evidence from China. European Economic Review, 1999, 43：163 – 183.

［13］Heai K. , Ries J. , Swenson D. Agglomeration Benefits and Location Choice：Evidence from Japanese Manufacturing Investments in the United States ［J］. Journal of International Economies, 1995, 38 (3/4)：53 – 59.

［14］Smith J. R. , Donald F. , Florida R. Agglomeration and Industrial Location：An Econometric Analysis of Japanese—affiliated Manufacturing Establishments in Automotive—related Industries ［J］. Journal of Urban Economics, 1994, 36 (1)：23 – 41.

［15］Dimelis S. P. Spillovers from Foreign Direct Investment and Firm Growth：Technological, Financial and Market Structure Effects ［J］. International Journal of the Economics of Business, 2005, 12 (1)：85 – 104.

［16］陈浪南、陈景煌. 外商直接投资对中国经济增长影响的经验研究 ［J］. 世界经济, 2006 (6).

［17］孙樱铭. FDI 与我经济增长关系的实证研究 ［J］. 黑龙江对外经贸, 2008 (3)：28 – 30.

［18］萧政, 沈艳. 外国直接投资与经济增长的关系及影响 ［J］. 经济理论与经济管理, 2002 (1).

［19］夏京文. 我国 FDI 的利用及其经济绩效的实证分析 ［J］. 工业技术经济, 2001 (1).

［20］杜江, 高建文. 外商直接投资与中国经济增长的因果关系分析 ［J］. 世界经济文汇, 2002 (1).

［21］杨林. 中国是否应该继续大量引进 FDI——多重视角下 FDI 对中国经济的影响分析 ［J］. 商业经济与管理, 2013, (5)：88 – 97.

［22］Liu, X. M. ; Siler, O. ; Wang, C. Q. and Wei, Y. Q. Productivity Spillovers from Foreign Direct Investment：Evidence from UK Industry Level Panel Data. Journal of International Business Studies 31 (3)：407 – 425, 2000.

［23］Kokko, A. Technology Market Characteristics and Spillovers. Journal of Development Economics 43：279 – 293, 1994.

［24］Girma, S. ; Greenaway, D. and Wakelin, K. Who Benefits from Foreign Direct Investment in the UK. Scottish Journal of Political Economy 48：119 – 133, 2001.

［25］Barrios, S. and Strobl, E. Foreign Direct Investment and Productivity Spillovers：Evidence from the Spanish Experience. Weltwirtschaftl iches Archly 138：459 – 481, 2002.

［26］Chow G. C. , 1993. "Capital Formation and Economic Growth in China" , Q, J, E. August , pp. 809 – 842.

［27］Azman – Saini and Siong Hook Law. Foreign direct investment, economic freedom and economic growth：International evidence ［J］. University Library of Munich, Germany.

［28］Nadia Doytch , Merih Uctum. Does the worldwide shift of FDI from manufacturing to services accelerate economic growth? A GMM estimation study [J]. Journal of International Money and Finance, 2011: 410 – 427.

[29] 周颖，周峰，彭补拙. 中国 FDI 的行业空间分布与对区域经济发展的影响分析 [J]. 经济地理, 2001, 21 (2): 169 – 173.

[30] 张帆. 异质性 FDI、产业集聚与产业效率：基于中国制造业面板数据的分析 [D]. 浙江：浙江大学, 2013.

[31] 费宇, 王江. FDI 对我国各地区经济增长的非线性效应分析 [J]. 统计研究, 2013, 30 (4): 70 – 75.

[32] 孙江永, 冼国明. 产业关联、技术差距与外商直接投资的技术溢出 [J]. 世界经济研究, 2011, (4): 38 – 52.

[33] 韩梅. 基于行业视角的我国 FDI 技术溢出吸收能力研究 [D]. 沈阳：沈阳理工大学, 2007.

[34] 潘素昆, 文靖. 基于行业视角的 FDI 对人民币实际汇率的影响研究 [J]. 北方工业大学学报, 2012, 24 (2): 1 – 6.

[35] 杨泽文, 杨全发. FDI 与实际工资：我国分地区分行业的实证分析 [J]. 南开经济研究, 2004 (1): 44 – 67, 67.

[36] 单豪杰. 中国工业部门的资本回报率：1978～2006 [J]. 数量经济技术经济研究, 2008 (6): 1 – 9.

[37] 李小平、朱钟棣. 中国工业行业全要素生产率的测算：基于工业行业的面板数据分析. 管理世界, 2005 (4): 56 – 64.

外商直接投资与内外生经济增长